제 3 판

# 알기 쉬운 기 업 법

신 종 석 · 한 동 주

法 文 社

# 제3판 머리말

알기 쉬운 기업법 교재의 제3판을 발간할 수 있도록 관심과 애정을 보여주신 독자 여러분께 감사의 말씀을 드립니다.

경제활동의 중요한 역할을 하는 기업관련 규범들을 다루는 기업법 분야는 현대사회에서 매우 중요하고 필요한 영역임에도 불구하고 그 내용이 복잡하고 어렵다는 이유로 가까이 다가가기가 쉽지 않습니다. 그러나 법을 알면 아는 만큼 우리의 삶은 더욱 풍요로워질 수 있습니다.

2017년 새해를 맞이하여 경제민주화를 위해 여야의 기업관련 법 개정 움직임이 본격화되고 있습니다. 경제민주화 입법은 경영의 투명성과 공정성 강화를 위해 기업들에게 강제적인 규제를 하는 것이므로 기업의 입장에서는 큰 부담이 될 수밖에 없으므로 신중해야 할 것입니다. 경제민주화에 내한 국민의 바람과 정부와 국회의 입법 노력이 계속되고 있으므로 기업도 이를 직시하고 자성적인 차원에서 이에 대한 대처가 있어야 할 것입니다. 일반인들도 이러한 논의에 대하여 관심을 가질 필요가 있습니다.

법 개정이 논의되고 있는 집중투표제 의무화, 감사위원 분리 선출, 다중대표소송제 도입, 전자투표제도의 단계적 의무화, 자기주식 처분 제한 등에 대한 부분은 법 개정 후 다음 개정 때 반영을 하도록 하겠습니다.

제3판에서는 기업에 대한 체계적인 이해와 법적 사고 함양에 도움이 될 수 있도록 보완을 하였습니다. 따라서 생활에 필요한 실용적인 기업관련 법 지식을 필요로 하는 법학 입문자뿐만 아니라 회사생활을 하는 일반인들이 기업법의 기본적인 원리와 실용적인 법적 지식 및 소양을 기르는 데 도움이 될 것입니다. 또한 나날이 변화하고 있는 기업 환경을 바탕으로 전개되고 있는 기업활동과 조직에 관한 법 지식을 전문지식의 심화와 실무능력 함양에 활용할 수 있도록 하였습니다. 특히 기업관련 전문용어의 학술적이고 어려운 부분을 쉽게 서술하여 이해하기 쉽도록 배려를 하였습니다.

본서 제3판이 출판될 수 있도록 인도해주신 주님께 감사드리며, 성원과 배려를 해주신 법문사 사장님과 편집부 여러분께도 깊은 감사의 인사를 드립니다.

2017년 2월

저 자 씀

# 제2판 머리말

먼저 「알기쉬운 기업법」에 대해 많은 사랑과 관심을 보여주신 독자 여러분께 깊은 감사를 드린다.

2005년 개정착수 이래 6년여의 장기간의 논의 끝에 2011년 국회를 통과하여 시행되고 있는 개정상법은 회사편에서만 250여개의 조문을 개정한 대규모의 개정이었다. 상법제정후 최대규모의 개정이라 할 수 있다.

그리하여 본서도 개정된 내용을 토대로 제2판을 내게 되었다. 본서 제2판은 다음과 같은 점을 보완하였다.

이번 상법 회사편의 개정내용으로는 무액면주식의 도입, 자기주식취득의 허용, 다양한 종류주식의 도입, 주금납입에 있어서 상계의 허용, 회계규정의 정비, 법정준비금제도의 개선, 배당제도의 개선, 사채제도의 개선, 소수주식 강제매수의 도입, 집행임원제의 도입, 새로운 기업형태의 도입 등으로, 이것은 회사편 전 부분의 개정이라 하겠다. 이번 본서의 제2판은 이들의 내용을 반영하여 수정·보완하였다.

초판에 관심을 보여 주었던 독자분들에게 감사드리며, 제2판에도 변함없는 관심과 채찍을 부탁드린다.

여전히 계속되고 있는 장기적인 불황으로 어려운 출판사 사정에도 불구하고 제2판의 출간을 허락해 주신 법문사의 배효선 사장님과 저자들에게 변함없이 힘이 되어준 장지훈 차장님, 편집부 이재필 상무님께 감사드린다. 아울러 제2판이 나오기까지의 과정을 지켜봐 주시고 인도해 주신 주님께 감사드린다.

2012년 7월

저　　자 씀

# 머 리 말

시장경제가 세계질서의 중심이 되는 현대사회에서 기업과 관련된 수많은 지식과 생활양식은 현대인의 중요한 관심사가 되었다. 현대사회는 빠르게 진보하며 변화하고 있다. 이에 적응하기 위해 현대인들은 별도로 법학을 전공하지 않아도 기업법의 기본 지식은 우리 생활 속에서 상식이 되어버렸다.

대기업을 비롯하여 중소기업은 물론이고 서비스업, 요식업까지 기업화가 이루어지고 있는 현실의 추세는 기업법을 전공하지 않은 여러 계층에게도 쉽고 가볍게 접근할 수 있는 지침서를 요구하게 되었다. 또한 보험 등은 우리 생활과 밀접하게 연계되어 있고, 일반화된 필수지식이 되고 있다.

그런데 시중에 나와 있는 기업법 이론서는 전공자나 수험생 위주로 편집된 책이 대부분이어서 비전공자들이 접근하기에는 많은 어려움이 있다.

저자는 대학에서 강의를 하면서 비전공자들이 교양이나 혹은 선택과목으로 기업법을 선택한 경우 그 방대한 규모와 내용에 미리 포기해버리는 경우를 보면서 무척 안타깝게 생각하였으며, 어렵지 않게 다가갈 수 있는 알기 쉬운 기업법 교재가 필요함을 절실하게 깨달았다. 이에 저자들은 뜻을 합하여 좀더 쉽고, 주로 실생활에 필요한 부분들을 중심으로 구성한 본 교재를 집필하게 되었다.

본서의 특징은,

첫째, 이 책은 전문이론서가 아니라 대학강의를 위한 교재이다. 따라서, 생활 속의 활용도에 따라 혹은 중요도에 따라 상법전의 체계를 존중하면서도 비법학도들이 쉽게 이해할 수 있도록 재배열하였다.

둘째, 복잡한 내용을 쉽고 보다 간략하게 설명하여 비법학도들도 쉽게 친숙해질 수 있도록 하였다.

셋째, 이해를 돕고자 그 단원마다 주요용어나 구별해야 할 개념의 설명 등을 도표를 통해 쉽게 다가갈 수 있게 하였다.

넷째, 2009년에 시행되는 「개정상법」의 내용 및 「자본시장과 금융투자업에 관한 법률」을 반영하여 최근 법내용을 학습할 수 있도록 하였다.

강의경험을 통해 재구성하고 집필하는 데 나름대로 최선을 다하였으나 부족한 점도 있을 것이다. 앞으로 꾸준한 노력으로 보완할 것이며, 여러분의 충심어린 지적과 격려 또한 겸허히 수용하여 수정 · 보완해 나갈 것을 약속드린다.

장기적인 출판업계의 어려운 사정에도 불구하고 본서를 출판해 주신 법문사의 배효선 사장님과 편집을 담당해 주신 이재필 이사님, 저자들에게 많은 힘이 되어 준 김영훈 차장님, 장지훈 과장님, 그리고 아낌없는 조언을 해 준 전경일 교수님께 감사드린다. 더불어 집필의 힘든 과정 속에서도 건강을 지켜주시고, 본서가 출판될 수 있도록 인도해 주신 주님께 모든 영광을 드린다.

2009년 7월

저　　자 씀

# 차 례

## 제 1 편 기업법 총칙


**제 1 장 기업법의 의의와 지위** (3~4)

제 1 절 기업법의 의의 ······ 3

Ⅰ. 기 업 법 ······ 3

Ⅱ. 형식적 의의의 상법 ······ 3

Ⅲ. 실질적 의의의 상법 ······ 3

제 2 절 기업법의 지위 ······ 4

Ⅰ. 기업법과 민법의 관계 ······ 4

Ⅱ. 기업법과 노동법의 관계 ······ 4

Ⅲ. 기업법과 경제법의 관계 ······ 4

**제 2 장 기업의 주체 [상인]** (5~8)

Ⅰ. 상인의 의의 ······ 5

Ⅱ. 상인의 종류 ······ 5

1. 당연상인(當然商人) 5
2. 의제상인(擬制商人) 6
3. 소상인(小商人) 7

Ⅲ. 상인자격 ······ 7

1. 자연인의 상인자격 7
2. 법인의 상인자격 7

Ⅳ. 영업능력 ······ 8

1. 영업능력의 의의 8
2. 미성년자의 영업능력 8
3. 피한정후견인의 영업능력 8
4. 피성년후견인의 영업능력 8

**제 3 장 기업보조자 [상업사용인]** (9~12)

Ⅰ. 상업사용인의 의의 ······ 9

Ⅱ. 상업사용인의 종류 ······ 9

1. 지 배 인 9
2. 부분적 포괄대리권을 가진 사용인 10
3. 물건판매점포의 사용인 11
Ⅲ. 상업사용인의 의무 ······ 11
1. 의무의 내용 11 2. 의무 위반의 효과 12

제 4 장 기업의 명칭 [상호] (13~16)
Ⅰ. 상호의 의의 ······ 13
Ⅱ. 상호의 선정 ······ 14
Ⅲ. 상호의 보호 ······ 14
1. 미등기상호의 보호 14 2. 등기상호의 보호 15
3. 상호의 가등기 15
Ⅳ. 상호의 양도 ······ 15
Ⅴ. 상호의 변경과 폐지 ······ 16

제 5 장 기업의 회계 [상업장부] (17~18)
Ⅰ. 상업장부의 의의 ······ 17
Ⅱ. 상업장부에 관한 의무 ······ 17
1. 작성의무 17 2. 보존의무 17
3. 제출의무 17
Ⅲ. 상업장부의 종류 ······ 18
1. 회계장부 18 2. 대차대조표 18

제 6 장 기업의 장소 [영업소] (19~20)
Ⅰ. 영업소의 의의 ······ 19
Ⅱ. 영업소의 요건 ······ 19
Ⅲ. 영업소의 법적 효과 ······ 19
1. 일반적 효과 19 2. 지점에 대한 효과 20

제 7 장 기업의 공시 [상업등기] (21~23)
Ⅰ. 상업등기의 의의 ······ 21
Ⅱ. 등기사항 ······ 21

1. 절대적 등기사항 · 상대적 등기사항 21
2. 창설적 · 선언적 · 면책적 등기사항 21
Ⅲ. 등기절차 ······ 22
1. 등기신청 22 2. 등기관의 심사권 22
Ⅳ. 상업등기의 효력 ······ 22
1. 일반적 효력 22 2. 특수한 효력 22
Ⅴ. 상업등기의 공신력 ······ 23

제 8 장 기업의 양도 [영업양도] (24~27)
Ⅰ. 영업양도의 의의와 자유 ······ 24
1. 영업양도의 의의 24 2. 영업양도의 자유와 제한 24
Ⅱ. 영업양도의 절차 ······ 25
Ⅲ. 영업양도의 효과 ······ 25
1. 당사자간의 효과 25 2. 제3자에 대한 효과 26

## 제 2 편 회 사 법

제 1 장 회사법 일반 (31~43)
Ⅰ. 회사법의 의의와 특성 ······ 31
1. 회사법의 의의 31 2. 회사법의 지위 31
3. 회사법의 특성 31
Ⅱ. 회사의 의의와 종류 ······ 32
1. 회사의 의의 32 2. 회사의 종류 33
Ⅲ. 회사의 능력 ······ 36
1. 회사의 권리능력 36 2. 회사의 행위능력 37
3. 회사의 불법행위능력 37 4. 회사의 공법상의 능력 37
Ⅳ. 회사의 조직변경 ······ 38
1. 회사조직변경의 의의 38 2. 회사별 조직변경 38
Ⅴ. 회사의 합병 ······ 39
1. 회사합병의 의의 39 2. 회사합병의 자유와 제한 40
3. 회사합병의 절차 40 4. 회사합병의 효과 42

5. 합병무효의 소 42

## 제 2 장 주식회사 (44~146)

제 1 절 총 설 ······ 44

Ⅰ. 주식회사의 의의와 본질 ······ 44

1. 주식회사의 의의 44
2. 주식회사의 본질 44

Ⅱ. 주식회사의 법적 규제 ······ 46

제 2 절 주식회사의 설립 ······ 47

Ⅰ. 주식회사설립의 특색 ······ 47

Ⅱ. 발 기 인 ······ 47

1. 발기인과 발기인조합 47
2. 설립 중의 회사 47

Ⅲ. 정관의 작성 ······ 48

1. 정관의 의의 48
2. 정관의 기재사항 48

Ⅳ. 주식발행사항의 결정 ······ 50

Ⅴ. 회사의 실체구성의 절차 ······ 51

1. 발기설립에 의한 실체구성 51
2. 모집설립에 의한 실체구성 53
3. 발기설립과 모집설립의 차이점 55

Ⅵ. 주식회사의 설립등기 ······ 57

1. 등기의 의의 57
2. 등기절차 58
3. 등기사항 58
4. 등기의 효력 59

Ⅶ. 설립에 관한 책임 ······ 59

1. 발기인의 책임 59
2. 이사·감사의 책임 60
3. 검사인의 책임 60
4. 유사발기인의 책임 60
5. 공증인·감정인의 책임 60

Ⅷ. 주식회사설립의 무효 ······ 61

1. 설립의 하자의 의의 및 구별되는 개념 61
2. 무효원인 62
3. 무효의 소 62
4. 소의 절차 62
5. 무효판결의 효력 62

제 3 절 주식 · 주주 · 주권 ······ 63

Ⅰ. 주식의 의의 ······ 63

Ⅱ. 주식의 종류 ····· 64
Ⅲ. 주　　주 ····· 66
1. 주주의 의의 66　2. 주주평등의 원칙 66
3. 주주의 권리와 의무 67
Ⅳ. 주　권(株券) ····· 68
1. 주권의 의의 및 종류 68　2. 주권의 발행 68
3. 주권불소지제도 69　4. 주권의 상실과 재발행 70
Ⅴ. 주주명부 ····· 70
1. 주주명부의 의의 70　2. 기재사항 71
3. 비치 및 공시 71　4. 전자주주명부 71
5. 주주명부의 효력 71　6. 주주명부의 폐쇄와 기준일 72
Ⅵ. 주식의 양도 ····· 73
1. 주식양도의 의의 73　2. 주식양도 자유의 원칙 73
3. 주식양도의 예외적인 제한 73　4. 주식양도의 방법 76
Ⅶ. 주권의 선의취득 ····· 77
Ⅷ. 주식의 입질 ····· 78
1. 입질이 의의 78　2. 입질방법 78
Ⅸ. 주식의 소각 ····· 79
1. 의의와 유형 79　2. 소각의 방법 79
Ⅹ. 주식의 분할 ····· 80
1. 주식분할의 의의 80　2. 주식분할의 절차 80
3. 주식분할의 효과 81
Ⅺ. 주식의 포괄적 교환과 이전 ····· 81
1. 주식의 포괄적 교환 81　2. 주식의 포괄적 이전 81
Ⅻ. 지배주주에 의한 소수주식의 전부취득 ····· 82
1. 지배주주의 주식매도청구권 82
2. 소수주주의 주식매수청구권 82
제 4 절　주식회사의 기관 ····· 82
Ⅰ. 회사기관의 의의 ····· 82
Ⅱ. 주주총회 ····· 82
1. 주주총회의 의의 82　2. 주주총회의 권한 83
3. 주주총회의 소집 85　4. 주주제안권 86
5. 주주의 의결권 87　6. 주주총회의 의사와 결의 90

7. 주주총회결의의 하자 91
Ⅲ. 이사 · 이사회 · 대표이사 ······94
1. 이 사 94 2. 이 사 회 97
3. 대표이사 101 4. 이사의 의무 103
5. 이사의 책임 105 6. 이사와 주주의 관계 105
Ⅳ. 집행임원 ······106
1. 의 의 106 2. 권 한 106
3. 의 무 106 4. 책 임 106
Ⅴ. 감사 · 감사위원회 · 검사인 ······107
1. 감 사 107 2. 감사위원회 109
3. 검 사 인 109
제 5 절 신주의 발행 ······110
Ⅰ. 신주발행의 의의 ······110
Ⅱ. 신주인수권 ······111
1. 주주의 신주인수권 111 2. 제3자의 신주인수권 112
3. 주식매수선택권(Stock Option) 112
Ⅲ. 신주의 발행절차 ······113
1. 신주발행사항의 결정 113
2. 신주배정일의 지정 및 공고 113
3. 신주인수권자에 대한 청약최고 114
4. 주주의 모집 114
5. 주식인수의 청약 114
6. 신주의 배정 및 인수 114
7. 현물출자의 검사 115
8. 출자의 이행 115
9. 신주발행의 효력발생시기 115
10. 변경등기 115
Ⅳ. 신주발행에 대한 책임 ······116
1. 불공정가액의 신주인수인의 책임 116
2. 이사의 자본금충실의무 116
3. 주주의 신주발행유지청구권 116
Ⅴ. 신주의 액면미달발행 ······117
1. 신주의 액면미달발행의 의의 117
2. 신주의 액면미달발행요건 117

3. 미상각액의 공시 117
Ⅵ. 신주발행의 무효 ······118
1. 신주발행무효의 의의 118 2. 신주발행무효의 원인 118
3. 신주발행무효의 소 118 4. 신주발행무효판결의 효력 118
제 6 절 사 채 ······119
Ⅰ. 사채(社債)의 의의 ······119
1. 의 의 119 2. 사채와 주식의 비교 119
Ⅱ. 사채의 발행 ······121
1. 사채의 발행방법 121 2. 사채의 발행절차 122
Ⅲ. 사채의 유통 ······123
1. 채권(債券) 123 2. 사채원부 123
3. 사채의 양도와 입질 123
Ⅳ. 사채의 이자지급과 상환 ······124
1. 이자의 지급 124 2. 사채의 상환 124
Ⅴ. 사채권자집회 ······125
1. 의 의 125 2. 소 집 125
3 권 한 126 4. 결 의 126
Ⅵ. 특수한 사채 ······127
1. 전환사채(CB: Convertible Bonds) 127
2. 신주인수권부사채(BW: Bonds with Warrants) 127
3. 담보부사채(MB : Mortgage Bond) 128
4. 이익참가부사채(PB: Participating Bond) 130
5. 교환사채(EB: Exchangeable Bond) 130
제 7 절 정관의 변경 ······130
Ⅰ. 주식회사 정관변경의 의의 ······130
Ⅱ. 주식회사 정관변경의 절차 ······131
1. 주주총회의 특별결의 131 2. 종류주주총회의 결의 131
3. 등 기 131
Ⅲ. 주식회사 정관변경의 효력 ······131
Ⅳ. 발행예정주식 총수의 변경 ······131
제 8 절 자본의 감소 ······132
Ⅰ. 자본금감소의 의의 ······132
Ⅱ. 자본금감소의 방법 ······132

1. 주금액의 감소 132　　2. 주식수의 감소 132

Ⅲ. 자본금감소의 절차 ……133

1. 감자결의 133　　2. 채권자보호절차 133

3. 자본금감소의 등기 133

Ⅳ. 자본금감소의 효력 및 무효 ……134

1. 자본금감소의 효력발생시기 134

2. 자본금감소의 무효 134

제 9 절 주식회사의 회계 ……135

Ⅰ. 주식회사 회계의 중요성 ……135

Ⅱ. 재무제표 ……135

1. 재무제표의 의의 135　　2. 재무제표의 승인절차 136

Ⅲ. 준 비 금 ……136

1. 준비금의 의의 136　　2. 준비금의 종류 137

3. 준비금의 용도 137　　4. 준비금의 감소 138

Ⅳ. 이익배당 ……138

1. 이익배당의 의의 138　　2. 이익배당의 요건 139

3. 이익배당의 결정 139　　4. 이익배당의 방법 139

5. 위법배당의 효과 140

Ⅴ. 주식배당 ……140

1. 주식배당의 의의 및 기능 140　　2. 주식배당의 요건 140

3. 주식배당의 절차 141　　4. 주식배당의 효과 141

Ⅵ. 중간배당 ……142

1. 중간배당의 의의와 취지 142　　2. 중간배당의 요건 142

3. 중간배당의 방법 143　　4. 위법한 중간배당의 효과 143

Ⅶ. 현물배당 ……143

1. 현물배당의 의의와 취지 143　　2. 현물배당의 요건 143

3. 현물배당의 방법 144

Ⅷ. 주주의 경리검사권 ……144

1. 재무제표 등의 열람권 144　　2. 회계장부열람권 144

3. 검사인의 선임청구권 144

Ⅸ. 이익공여의 금지 ……145

1. 이익공여금지의 의의 145　　2. 이익공여의 추정 145

3. 이익공여의 반환의무 145　　4. 이익공여금지 위반의 효과 145

Ⅹ. 사용인의 우선변제권 ······················146

제 3 장 합명회사 (147~154)

Ⅰ. 합명회사의 의의 ······················147

Ⅱ. 합명회사의 설립 ······················147

1. 합명회사의 정관작성 147 2. 합명회사의 설립등기 147
3. 합명회사 설립의 무효와 취소 148

Ⅲ. 합명회사의 내부관계 ······················149

1. 사원의 출자의무 및 지분 149
2. 사원의 지분 149
3. 업무집행 150
4. 사원의 경업피지의무와 자기거래의 제한 151
5. 손익의 분배 151
6. 정관의 변경 152

Ⅳ. 합명회사의 외부관계 ······················152

1. 회사대표 152 2. 사원의 책임 153

Ⅴ. 합명회사 사원의 퇴사 ······················153

1. 의 의 153 2. 퇴사의 원인 154
3. 퇴사의 효과 154

제 4 장 합자회사 (155~158)

Ⅰ. 합자회사의 의의 ······················155

Ⅱ. 합자회사의 설립 ······················155

1. 정관의 작성 155 2. 설립등기 155

Ⅲ. 합자회사의 내부관계 ······················156

1. 출자 및 지분의 양도 156
2. 업무집행 156
3. 경업피지의무와 자기거래의 제한 156
4. 유한책임사원의 감시권 156

Ⅳ. 합자회사의 외부관계 ······················157

1. 회사대표 157 2. 사원의 책임 157

Ⅴ. 합자회사 사원의 퇴사 ······················158

## 제 5 장 유한책임회사 (159~162)

Ⅰ. 유한책임회사의 의의 ······ 159
Ⅱ. 유한책임회사의 설립 ······ 159
1. 정관의 작성 159
2. 출자의 이행 159
3. 설립의 등기 160
4. 설립의 하자 160
Ⅲ. 유한책임회사의 내부관계 ······ 160
1. 사원의 책임 160
2. 지분의 양도와 상속 160
3. 업무집행 161
4. 합명회사에 관한 규정의 준용 161
Ⅳ. 유한책임회사의 외부관계 ······ 161
1. 회사의 대표권 161
2. 대표업무집행자의 손해배상책임 161
3. 유한책임회사와 사원 간의 소송 161
Ⅴ. 사원의 가입 및 탈퇴 ······ 162
1. 사원의 가입 162
2. 사원의 탈퇴 162
Ⅵ. 유한책임회사의 회계 ······ 162

## 제 6 장 유한회사 (163~173)

Ⅰ. 유한회사의 의의 ······ 163
Ⅱ. 유한회사의 특성 ······ 163
Ⅲ. 유한회사의 설립 ······ 163
1. 유한회사의 설립절차 163
2. 유한회사 설립의 무효와 취소 165
3. 유한회사 설립관여자의 책임 165
Ⅳ. 유한회사 사원의 지위 ······ 166
1. 사원의 수와 자격 166
2. 사원의 권리·의무 166
3. 사원의 지분 166
Ⅴ. 유한회사의 관리 ······ 167
1. 의 의 167
2. 사원총회 167
3. 이 사 169
4. 감사 및 검사인 170
5. 유한회사의 회계 170
Ⅵ. 유한회사 정관의 변경 ······ 171
1. 정관변경의 방법 171
2. 자본금의 증가 171
3. 자본금의 감소 173
4. 증자 및 감자의 무효 173

# 제3편 보 험 법

## 제1장 보험법 일반 (177~180)

Ⅰ. 보험의 의의 ··· 177

Ⅱ. 보험의 종류 ··· 177

1. 공보험·사보험 177
2. 영리보험·상호보험 177
3. 물건보험·인보험 178
4. 손해보험·생명보험 178
5. 육상보험·해상보험·항공보험 178
6. 원보험·재보험 178
7. 기업보험·가계보험 178
8. 강제보험·임의보험 179

Ⅲ. 보험법의 개념 ··· 179

1. 보험법의 의의 179
2. 보험법의 특성 179
3. 보험약관 180

## 제2장 보험계약 (181~197)

Ⅰ. 보험계약의 의의 ··· 181

Ⅱ. 보험계약의 요소 ··· 181

1. 보험계약관계자 181
2. 보험사고 182
3. 보험의 목적 183
4. 보험료와 보험금 183
5. 보험기간과 보험료기간 184

Ⅲ. 보험계약의 체결과 효과 ··· 184

1. 보험계약의 체결 184
2. 고지의무 185
3. 보험약관의 교부 및 명시의무 186
4. 보험계약의 효과 187

Ⅳ. 보험계약의 무효·소멸·부활 ··· 189

1. 보험계약의 무효 189
2. 보험계약의 소멸 190
3. 보험계약의 부활 192

Ⅴ. 타인을 위한 보험계약 ··· 193

1. 타인을 위한 보험계약의 의의 193
2. 타인을 위한 보험계약체결의 요건 193
3. 타인을 위한 보험계약의 효과 194
Ⅵ. 보험자의 대위 ······ 195
1. 보험자대위의 의의와 인정범위 195
2. 보험목적에 대한 보험자대위(잔존물대위) 195
3. 제3자에 대한 보험자대위(청구권대위) 196

제 3 장 손해보험 (198~213)
Ⅰ. 손해보험계약 ······ 198
1. 손해보험계약의 의의 198　2. 손해보험과 인보험의 차이 198
Ⅱ. 피보험이익 ······ 200
1. 피보험이익의 의의 200　2. 피보험이익의 요건 200
3. 피보험이익 개념의 효용 201
Ⅲ. 손해보험계약의 효과 ······ 201
1. 보험자의 손해보상의무 201
2. 보험계약자와 피보험자의 손해방지의무 201
Ⅳ. 손해보험계약의 변경 · 소멸 ······ 202
1. 보험관계의 변경 및 소멸 202
2. 보험의 목적의 양도 202
3. 보험의 목적의 양도의 효과 203
Ⅴ. 각종의 손해보험 ······ 203
1. 화재보험 203　2. 운송보험 204
3. 해상보험 205　4. 책임보험 208
5. 자동차보험 211

제 4 장 인 보 험 (214~217)
Ⅰ. 인보험계약의 의의 ······ 214
1. 의 의 214　2. 인보험증권의 기재사항 214
3. 보험자대위의 제한 214
Ⅱ. 생명보험 ······ 214
1. 생명보험계약의 의의 214　2. 생명보험의 종류 215
3. 타인의 생명보험 215　4. 타인을 위한 생명보험 215

Ⅲ. 상해보험 ······216
1. 상해보험계약의 의의 216 2. 상해보험계약의 보험사고 216
3. 상해보험계약에 관한 특칙 216

# 제 4 편 어음법 · 수표법

제 1 장 어음법 · 수표법 일반 (221~224)
Ⅰ. 유가증권의 기초 ······221
1. 유가증권의 개념 221 2. 유가증권의 기능 222
3. 유가증권의 종류 222 4. 유가증권법 223
Ⅱ. 어음법 · 수표법의 개념 ······223
1. 어음법 · 수표법의 의의 223 2. 어음법 · 수표법의 지위 223
Ⅲ. 어음법 · 수표법의 특성 ······224
1. 강행법적 성격 224 2. 기술적 성격 224
3. 형식적 성격 224 4. 동일적 성격 224

제 2 장 어음법 총론 (225~252)
Ⅰ. 어음의 개념 ······225
1. 어음의 의의 225
2. 환어음 · 약속어음 · 수표의 비교 227
3. 어음 · 수표의 남용 229
Ⅱ. 어음행위 ······230
1. 어음행위의 의의 230 2. 어음행위의 종류 230
3. 어음행위의 특성 230 4. 어음행위의 요건 232
5. 어음행위의 대리 235 6. 어음의 위조 · 변조 238
Ⅲ. 어음상의 권리 ······241
1. 어음상의 권리의 의의 241
2. 어음상의 권리의 취득 242
3. 어음상의 권리의 행사(어음항변) 243
4. 어음상의 권리의 소멸 246
Ⅳ. 어음의 실질관계 ······250
1. 의 의 250 2. 어음예약 250

3. 어음의 원인관계 250 4. 자금관계 252
5. 화환어음(하환어음) 252

제3장 환 어 음 (253~278)

제1절 환어음의 발행 ······ 253
Ⅰ. 발행의 의의 ······ 253
Ⅱ. 발행의 요건 ······ 253
1. 어음요건의 의의 253 2. 필요적 기재사항 254
3. 기타 기재사항 256
Ⅲ. 발행의 효력 ······ 257
Ⅳ. 백지어음 ······ 257
1. 백지어음의 의의 257 2. 백지어음의 요건 257
3. 백지어음의 보충권 257 4. 백지어음 보충의 효과 258
5. 백지어음의 보충권의 남용 258
제2절 어음의 배서 ······ 258
Ⅰ. 배서의 의의 ······ 258
Ⅱ. 배서의 방식 ······ 259
Ⅲ. 배서의 효력 ······ 260
1. 권리이전적 효력 260 2. 자격수여적 효력 260
3. 담보적 효력 261
Ⅳ. 특수배서 ······ 262
1. 기한 후 배서 262 2. 추심위임배서 262
3. 입질배서 263
제3절 환어음의 인수 ······ 263
Ⅰ. 인수의 의의 ······ 263
Ⅱ. 인수제시 및 인수방법 ······ 263
Ⅲ. 인수의 효력 ······ 264
제4절 환어음의 보증 ······ 264
Ⅰ. 어음보증의 의의 ······ 264
Ⅱ. 어음보증의 성립요건 ······ 264
Ⅲ. 어음보증의 효과 ······ 265
1. 보증인의 책임 265 2. 보증채무이행의 효과 267

제 5 절 환어음의 지급 ······ 267
Ⅰ. 지급의 의의 ······ 267
Ⅱ. 지급제시 ······ 268
1. 지급제시의 의의 268 2. 지급제시의 기간 268
3. 지급제시의 장소 268 4. 지급제시의 방법 268
Ⅲ. 지급시기 ······ 269
1. 만기 전의 지급 269
2. 만기의 지급 269
3. 만기 후(지급제시기간경과 후)의 지급 269
4. 지급의 연기 또는 유예 269
Ⅳ. 지급할 화폐 ······ 269
Ⅴ. 지급방법과 어음금액의 공탁 ······ 270
제 6 절 어음의 소구(상환청구) ······ 270
Ⅰ. 소구의 의의 ······ 270
Ⅱ. 소구의 요건 ······ 270
Ⅲ. 소구의 당사자와 소구방법 ······ 271
Ⅳ. 거절증서와 작성면제 ······ 272
Ⅴ. 소구의 통지 ······ 273
제 7 절 어음참가 ······ 273
Ⅰ. 참가의 의의와 당사자 ······ 273
1. 참가의 의의 273 2. 참가의 당사자 273
Ⅱ. 참가인수 ······ 274
Ⅲ. 참가지급 ······ 274
1. 의 의 274 2. 참가지급의 요건 274
3. 참가지급인 275 4. 참가지급의 방법 275
5. 참가지급의 효력 275
제 8 절 어음의 복본과 등본 ······ 276
Ⅰ. 어음의 복본 ······ 276
1. 복본의 의의 276 2. 복본의 발행 276
3. 복본의 효력 276 4. 인수를 위한 복본의 송부 277
Ⅱ. 어음의 등본 ······ 277
1. 등본의 의의 277 2. 등본의 발행 및 효력 277

제 4 장 약속어음 (279~280)

Ⅰ. 약속어음의 의의 ······ 279
Ⅱ. 약속어음의 발행 ······ 279
1. 발행의 의의 279 2. 약속어음의 기재사항 279
3. 발행의 효력 280
Ⅲ. 참가인수 ······ 280

제 5 장 수 표 (281~295)

제 1 절 수표의 개념 ······ 281
Ⅰ. 수표의 의의 ······ 281
Ⅱ. 수표의 경제적 기능 ······ 281
제 2 절 수표의 발행 ······ 281
Ⅰ. 의 의 ······ 281
Ⅱ. 수표의 기재사항 ······ 282
1. 절대적 기재사항 282
2. 유익적 기재사항 283
3. 무익적 기재사항 · 유해적 기재사항 283
Ⅲ. 수표발행의 효력 ······ 283
Ⅳ. 위탁수표 · 백지수표 ······ 284
1. 위탁수표 284 2. 백지수표 284
Ⅴ. 수표자금과 수표계약 ······ 284
제 3 절 수표의 양도 ······ 285
Ⅰ. 수표의 양도 ······ 285
1. 지시식수표 · 배서금지수표의 양도 285
2. 소지인출급식수표의 양도 285
Ⅱ. 수표의 배서 ······ 286
제 4 절 지급보증 ······ 286
Ⅰ. 지급보증의 의의 ······ 286
Ⅱ. 지급보증의 방식 ······ 286
Ⅲ. 지급보증의 효력 ······ 287
1. 지급보증인의 의무 287 2. 발행인 등의 책임 287
3. 지급청구권의 소멸시효 287

제 5 절　수표의 보증 ········································287
Ⅰ. 수표보증의 의의 ········································287
Ⅱ. 수표보증의 특색 ········································288
제 6 절　수표의 제시와 지급 ········································288
Ⅰ. 수표의 지급제시 ········································288
1. 수표의 일람출급성　288
2. 선일자수표　288
3. 지급제시기간과 지급제시기간 경과 후의 효과　289
4. 지급제시의 장소　289
Ⅱ. 수표의 지급 ········································289
1. 지급인의 조사의무　289　　2. 지급방법　290
Ⅲ. 지급위탁의 취소 ········································290
제 7 절　수표의 소구 ········································290
Ⅰ. 수표소구의 의의 ········································290
Ⅱ. 환어음의 소구와의 차이 ········································291
1. 소구의 원인　291　　2. 지급거절의 증명　291
3. 불가항력의 경우 소구권 행사　291
4. 역어음 제도　291　　5. 소구권의 소멸시효기간　291
제 8 절　수표의 복본 ········································292
Ⅰ. 복본의 발행제한 ········································292
Ⅱ. 복본의 발행방법 ········································292
Ⅲ. 복본의 효력 ········································292
제 9 절　자기앞수표 · 횡선수표 ········································293
Ⅰ. 자기앞수표 ········································293
Ⅱ. 횡선수표 ········································293
1. 횡선수표의 의의　293　　2. 횡선수표의 종류　293
3. 횡선수표의 효력　294　　4. 횡선의 말소와 변경　295

사항색인 ········································297

# 약 어 표

[담사] ······ 담보부사채신탁법
[대판] ······ 대법원판결
[민] ······ 민법
[민소] ······ 민사소송법
[민집] ······ 민사집행법
[보험] ······ 보험업법
[부등] ······ 부동산등기법
[상] ······ 상법
[수] ······ 수표법
[상시] ······ 상법시행령
[어] ······ 어음법
[자금] ······ 자본시장과 금융투자업에 관한 법률

# 1 편

# 기업법 총칙


**제1장** 기업법의 의의와 지위

**제2장** 기업의 주체 [상인]

**제3장** 기업보조자 [상업사용인]

**제4장** 기업의 명칭 [상호]

**제5장** 기업의 회계 [상업장부]

**제6장** 기업의 장소 [영업소]

**제7장** 기업의 공시 [상업등기]

**제8장** 기업의 양도 [영업양도]

CHAPTER

# 01 기업법의 의의와 지위

## 제1절 기업법의 의의

### Ⅰ. 기 업 법

기업법은 기업의 조직과 경영활동에 관한 법규의 전체를 말한다. 기업이라 함은 일정한 계획에 따라 계속적으로 영리활동을 하는 독립된 경제적 조직체를 의미한다.

우리 법체계에서는 기업법이란 명칭을 가진 법이 존재하는 것은 아니다. 기업법 중 가장 기본이 되는 법률은 상법이며, 상법은 기업의 조직과 경영활동에 관한 기본법이라 할 수 있다. 따라서, 상법을 중심으로 기업법의 주요내용을 전개하고자 한다.

### Ⅱ. 형식적 의의의 상법

형식적 의의의 상법이란 「상법전」 그 자체를 말한다. 이는 입법정책적 측면에서 실제성과 편의성을 바탕으로 하고 있다. 상법전은 총칙·상행위·회사·보험·해상·항공운송의 6편으로 구성되어 있다.

### Ⅲ. 실질적 의의의 상법

실질적 의의의 상법은 기업의 생활관계에 관한 특별사법이라고 할 수 있으며, 이러한 관점에서 볼 때 상법의 주요내용을 기업법으로 파악하는 것이 가능하게 된다. 실질적 의의의 상법은 학문적 측면에서 통일성과 체계성을 바탕으로 한다.

## 제2절 기업법의 지위

기업법의 지위는 다른 법과의 관계를 의미한다.

### Ⅰ. 기업법과 민법의 관계

기업법은 민법과 같은 사법체계에 속하지만, 민법이 사법생활관계 일반을 규율하는 데 대하여 기업법은 그 중에서 기업생활관계를 규율하는 것이기 때문에 이 둘은 일반법과 특별법의 관계에 있다.

한편, 민법의 제도나 법률관계가 상법에 반영되고 상법의 원리와 제도가 민법에 반영되는 것을 민법의 상화(商化)라고 한다. 이러한 현상으로 기업법의 존재이유나 자주성이 상실되는 것은 아니다.

### Ⅱ. 기업법과 노동법의 관계

기업법은 상인(영업주)과 기업보조자간의 대외적인 법률관계를 규율하고, 노동법은 상인과 기업보조자간의 내부적 고용관계를 규율하는 것으로 서로 규제의 이념과 그 대상을 달리한다.

### Ⅲ. 기업법과 경제법의 관계

기업법은 기업의 주체 상호간의 기업생활관계를 규율하는 법이고, 경제법은 국가가 국민경제적인 요청에 의해 국민경제생활관계를 규율하는 법으로 서로 규율하는 대상을 달리한다.

CHAPTER

# 02 기업의 주체 [상인]

## Ⅰ. 상인의 의의

기업의 주체를 상인이라 한다. 즉 상인은 실질적으로 기업에 내재하여 기업활동의 원동력이 되며, 형식적으로는 기업활동의 권리의무 귀속의 주체이다.

## Ⅱ. 상인의 종류

당연상인과 의제상인의 구별은 기본적 상행위를 대상으로 하는지의 여부에 따른 분류일 뿐이고 모두 상인으로서 상법의 적용을 받는다.

### 1. 당연상인(當然商人)

당연상인이란 자기명의로 상행위를 영업으로 하는 자를 말하며(상 제4조), 고유상인이라고도 한다. 자기명의로 한다는 것은 자기가 영업에서 발생하는 권리의무의 주체가 된다는 의미이다. 상행위란 상법 제46조의 기본적 상행위를 말한다. 또 영업으로 한다는 것은 영리를 목적으로 동종의 행위가 계속적으로 이루어지며, 그 행위가 대외적으로 인식될 수 있어야 한다.

**자기명의와 자기의 계산의 구별**

자기명의는 거래상 권리의무의 주체가 되는 것이고 자기의 계산은 자기가 경제적 이익의 주체가 되는 것이다. 따라서 자기명의로 상행위를 영업으로 하면 타인의 계산으로 하든, 임차하여 영업을 하든 관계없이 자기가 당연상인이 되는 것이다.

## 2. 의제상인(擬制商人)

의제상인은 기본적 상행위 이외의 영리활동을 영업으로 하는 상인으로 형식상인이라고도 하며, 설비상인과 민사회사가 있다. 설비상인이란 점포 기타 유사한 설비에 의하여 상인적 방법으로 기본적 상행위 이외의 행위를 영업으로 하는 자를 말한다(상 제5조 1항). 즉 자기가 생산한 농산물·축산물을 점포 등의 설비를 갖추어 영리활동을 하면 설비상인이 된다. 그러나 이를 행상으로 가지고 다니면서 팔면 의제상인이라 하지 아니한다. 또 회사는 상행위를 하지 아니하더라도 상인적 설비와 경영조직을 갖추고 있으므로 상인으로 본다(상 제5조 2항). 이를 민사회사라 한다.

**상법 제46조의 기본적 상행위**

1) 매매행위
2) 임대차행위
3) 제조·가공 또는 수선에 관한 행위
4) 전기·전파·가스 또는 물의 공급에 관한 행위
5) 작업 또는 노무의 도급의 인수
6) 출판·인쇄·촬영에 관한 행위
7) 광고·통신 또는 정보에 관한 행위
8) 수신·여신·환 기타의 금융거래
9) 공중이 이용하는 시설에 의한 거래
10) 상행위의 대리의 인수
11) 중개에 관한 행위
12) 위탁매매 기타의 주선에 관한 행위
13) 운송의 인수
14) 임치의 인수
15) 신탁의 인수
16) 상호부금 기타 이와 유사한 행위
17) 보험
18) 광물 또는 토석의 채취에 관한 행위
19) 기계·시설 기타 재산의 금융리스에 관한 행위
20) 상호·상표 등의 사용허락에 의한 영업에 관한 행위
21) 영업상의 채권의 매입·회수에 관한 행위
22) 신용카드, 전자화폐 등을 이용한 지급결제 업무의 인수

### 3. 소상인(小商人)

상법의 일부규정의 시행에 관한 규정 제2조에 의하여 자본금액이 1,000만원에 미달하는 개인상인으로서 회사가 아닌 자를 소상인이라 한다.

회사는 기업조직을 중시해서 상법의 규제를 적용해야 하므로 자본금이 1,000만원 미만인 회사라도 소상인이 아니다. 소상인은 간이기업이라고도 하며 이에 대하여는 지배인, 상호, 상업등기와 상업장부에 관한 규정을 적용하지 아니한다(상 제9조).

**소상인에게 적용되지 아니하는 상법규정의 의미**

소상인은 상인으로서의 요건은 갖추었으나 영업규모가 작아 일부 상법상 제도를 이용하기에는 부적합하여 적용하지 아니하는 상법규정들이 있다.

소상인은 지배인을 선임하더라도 상법상 규정되어 있는 지배인의 대리권, 등기 등의 규정이 적용되지 아니한다. 그러나 다른 상업사용인에 관한 규정은 적용된다.

상업장부에 대한 각종 의무가 없으며, 지배인등기·상호등기 등을 할 수 없다.

## Ⅲ. 상인자격

### 1. 자연인의 상인자격

자연인은 모두 권리능력자이므로 성별·연령·행위능력과 관계없이 누구라도 상인자격을 취득할 수 있다. 상인자격을 취득하는 시기는 개업준비행위(예: 점포의 구입, 상업사용인의 고용 등)와 같은 최초의 보조적 상행위를 하는 때이다. 상인자격의 소멸은 영업을 폐지하고 그 부속행위가 종료된 때이다.

### 2. 법인의 상인자격

영리법인인 회사는 설립등기시에 상인자격을 취득하며, 청산절차의 종료에 의하여 상인자격이 소멸한다. 일반공법인(예: 국가, 지방자치단체 등)의 상인자격은 인정되나, 특수공법인(예: 대한광업진흥공사, 한국농어촌공사 등)의 상인자격은 인정되지 않는다.

## Ⅳ. 영업능력

### 1. 영업능력의 의의

영업능력이란 상인이 스스로 유효한 영업행위를 할 수 있는 행위능력을 말한다. 법인은 권리능력의 범위 내에서 행위능력이 있으므로 상인자격을 취득하면서 영업능력을 갖게 된다. 다만 자연인은 상인자격을 가지고 있다 하더라도 당연히 영업능력을 가지는 것은 아니다.

### 2. 미성년자의 영업능력

미성년자는 만 19세 미만인 자를 말한다. 미성년자는 법정대리인의 허락을 얻어 특정한 영업을 스스로 할 수 있다(민 제8조). 이러한 경우에는 등기를 하여야 한다(상 제6조). 또한 법정대리인은 미성년자를 대리하여 영업을 할 수 있는데 이때에도 등기를 하여야 한다(상 제8조 1항). 한편 미성년자가 법정대리인의 허락을 얻어 회사의 무한책임사원이 된 경우 그 사원자격으로 인한 행위는 능력자로 본다(상 제7조).

### 3. 피한정후견인의 영업능력

피한정후견인은 질병, 장애, 노령, 그 밖의 사유로 인한 정신적 제약으로 사무를 처리할 능력이 부족한 사람을 말한다. 피한정후견인은 원칙적으로 영업능력이 있다. 다만 가정법원이 한정후견인의 동의를 받아야 하는 행위의 범위를 정한 경우에는 한정후견인의 동의를 받아 영업을 할 수 있다(민 제13조).

### 4. 피성년후견인의 영업능력

피성년후견인은 질병, 장애, 노령, 그 밖의 사유로 인한 정신적 제약으로 사무를 처리할 능력이 지속적으로 결여된 사람을 말한다. 피성년후견인은 법정대리인의 허락을 얻어도 단독으로 영업을 할 수 없고, 언제나 법정대리인이 영업을 대리할 수밖에 없다. 이 경우에도 등기를 하여야 한다(상 제8조 1항).

CHAPTER

# 03 기업보조자 [상업사용인]

## Ⅰ. 상업사용인의 의의

상업사용인이란 특정한 상인에 종속되어 그 대외적인 영업활동을 보조하는 자를 말하며 자연인에 한한다. 특정한 상인을 영업주라 하며, 영업주는 자연인, 법인 모두 가능하다.

## Ⅱ. 상업사용인의 종류

### 1. 지 배 인

#### (1) 지배인의 의의

지배인은 영업주를 대신하여 그 영업에 관한 재판상 또는 재판외의 모든 행위를 할 수 있는 포괄적인 권한을 가진 상업사용인이다(상 제11조 1항). 영업주가 지배인의 대리권에 대하여 한 제한은 이러한 내용을 모르는 선의의 제3자에게 대항하지 못하는 특색을 지닌다(상 제11조 3항). 한편 지배인 또는 지점장 등의 이름을 갖더라도 포괄적인 대리권이 없으면 법률상 지배인이 아니다.

#### (2) 지배인의 선임과 종임

① 선 임

지배인은 상인 또는 그 대리인이 선임한다(상 제10조). 따라서 지배인은 원칙적으로 다른 지배인을 선임할 수 없으나, 그 외 다른 종류의 상업사용인은 선임 또는 해임할 수 있다(상 제11조 2항).

② 종 임

종임사유에는 지배인의 사망·성년후견개시선고·파산, 영업주의 해임, 영업의 폐지, 회사의 해산 등이 있으나 영업주의 사망은 당연한 종임사유가 아니다(상 제50조).

③ 등 기

지배인의 선임과 그 대리권의 소멸은 등기하여야 한다(상 제13조).

(3) 지배인의 대리권(지배권)

지배인은 포괄적인 대리권을 가지는 상업사용인이다. 즉, 지배인은 영업주에 갈음하여 그 영업에 관한 재판상 또는 재판외의 모든 행위를 할 수 있다(상 제11조 1항). 재판상이란 소송행위의 수행을 의미하고, 재판외란 소송행위를 제외한 영업에 관한 행위를 의미한다.

그러나 영업의 양도·폐지 같은 영업 자체를 처분하는 행위는 포함되지 아니한다.

(4) 공동지배인

영업주가 수인의 지배인에게 공동으로 대리권을 행사하게 할 수 있는데 이런 경우를 공동지배인이라 한다(상 제12조 1항). 수인의 지배인은 각각 대리권을 행사하는 것이 원칙이므로 결국 공동지배인제도는 지배인의 대리권에 대한 제한이 된다. 한편 단순히 의사표시를 수령하는 수동대리의 경우는 공동지배인 중 1인이 수령하여도 대리권의 남용이 발생하지 않으므로 그 효력을 인정한다(상 제12조 2항).

(5) 표현지배인(表見支配人)

지배인이 아닌 자가 본점 또는 지점의 본부장, 지점장, 그 밖에 지배인으로 인정될 만한 명칭(예: 지사장, 출장소장 등)을 사용하여 지배인 행세를 하는 경우를 표현지배인이라 하는데 본인인 영업주가 그 명칭사용을 명시 또는 묵시로 승인하였다면 책임을 진다(상 제14조 1항).

이는 외관의 법리에 의한 것이므로 선의의 제3자에 대하여는 책임을 지나, 악의의 제3자에 대하여는 책임을 지지 않는다(상 제14조 2항). 또한 표현지배인의 행위는 영업에 관한 거래행위를 대상으로 하므로 재판상의 행위는 포함되지 않는다.

## 2. 부분적 포괄대리권을 가진 사용인

「부분적 포괄대리권을 가진 사용인」(예: 부장, 과장, 계장, 주임 등)이란 영업의 특정한 종류 또는 특정한 사항에 대하여 재판외의 모든 행위를 할 수 있는 자를 말한다(상 제15조 1항). 이에 대한 선임·종임은 등기사항이 아니다.

부분적 포괄대리권을 가진 사용인도 영업의 일부분에 대하여는 포괄적 권한을 가지므로 그 제한을 하여도 선의의 제3자는 알 수가 없다. 따라서 그 제한의 경우에 선의의 제3자에게 대항할 수 없다(상 제15조 2항, 제11조 3항).

### 3. 물건판매점포의 사용인

「물건을 판매하는 점포의 사용인」(예: 점원 등)은 그 판매에 관한 모든 권한이 있는 것으로 본다(상 제16조 1항). 의제상업사용인이라고도 한다. 이 경우 외관의 법리가 적용되므로 악의의 제3자에게는 책임을 지지 않는다(상 제16조 2항, 제14조 2항).

한편, 외무사원이나 외판원과 같이 점포를 벗어나 영업에 종사하는 자는 물건판매점포의 사용인에 해당하지 아니한다(대판 1976. 7. 13, 76다860).

## Ⅲ. 상업사용인의 의무

### 1. 의무의 내용

#### (1) 경업피지의무(競業避止義務)

상업사용인의 「경업피지의무」란 상업사용인이 영업주의 허락 없이 자기 또는 제3자의 경제적 이익을 목적으로 영업주의 영업부류에 속하는 거래를 하여서는 아니 되는 법정의무를 말한다(상 제17조 1항 전단). 이를 경업거래금지의무라고도 한다. 영업주의 허락이 있으면 이 경업피지의무는 발생하지 않는다.

#### (2) 겸직금지의무(兼職禁止義務)

상업사용인의 「겸직금지의무」란 상업사용인이 영업주의 허락 없이 동종·이종의 회사의 무한책임사원, 이사 또는 다른 상인의 사용인이 되지 아니할 법정의무를 말한다(상 제17조 1항 후단). 이를 「충실의무」 또는 「특정지위취임금지의무」라고도 한다.

## 2. 의무 위반의 효과

### (1) 경업피지의무 위반의 효과

#### ① 개입권(介入權)

개입권은 상업사용인이 경업피지의무를 위반하여 취득한 이익을 영업주가 환수받는 권리이다. 상업사용인이 경업피지의무를 위반하여 거래를 한 경우에 그 거래가 자기의 경제적 이익을 위한 것인 때에는 영업주는 이를 영업주의 이익을 위한 것으로 볼 수 있고, 제3자의 이익을 위한 것인 때에는 영업주는 사용인에 대하여 이로 인한 이득의 양도를 청구할 수 있다(상 제17조 2항).

이를 개입권 또는 탈취권이라 한다. 이 개입권은 그 거래를 안 날로부터 2주간을 경과하거나, 그 거래가 있은 날로부터 1년이 경과하면 소멸한다(상 제17조 4항). 이 기간은 소멸시효가 아니고 법원이 직권으로 반영하는 제척기간이다.

#### ② 계약해지권 · 손해배상청구권

개입권을 행사하여도 아직 손해가 있으면 그에 대한 손해배상을 청구할 수 있다. 손해배상청구권은 피해자인 영업주가 가해자인 상업사용인에게 손해를 채우도록 청구하는 권리이다. 별도로 그 사용인에 대한 계약을 해지하여 고용계약을 소멸시킬 수 있다(상 제17조 3항).

### (2) 겸직금지의무 위반의 효과

영업주는 계약해지권, 손해배상청구권을 행사할 수 있으나(상 제17조 3항), 개입권은 행사할 수 없다.

CHAPTER

# 04 기업의 명칭 [상호]

## Ⅰ. 상호의 의의

상호란 상인이 영업상 자기를 표시하기 위하여 사용하는 명칭이다. 문자로 표시되고 발음할 수 있어야 한다. 소상인은 상인이지만 상호에 관한 상호등기의 효력 등에 관한 규정이 적용되지 아니한다(상 제9조). 한편, 지점의 상호에는 본

**상호와 상표(서비스표)의 비교**

| 구 분 | 상 호 | 상 표(서비스표) |
|---|---|---|
| 의 의 | 상인이 영업상 자기를 타인과 구별하는 주체의 표지 | 상인이 취급하는 상품(서비스)을 타인의 상품(서비스)과 구별하기 위하여 사용하는 표지 |
| 대 상 | 회사(법인), 개인의 명칭 | 상품(유형) 및 서비스(무형) |
| 성 립 | 사용 | 등록 |
| 표현형태 | 문자, 명칭(도형, 기호, 색채 등 사용 불가능) | 문자, 기호, 도형, 입체적 형상, 이들의 결합 또는 색채를 결합 |
| 성 격 | 인격적 성격+재산적 성격 | 재산적 성격 |
| 보호법률 | 상법, 상업등기법 | 상표법 |
| 공시방법 | 등기부 | 상표등록원부 |
| 적용범위 | 동일 특별시, 광역시, 시, 군 내의 동일한 영업 내 범위 | 대한민국 전역 |
| 배타적 기간 | 영구(등기부 폐쇄까지) | 등록일로부터 10년(10년마다 갱신등록 가능) |
| 불사용기간 및 영향 | 2년이 경과하면 폐지한 것으로 간주 | 3년이 경과하면 취소심판청구의 대상이 됨 |
| 전용권 범위 | 목적(영업의 종류)과 관련해서 동일 유사한 상호의 등기배제 | 지정상품(서비스)과 유형이 동일 또는 유사한 상표(서비스표) 등록 배제 |

점과의 종속관계를 표시하여야 한다(상 제21조 2항).

## Ⅱ. 상호의 선정

상법은 상인은 성명 기타의 명칭으로 상호를 정할 수 있다고 하여(상 제18조), 상호자유주의를 원칙으로 하고 있다. 그러나 무질서한 상호선정으로 인한 일반공중의 신뢰보호와 영업주체간의 이익조정을 위하여 일정한 제한을 두고 있다.

① 회사의 상호 중에는 회사의 종류를 표시하는 문자를 사용하여야 한다(상 제19조). 따라서 회사의 상호에는 그 종류에 따라 합명회사, 합자회사, 유한책임회사, 주식회사, 유한회사의 문자를 사용하여야 한다. 또한 공공적 사업을 목적으로 하는 은행, 신탁, 보험, 증권회사의 경우에는 그 업종도 표시하여야 한다.

② 회사가 아니면 상호에 회사임을 표시하는 문자를 사용하지 못한다(상 제20조).

③ 동일한 영업에는 단일상호를 사용하여야 한다(상 제21조 1항).

④ 부정한 목적으로 타인의 영업이라고 오인시키는 상호를 사용하지 못한다(상 제23조 1항).

⑤ 타인에게 자기의 성명 또는 상호를 사용하여 영업할 것을 허락한 자(명의대여자)는 자기를 영업주로 오인하여 거래한 제3자에 대하여 그 타인과 연대하여 변제책임을 진다(상 제24조).

## Ⅲ. 상호의 보호

### 1. 미등기상호의 보호

미등기상호라 할지라도 상인은 타인으로부터 상호사용의 방해를 받지 아니할 뿐만 아니라, 타인이 부정한 목적으로 자기의 영업으로 오인할 수 있는 상호를 사용해서 손해를 받을 염려가 있을 경우, 사용폐지와 손해배상을 청구할 수 있다(상 제23조). 다만 미등기상호의 경우는 미등기상호권자가 부정목적과 손해를 받을 염려가 있다는 것을 입증하여야 한다.

### 2. 등기상호의 보호

등기상호는 당연히 미등기상호보다 더 강력한 보호를 받는다. 우선 타인이 등기한 상호는 동일한 특별시·광역시·시·군에서 동종영업의 상호로 등기하지 못한다(상 제22조).

등기상호권자는 타인이 등기한 내용을 소멸시키는 권리인 등기배척권뿐만 아니라 미등기상호권자와 마찬가지로 타인이 부정한 목적으로 자기의 영업으로 오인할 수 있는 상호를 사용하면 사용폐지와 손해배상을 청구할 수 있다. 이 경우에 등기상호는 상대방이 부정목적이 있다고 추정되므로 등기상호권자가 아닌 상대방이 부정목적이 없다는 것을 입증하여야 한다(상 제23조 4항). 따라서 미등기상호권자보다 등기상호권자의 보호가 더 강력하다고 할 수 있다.

### 3. 상호의 가등기

상호의 가등기는 본등기를 할 요건이 갖추어지기 전에 장래의 상호등기 보전을 위해 미리하는 등기이다. 이 제도는 ① 회사가 영업소를 이전하는 경우의 이전등기, ② 주식회사 또는 유한회사를 설립하는 경우의 설립등기, ③ 회사의 상호나 목적을 변경하는 경우의 변경등기 등의 방해에 대한 대비책으로 입법한 제도이다.

즉 주식회사 또는 유한회사를 설립하고자 할 때에는 상호의 가등기를 신청할 수 있고(상 제22조의 2 제1항), 회사는 상호나 목적 또는 상호와 목적을 변경하고자 할 때에도 상호의 가등기를 신청할 수 있으며(상 제22의 2 제2항), 회사가 본점을 이전하고자 할 때에도 이전할 곳의 관할등기소에 상호의 가등기를 신청할 수 있다(상 제22의 2 제3항). 다만 상호의 가등기로 등기배척권만 발생하고(상 제22의 2 제4항), 본등기의 효력은 발생하지 않는다.

## Ⅳ. 상호의 양도

상호는 영업을 폐지하거나 영업과 함께 하는 경우에 한하여 양도할 수 있다(상 제25조 1항). 상호양도의 효력은 의사표시만으로 발생하나 그 효력을 제3자에게 주장하기 위하여는 등기를 하여야 한다(상 제25조 2항).

## V. 상호의 변경과 폐지

상호를 등기한 자는 그 상호를 변경 또는 폐지한 경우에 그 변경 또는 폐지의 등기를 하여야 한다(상 제40조). 이 경우 2주간 내에 그 변경 또는 폐지의 등기를 하지 아니하는 때에는 이해관계인은 그 등기의 말소를 청구할 수 있다(상 제27조).

또한 상법은 상호를 등기한 자가 정당한 사유 없이 2년간 상호를 사용하지 아니한 때에는 상호를 폐지한 것으로 본다고 규정하고 있다(상 제26조).

CHAPTER

# 05 기업의 회계 [상업장부]

## Ⅰ. 상업장부의 의의

상업장부란 상인이 영업상의 재산상태 및 손익의 상황을 명백히 하기 위하여 법률상 의무로서 작성하는 장부이다(상 제29조 1항). 그러므로 상인이 아닌 자(예: 상호보험회사 등)가 작성하는 장부나 소상인이 작성하는 장부는 상법상의 상업장부가 아니다.

## Ⅱ. 상업장부에 관한 의무

### 1. 작성의무

상인은 상업장부를 작성하여야 한다(상 제29조 1항). 작성방법은 상법에 특별한 규정이 없는 한 일반적으로 공정·타당한 회계관행(예: 기업회계기준)에 의한다(상 제29조 2항).

### 2. 보존의무

상인은 상업장부와 영업에 관한 중요한 서류를 장부폐쇄일로부터 10년간 보존하여야 한다. 다만 전표 또는 이와 유사한 서류는 5년간 이를 보존하여야 한다(상 제33조 1항). 보존방법은 제한이 없고 상업장부와 영업에 관한 중요서류는 원본에 의하여 또는 마이크로필름 기타의 전산정보처리조직에 의하여 보존할 수 있다(상 제33조 3항).

### 3. 제출의무

법원은 신청에 의하여 또는 직권으로 소송당사자에게 상업장부 또는 그 일부분의 제출을 명할 수 있다(상 제32조). 그러나 상업장부의 증거능력은 법관의 자유심증에 의한다.

## Ⅲ. 상업장부의 종류

### 1. 회계장부

회계장부란 상인이 거래와 기타 영업상의 재산에 영향이 있는 사항을 기재하는 동적인 상업장부이다(상 제30조 1항). 즉 재산의 증감 및 변화를 기록할 목적으로 작성하는 것은 모두 회계장부인데, 전표·분개장·원장·현금출납장·어음책·수표책·상품수수장 등이 이에 속한다. 회계장부에는 그 기재사항을 명백히 기재하여야 하며(상 제29조 1항), 공정·타당한 회계관행에 의한다(상 제29조 2항).

### 2. 대차대조표

대차대조표란 일정한 시기에 상인의 영업용 총재산을 자산·부채·자본의 과목으로 분류·기재하여 그 재산의 구성상태를 일목요연하게 하는 적요표이다. 대차대조표는 정적인 상업장부로 손익계산의 기초가 되는 통상대차대조표와 재산분배의 기초가 되는 비상대차대조표로 분류된다. 한편 대차대조표는 회계장부를 기초로 공정·타당한 회계관행에 의하여 작성하여야 하며(상 제29조 2항), 그 작성자가 기명날인 또는 서명하여야 한다(상 제30조 2항). 그런데 기업회계기준에서는 재무제표 중 대차대조표를 재무상태표라 한다.

CHAPTER

# 06 기업의 장소 [영업소]

## Ⅰ. 영업소의 의의

영업소란 상인의 영업활동의 중심인 일정한 장소를 말한다. 영업활동의 본거로서 영업에 관한 지휘가 그곳에서 나오고 영업활동이 통일되어야 한다. 상인은 여러 개의 영업을 경영하는 경우뿐만 아니라 하나의 영업에 대하여 여러 개의 영업소를 가질 수 있다. 이러한 경우 각 영업소 사이에 주종관계를 가지는데, 그 주된 영업소를 본점이라 하고, 종된 영업소를 지점이라 한다.

## Ⅱ. 영업소의 요건

영업소는 영업활동을 위한 조직의 중심으로서 독립적인 영업단위를 이루며, 경영관리조직을 갖추어 그 영업활동에 관한 독립적인 관리가 행해지는 곳이어야 한다. 또 대내적 관리와 대외적 거래의 중심으로 고정성이 있어야 하며, 시간적으로 어느 정도 계속성이 있어야 한다. 그러므로 일시적인 매점이나 이동매점은 영업소가 될 수 없다.

## Ⅲ. 영업소의 법적 효과

### 1. 일반적 효과

영업소의 일반적인 법적 효과로는 ① 영업에 관한 채무변제의 장소(민 제467조 2항 단서), ② 증권채권의 변제장소(민 제516조, 제524조), ③ 상업등기관할을 정하는 기초(상 제34조), ④ 회사 등의 재판관할의 표준(민소 제4조, 제10조), ⑤ 소송서류송달의 장소(민소 제170조 1항), ⑥ 지배인 또는 표현지배인을 정하는 기준을 들 수 있다.

## 2. 지점에 대한 효과

① 본점의 소재지에서 등기할 사항은 지점의 소재지에서도 등기하여야 하며(상 제35조), ② 지점에만 지배인을 둘 수 있고(상 제10조, 제13조), ③ 지점거래의 채무이행장소가 되며(상 제56조), ④ 지점별로 영업을 분리하여 양도할 수 있다.

CHAPTER

# 07 기업의 공시 [상업등기]

## Ⅰ. 상업등기의 의의

상업등기란 상법의 규정에 의하여 법원의 상업등기부에 하는 등기이다(상 제34조). 상업등기부에는 상호 · 무능력자 · 법정대리인 · 지배인 · 합명조합 · 합명회사 · 합자회사 · 유한책임회사 · 주식회사 · 외국회사 등의 11종이 있다(상업등기법 제11조 제1항).

## Ⅱ. 등기사항

### 1. 절대적 등기사항 · 상대적 등기사항

절대적 등기사항이란 반드시 등기해야 하는 사항을 말하며, 상대적 등기사항이란 등기할 수 있는 권리는 있으나 의무사항이 아닌 등기사항을 말한다. 등기사항은 대체적으로 절대적 등기사항이며 상대적 등기사항으로는 개인상인의 상호등기, 영업양수인의 채무불인수의 등기 등이 있다. 상대적 등기사항이라도 일단 등기를 한 때에는 절대적 등기사항과 마찬가지로 그 변경이나 소멸이 있는 때에는 당사자는 지체없이 변경 또는 소멸등기를 하여야 한다(상 제40조).

### 2. 창설적 · 선언적 · 면책적 등기사항

창설적 등기사항이란 회사의 설립등기 · 합병등기와 같이 법률관계의 창설을 위한 등기사항을 말한다.

선언적 등기사항이란 지배인의 선임등기와 같이 이미 유효하게 형성된 법률관계의 선언을 위한 등기사항이다.

면책적 등기사항이란 사원의 퇴사등기와 같이 등기를 기준으로 일정한 책임이 소멸하는 효과를 가져오는 등기사항을 말한다.

## Ⅲ. 등기절차

### 1. 등기신청

등기신청은 원칙적으로 당사자의 신청에 의한다(상 제34조). 그러나 회사의 해산명령, 설립무효·취소의 등기처럼 법원의 촉탁에 의한 것도 있다.

### 2. 등기관의 심사권

등기관은 등기신청의 형식적 적합성 여부만을 심사할 수 있고, 신청사항의 실질적인 진실성 심사권한과 의무는 인정되지 않고 있다. 다만 비송사건절차법에서는 법원이 직권으로 사실의 탐지와 필요하다고 인정하는 증거의 조사를 하여야 한다는 규정을 두고 있다(비송 제11조).

## Ⅳ. 상업등기의 효력

### 1. 일반적 효력

#### (1) 등기 전의 효력

등기할 사항은 이를 등기하지 아니하면 선의의 제3자에게 대항하지 못한다(상 제37조 1항). 등기의 부존재가 당사자나 등기관의 과실에 의한 때도 같다.

#### (2) 등기 후의 효력

등기할 사항을 등기한 후에는 선의의 제3자에게도 등기사항으로 대항할 수 있다. 즉, 등기한 후에는 제3자의 악의가 의제되는 것이다. 그러나 등기한 후라도 제3자가 정당한 사유로 인하여 등기사항을 알지 못한 경우에는 등기당사자는 이로써 대항할 수 없다(상 제37조 2항).

### 2. 특수한 효력

#### (1) 창설적 효력

창설적 효력이란 등기에 의하여 새로운 법률관계가 창설되는 경우로서 설정적 효력이라고도 한다. 즉, 회사의 설립·합병·상호의 양도 등에 관한 등기를 하면 그로 인해 새로운 권리·의무가 발생하게 된다.

(2) 보완적 효력

보완적 효력이란 등기에 의하여 등기의 전제요건이 되는 법률사실의 하자가 보완 또는 치유되어 그 하자를 주장할 수 없게 되는 경우의 효력을 말한다. 예컨대 설립등기 후에는 주식인수의 무효나 취소를 주장할 수 없게 된다(상 제320조).

(3) 부수적 효력

부수적 효력이란 등기가 어떤 행위의 허용 또는 면책의 기초가 되는 경우를 말한다. 예컨대 주식회사의 설립등기 후에는 완전히 유효한 주식양도를 할 수 있고, 또 주권을 발행할 수 있게 된다. 또 합명·합자회사의 사원은 퇴사등기한 때로부터 2년, 해산등기한 때로부터 5년을 경과한 때에는 그 책임을 면한다.

## Ⅴ. 상업등기의 공신력

우리나라는 등기신청에 대하여 형식적 심사주의를 원칙으로 하고 의심이 가는 경우에만 실질심사를 할 수 있도록 하고 있기 때문에 등기의 공신력은 인정되지 않는다. 그러나 상법은 고의·과실로 인하여 사실과 다른 사항을 등기한 자는 그것으로 선의의 제3자에 대항하지 못한다고 하여(상 제39조), 당사자는 자기에게 부실등기에 대한 고의·과실이 없다는 것 또는 제3자가 악의라는 입증을 하지 않으면 부실등기의 규정에 의해 구속을 받게 된다.

CHAPTER

# 08 기업의 양도 [영업양도]

## Ⅰ. 영업양도의 의의와 자유

### 1. 영업양도의 의의

영업양도란 양도인이 양수인에게 영업의 경영자의 지위에 있게 할 목적으로 영업재산을 일괄하여 양도하는 계약이다.

**영업의 임대차와 경영의 위임**

(1) 영업의 임대차

영업의 임대차란 상인이 영업의 전부 또는 독립된 일부를 일괄하여 타인에게 임대하는 계약을 말한다. 이는 영업재산의 소유권이 임대인에게 계속 유지되면서 영업으로 인한 이익만 임차인에게 귀속된다.

(2) 경영의 위임

경영의 위임이란 객관적 의의의 영업의 전부 또는 일부의 경영을 타인에게 위임하는 것을 말한다. 이는 영업재산의 소유권과 영업으로 인한 이익이 모두 위임인인 영업자에게 귀속되며, 수임인과의 관계에는 단순한 대리관계만 존재한다.

### 2. 영업양도의 자유와 제한

영업을 양도하는 것은 원칙적으로 상인의 자유이다. 다만 특별법에서 영업의 양도가 독과점의 형성 및 기업결합의 수단으로 이용되는 것을 방지하기 위하여 제한되는 경우가 있다.

## Ⅱ. 영업양도의 절차

개인기업의 영업양도에 있어서는 의사결정을 위하여 별다른 절차가 필요 없다. 그러나, 회사의 영업양도는 회사의 해산 또는 정관변경에 관한 중요사항이므로 총사원의 동의, 총사원의 과반수의 결의, 주주총회 또는 사원총회의 특별결의 등 신중한 대내적 절차가 요구된다.

## Ⅲ. 영업양도의 효과

### 1. 당사자간의 효과

#### (1) 영업재산의 이전의무

영업양도계약에 따라 양도인은 영업에 속하는 모든 재산을 양수인에게 이전하여야 한다. 이전의무의 이행에 있어서는 개개의 재산에 따른 개별적 이전행위 및 그 이전의 대항요건을 갖추어야 한다. 또 사실관계에 대해서는 양수인으로 하여금 그것을 이용할 수 있는 지위에 있도록 하여야 한다. 이러한 영업재산은 당사자의 특약이 없는 한 포괄적으로 이전되고, 특약이 있더라도 영업재산의 동일성은 유지되어야 한다.

#### (2) 경업피지의무

영업양도인은 종전의 경영자의 지위를 이용하여 양수인의 영업을 방해하지 않을 의무를 부담한다. 이것은 영업양도인이 동종의 영업을 재개하여 양수인과 경쟁하게 되면 영업양도의 실효를 거둘 수 없기 때문이다. 이러한 의무를 경업피지의무라 한다.

① 약정이 없는 경우

영업양도에 있어서 다른 약정이 없으면 양도인은 10년간 동일한 특별시·광역시·시·군에서 동종 영업을 하지 못한다(상 제41조 1항).

② 약정이 있는 경우

양도인이 동종영업을 하지 아니할 것을 약정한 때에는 동일한 특별시·광역시·시·군과 인접 특별시·광역시·시·군에 한하여 20년을 초과하지 아니한 범위 내에서 그 효력이 있다(상 제41조 2항). 이 기간을 초과한 계약은 그 초과부분만을 무효로 한다.

## 2. 제3자에 대한 효과

### (1) 영업상의 채권자에 대한 효과

#### ① 영업양수인이 양도인의 상호를 계속 사용하는 경우

영업상의 채권자는 영업주의 교체를 알지 못하든가 또는 양수인에게 채무인수가 이루어졌다고 생각하는 것이 보통이므로 양도인의 영업으로 인한 제3자의 채권에 대하여 양수인도 변제할 책임이 있다(상 제42조 1항). 다만 영업양도를 받은 후 지체없이 양수인이 양도인의 채무에 대한 책임이 없음을 등기한 경우이거나 양도인과 양수인이 지체없이 제3자에 대하여 그 뜻을 통지한 경우에는 그 통지를 받은 제3자에 대하여는 책임이 없다(상 제42조 2항).

#### ② 영업양수인이 양도인의 상호를 계속 사용하지 않는 경우

양수인은 당연히 양도인의 영업상의 채무에 대하여 책임을 지지 아니하나, 양수인의 채무인수를 광고한 때에는 실제상 채무인수를 하지 아니하였어도 양수인도 영업상의 채권자에 대하여 변제할 책임이 있다(상 제44조).

영업양수인이 이처럼 변제책임을 지는 경우에 영업양도인의 제3자에 대한 채무는 영업양도 또는 광고 후 2년이 경과하면 소멸한다(상 제45조). 그 이후는 양수인만이 영업양도인의 영업상 채무에 대하여 변제책임을 진다.

### (2) 영업상의 채무자에 대한 효과

#### ① 영업양수인이 양도인의 상호를 계속 사용하는 경우

양도인의 영업으로 인한 채권에 대하여 그 채무자가 영업양수인에게 변제한 때에는 그 채권이 양도되어 있지 아니하더라도 변제자가 선의이며 중대한 과실이 없으면 그 효력이 있다(상 제43조).

#### ② 영업양수인이 양도인의 상호를 계속 사용하지 않는 경우

채무자의 영업양수인에 대한 선의변제에 관하여 특별한 규정을 두고 있지 않기 때문에 채무자를 보호할 근거는 없다.

### 영업양도의 제3자에 대한 효과

| 구 분 | 양도인의 상호 속용 | 양도인의 상호 속용 안함 |
|---|---|---|
| 양수인 | 변제 책임<br>(책임없음을 등기/통지시 책임 없음) | 변제 책임 없음<br>(채무인수를 광고/통지시 책임 있음) |
| 중과실 없는 선의 변제 | 유 효 | 무 효 |
| 양도인 | ① 양수인이 채무 인수한 경우에도 양도인 책임 존속<br>② 양수인이 책임지는 경우 영업양도 혹은 채무인수 광고 후 2년 경과로 양도인 책임 소멸 | |

### 영업양도와 회사합병의 비교

| 구 분 | 영업양도 | 회사합병 |
|---|---|---|
| 의 의 | 양도인이 양수인에게 영업재산을 일괄하여 양도하는 계약 | 2개 이상의 회사가 계약에 의해 하나의 회사로 되는 것 |
| 대 상 | 모든 상인의 영업 | 회사만 대상 |
| 행위의 성질 | 개인법적 거래행위 | 단체법상의 행위 |
| 당사자 | 회사, 개인상인, 비상인(양수인인 경우) | 회사 상호간 |
| 법인격 소멸 | 영업양도 후 양도당사회사 법인격이 소멸되지 아니함 | 합병당사회사 일방의 법인격 소멸 |
| 방 식 | 불요식계약 | 합병계약서를 작성해야 하는 요식계약 |
| 등 기 | 영업양도 자체에 대한 등기가 없음 | 합병등기에 의해 효력발생 |
| 재산의 이전 | 각 재산의 이전방식에 따라 개별적으로 승계(특정승계) | 소멸회사의 모든 권리·의무를 포괄적으로 승계(포괄승계) |
| 채무이전 | 별도의 채무인수절차 필요함 | 당연히 이전함 |
| 일부양도 | 일부양도 인정 | 일부합병 불인정 |
| 채권자보호 절차 | 사후에 외관법리에 근거하여 채권자 등을 보호 | 합병절차 전에 합병대차대조표 공시, 합병결의 후에 합병승인절차를 거침 |
| 절차상 하자 | 영업양도의 무효는 민법의 일반원칙 적용 | 합병무효는 반드시 소제기<br>(6월 내) |

# 2 편

# 회 사 법

**제1장** 회사법 일반

**제2장** 주식회사

**제3장** 합명회사

**제4장** 합자회사

**제5장** 유한책임회사

**제6장** 유한회사

CHAPTER

# 01 회사법 일반

## Ⅰ. 회사법의 의의와 특성

### 1. 회사법의 의의

회사법이란 실질적으로는 회사의 조직과 운영에 관한 법을 말하며, 형식적으로는 상법 제3편에 규정된 회사에 관한 법규정을 말한다.

### 2. 회사법의 지위

회사법은 회사기업에 관한 일반법으로 개인기업과는 다른 특수성이 있다. 한편, 은행법, 보험업법, 자본시장과 금융투자업에 관한 법률(자본시장법) 등은 회사법에 대하여 특별법적 지위에 있다.

### 3. 회사법의 특성

(1) 단체법적 성질

회사법은 회사라는 단체의 구성과 조직에 관한 법이므로 다수결의 원칙, 사원평등의 원칙 등 단체법적 원리가 지배한다.

(2) 거래법적 성질

회사법은 기업활동을 중심으로 이루어지는 거래관계를 원만하게 규제하여야 하므로 외적으로 나타나는 현상을 존중하는 외관주의, 외부에서 알 수 있도록 알리는 공시주의 등 거래법상의 원리가 작용하고 법률관계의 처리에 있어서 획일성·확실성의 요청이 강화되고 있다.

(3) 강행법적 성질

상법은 임의법에 해당하지만 회사의 생활관계는 그에 대한 이해관계인이 많고, 국민경제에 미치는 영향이 크므로 회사법은 강행법적 규정으로 되어 있다.

## Ⅱ. 회사의 의의와 종류

### 1. 회사의 의의, 특성

회사는 상행위나 그 밖의 영리를 목적으로 하여 상법에 의해 설립된 사단법인을 말한다(상 제169조).

#### (1) 사단성

회사는 원칙적으로 2인 이상의 사원으로 구성되어야 한다. 이러한 복수사원의 존재는 합명회사와 합자회사에서는 성립요건이며 존속요건이라고 할 수 있다(상 제227조 제3호, 제269조).

그러나 유한책임회사, 주식회사와 유한회사는 1인에 의한 설립이 가능하고(상 제287조의 2, 제288조, 제543조), 존속중에도 1인회사가 인정된다. 즉 사단성이란 특성은 엄격하게 요구되지는 않고 있다. 다만 1인회사라도 회사의 조직은 갖추어야 한다.

#### (2) 법인성

상법은 회사를 법인으로 규정하고 있다(상 제169조). 따라서 상법상의 회사가 되기 위해서는 상법이 정하고 있는 소정의 절차에 따라 설립등기를 하여 법인격을 취득하여야 한다. 이 때부터 권리능력을 갖는다.

한편, 법인격부인론은 법이 회사의 법인격을 인정한 목적과 달리 악용 또는 남용되는 경우 그 회사의 법인격을 특정한 법률관계에 한하여 인정하지 않고 회사의 배후에 있는 실질적인 주체인 사원에게 법적 효과를 부여하는 이론을 말한다. 주식회사와 관련하여 회사채권자인 거래상대방을 보호하기 위하여 발전된 이론이다.

#### (3) 영리성

회사는 영리를 목적으로 설립되는 영리법인이다(상 제169조). 영리를 목적으로 한다는 것은 회사가 영리사업을 하여 이익을 얻고, 이를 그 사원에게 분배하는 것을 의미한다. 따라서 영리적 사업을 목적으로 설립된 회사가 부수적으로 비영리행위는 할 수 있어도 전적으로 비영리행위만을 목적으로 하는 회사는 존재할 수 없다.

### (4) 상인성

회사는 영리성에 의하여 당연히 상인성을 갖는다(상 제4조, 제5조 2항). 따라서 회사는 성립시부터 상인으로서 반드시 상호를 선정하여야 하며, 그 상호에는 회사의 종류에 따라 합명회사 · 합자회사 · 유한책임회사 · 주식회사 · 유한회사의 문자를 사용하여야 한다(상 제19조).

### (5) 준칙성

회사는 상법 회사편의 규정에 의하여 설립된다. 즉 상법규정에 따라 설립된 때에 법인격을 취득하는 것이고, 회사설립에 있어 주무관청 등의 허가나 면허를 요하지 않는다. 회사의 준칙성에 대하여 민사회사의 경우에는 명문규정이 있다(민 제39조 1항).

## 2. 회사의 종류

### (1) 상법전상의 분류

#### ① 합명회사

합명회사란 직접, 연대, 무한책임사원으로 구성된 사단법인으로서 사원의 수는 2인 이상이어야 한다. 각 사원은 원칙적으로 업무집권행을 가지며(상 제200조, 제207조), 예외적으로 업무집행자를 선임할 수 있다. 지분의 양도에 있어서는 총사원의 동의를 얻어야 하며(상 제197조), 사원간의 인적 신뢰관계를 중요시하는 대표적인 회사유형은 소기업(친족간의 회사)을 예로 들 수 있다.

#### ② 합자회사

합자회사란 직접, 연대, 무한책임사원과 직접, 연대, 유한책임사원으로 구성된 사단법인으로서, 사원의 수는 각 1인 이상이어야 한다. 회사의 업무집행권은 무한책임사원이 가지며, 유한책임사원은 감시권(상 제277조)을 갖는다. 무한책임사원의 지분은 총사원의 동의를 얻어야 양도할 수 있으나, 유한책임사원의 지분양도는 무한책임사원 전원의 동의만 얻으면 된다(상 제276조). 회사유형은 소기업을 예로 들 수 있다.

**무한책임사원과 유한책임사원의 비교**

| 구 분 | 무한책임사원 | 유한책임사원 |
|---|---|---|
| 노무, 신용출자 | 가능 | 불가 |
| 업무집행권 | 있음 | 없음 |
| 업무감시권 | 없음 | 있음 |
| 대표권 | 있음 | 없음 |
| 경업피지의무 | 있음 | 없음 |
| 지분양도 | 다른 사원 동의 | 무한책임사원 동의 |
| 사원의 사망 | 퇴사원인 | 지분상속 |
| 사원의 금치산 | 퇴사원인 | 퇴사하지 않음 |
| 책 임 | 무한 | 유한 |
| 자기거래제한 | 있음 | 있음 |

③ 유한책임회사

유한책임회사란 주식회사나 유한회사와 같이 간접, 유한책임사원만으로 구성되며, 사원의 수는 1인 이상이어야 한다. 타인기관의 구성을 필요로 하지 않고, 회사의 설립이나 운영 등의 면에서 유한회사보다 사적자치가 폭넓게 인정되는 형태의 회사이다. 업무집행권은 업무집행자에게 있으며, 사원이 아닌 제3자도 정관이 정하는 바에 따라 업무집행자가 될 수 있다(상 제287조의 12, 제287조의 19). 법인도 업무수행자가 될 수 있으며, 이 경우 직무수행자를 선임하여야 한다(상 제287조의 15).

업무감독권은 업무집행자 이외의 사원이 가지며, 지분의 양도는 총사원의 동의가 있어야 한다. 회사유형은 벤처기업 등을 예로 들 수 있다.

④ 주식회사

주식회사란 간접, 유한책임사원인 주주로 구성된 대표적인 물적회사로 사원의 수는 1인 이상이면 된다. 사원들의 개성보다는 주주들이 출자한 재산을 중심으로 결합되므로 대기업에 적합한 회사이다.

주주는 자기가 인수한 주식의 인수가액에 대한 출자의무를 부담하고 회사의 채무에 대하여는 직접 책임을 지지 아니한다. 따라서 주주총회를 통하여 회사의 기본적 사항의 결정에 참여할 수 있다(상 제361조).

업무집행권은 이사회와 대표이사가 가지고(상 제382조 이하), 예외로 집행임원이 그 역할을 감당할 수 있다. 주식의 양도는 원칙적으로 자유롭다(상 제335조 1항).

⑤ 유한회사

유한회사는 간접, 유한책임사원으로 구성되는 소규모의 폐쇄적 회사이다. 각 사원은 회사 자본금에 대한 출자의무 이외에 특정한 경우에 자본금에 대한 전보책임을 부담한다(상 제550조, 제551조, 제593조). 사원의 수는 1인 이상이면 된다. 업무집행권은 원칙적으로 각 이사가 가지며, 예외적으로 대표할 이사를 선임할 수 있다. 회사 채무에 대하여 사원이 직접 책임을 지지 않으며, 지분양도의 경우는 자유롭게 양도 가능하며, 정관으로 달리 정할 수 있다. 회사유형은 중소기업을 그 예로 들 수 있다.

(2) 학설상의 분류

① 인적회사와 물적회사

회사는 사원의 개성과 회사와의 관계를 기준으로 인적회사와 물적회사로 분류한다.

인적회사는 회사 자체의 재산보다는 사원간의 개성이나 신뢰관계를 중심으로 결합된 회사이다. 따라서 사원의 지위에 대한 양도가 엄격하게 규제되며, 합명회사가 이에 해당한다.

물적회사는 사원의 개성보다는 각 사원들이 출자한 자본금을 중심으로 결합된 회사이다. 사원의 지위에 대한 양도가 자유로우며, 주식회사가 그 대표적인 경우이다.

② 개인주의적 회사와 단체주의적 회사

개인주의적 회사와 단체주의적 회사는 회사의 기업경영과 기업소유가 동일인에게 속하느냐 여부를 기준으로 한 분류이다. 기업의 소유와 경영이 일치하는 경우로 사원이 원칙적으로 업무집행을 하는 회사는 개인주의적 회사라 한다. 이에 대하여 소유와 경영이 분리되어 사원 이외의 제3자 기관이 업무를 집행하는 회사를 단체주의적 회사라 한다.

③ 내국회사와 외국회사

설립준거법에 따른 분류로 회사가 국내법과 외국법 중 어떠한 법에 근거해서 설립되었느냐에 따라 국내법에 의해 설립된 회사는 내국회사라 하고, 외국법에 의해 설립된 회사는 외국회사라 한다.

④ 지배회사와 종속회사

어느 회사가 다른 회사에 대하여 자본참가 또는 기타의 원인에 의해 다른 회사를 지배하는 경우에 지배하는 회사를 지배회사 또는 모회사라 하고, 지배를 받는 회사를 종속회사 또는 자회사라고 한다.

상법상 다른 회사의 발행주식 총수의 100분의 50을 초과하는 주식을 소유하는 회사를 모회사라 하고, 그 상대방 회사를 자회사라 한다. 또한 자회사가 일정한 회사의 발행주식 총수의 100분의 50을 초과하는 주식을 소유하거나, 모회사와 자회사의 보유주식을 합쳐서 일정한 회사의 발행주식 총수의 100분의 50을 초과하는 경우도 그 모회사를 일정한 회사의 모회사로 본다(상 제342조의 2).

⑤ 상장법인과 비상장법인

주식을 증권시장에 상장하여 증권시장에서 거래하는 회사를 상장법인이라 하고, 증권시장에 상장되지 아니한 회사를 비상장법인이라 한다.

코스닥(KOSDAQ)시장에 상장된 회사는 코스닥시장 상장법인이라 한다.

⑥ 내자회사 · 외자회사 · 합작회사 · 다국적회사

회사자본의 구성에 따른 분류이다. 회사의 자본이 국내자본으로 구성된 회사는 내자회사라 하고, 외국자본으로 구성된 회사는 외자회사라 하며, 국내자본과 외국자본으로 구성된 회사는 합작회사 또는 합작투자회사라 한다. 그리고 동일한 자본이 여러 국가에서 동종영업을 위해 별개의 회사로 설립되고 그 회사들이 서로 유기적으로 관련을 맺고 있는 회사를 다국적회사라고 한다.

## Ⅲ. 회사의 능력

### 1. 회사의 권리능력

회사는 사단법인이므로 권리·의무의 주체가 될 수 있는 권리능력을 가지고 있지만 일정한 제한을 받고 있다.

#### (1) 성질에 의한 제한

회사는 법인이므로 자연인을 전제로 한 권리, 즉 신체·생명 등에 관한 권리, 친권, 상속권 등은 가질 수 없다. 그러나 회사도 유증을 받거나 명예권, 신용권, 사원권, 대리권 등은 가질 수 있다. 일반적으로 회사는 법인의 발기인이나 주주 또는 유한책임사원은 될 수 있으나 상업사용인, 이사, 감사 등의 기관은 될 수 없다.

(2) 법률에 의한 제한

회사의 법인격은 법률에 의해 부여된 것이므로 회사의 권리능력이 법률에 의하여 제한을 받을 수 있다. 회사가 다른 회사의 사업경영의 결과에 대하여 무한책임을 지게 되면 회사존립의 기초를 위태롭게 하고 연쇄적인 파탄의 어려움이 있을 수 있기 때문에 다른 회사의 무한책임사원이 될 수 없다(상 제173조).

(3) 목적에 의한 제한

회사는 정관에 기재된 목적의 범위에 의하여 권리능력이 제한되느냐 여부에 대하여 제한설과 무제한설의 대립이 있다. 생각건대, 목적에 의한 권리능력의 제한을 인정한다면 남용의 위험도 있고 거래의 안전을 해칠 우려도 있으므로 목적수행에 필요한 행위를 모두 포함하는 무제한설이 타당하다고 본다.

## 2. 회사의 행위능력

회사는 대표기관을 통하여 영리활동 및 대외적 활동을 할 수 있고, 이러한 행위는 법률상 회사의 행위로 인정되므로 회사의 행위능력은 당연히 인정된다.

## 3. 회사의 불법행위능력

회사의 불법행위능력에 관하여는 상법상 특별규정이 있다. 즉, 회사를 대표하는 사원이 업무집행으로 한 행위가 타인에게 손해를 가한 경우 회사는 그 사원과 연대하여 손해배상책임을 부담한다(상 제210조, 제567조 등). 한편, 대표기관 이외의 회사의 상업사용인이 한 불법행위에 관하여는 사용자의 배상책임을 규정한 민법 제756조를 적용하여 회사와 상업사용인이 연대하여 손해배상책임을 진다.

## 4. 회사의 공법상의 능력

회사는 민사소송법상 당사자능력과 소송능력이 있다(민소 제51조). 그리고 행정소송제기권, 상공회의소의 선거권, 납세의무 등의 공법상의 권리·의무의 주체가 될 수 있는 자격을 가진다.

## Ⅳ. 회사의 조직변경

### 1. 회사조직변경의 의의

회사의 조직변경이란 회사가 법인격의 동일성을 유지하면서 조직을 바꾸어 다른 종류의 회사로 변경하는 것(예: 합자회사를 합명회사로 바꾸거나 주식회사를 유한회사로 변경하는 경우)을 말한다. 회사의 조직변경은 동일성이 유지된다는 점에서 회사의 합병과 다르며, 합병의 경우처럼 어떤 종류의 회사 사이에서도 가능한 것이 아니라 인적회사는 인적회사로, 물적회사는 물적회사로만 상호간 조직변경이 가능하다. 그러나 유한책임회사는 주식회사로, 주식회사는 유한책임회사로의 조직변경도 인정된다(상 제287조의 43).

### 2. 회사별 조직변경

#### (1) 합명회사 ⇒ 합자회사

합명회사는 총사원의 동의에 의해 합자회사로 조직변경을 할 수 있다(상 제242조 1항, 2항). 즉, 일부사원을 유한책임사원으로 전환하거나 유한책임사원을 새롭게 가입시킬 수 있다. 합명회사가 조직변경으로 합자회사가 되는 경우 본점소재지에서는 2주 이내, 지점소재지에서는 3주 이내에 기존의 합명회사는 해산등기, 변경된 합자회사는 설립등기를 하여야 한다(상 제243조).

#### (2) 합자회사 ⇒ 합명회사

합자회사는 총사원의 동의에 의해 합명회사로 조직을 변경할 수 있으며, 유한책임사원 전원이 퇴사한 경우에도 무한책임사원 전원의 동의로 가능하다(상 제286조 1항, 2항). 이 경우 유한책임사원은 무한책임사원이 된다. 합자회사가 합명회사로 조직변경을 한 경우도 본점소재지에서는 2주 이내, 지점소재지에서는 3주 이내에 합자회사는 해산등기를, 합명회사는 설립등기를 하여야 한다(상 제286조 3항).

#### (3) 주식회사 ⇒ 유한회사

주식회사는 총주주의 동의로 총회결의에 의해 유한회사로 조직을 변경할 수 있으나 사채의 상환을 완료하지 아니한 경우는 허용되지 아니한다(상 제604조 1항).

이 때 총회결의에서 정관 기타 조직변경에 필요한 사항을 정하여야 한다(상 제604조 3항). 조직변경 후의 회사의 자본금총액은 회사에 현존하는 순재산액을 초과하지 못하며(상 제604조 2항), 순재산액이 자본금총액에 부족한 때에는 결의 당시의 이사와 주주는 회사에 대하여 연대하여 그 부족액에 대하여 전보책임을 진다(상 제605조 1항).

그 밖에 자본금감소의 경우에 준하여 회사채권자 보호절차를 거쳐야 하며(상 제608조, 제232조), 소정의 등기를 하여야 조직변경의 효력이 생긴다(상 제606조).

#### (4) 유한회사 ⇒ 주식회사

유한회사가 주식회사로 조직을 변경하고자 하는 경우는 총사원 동의에 의한 사원총회결의가 있어야 하며, 조직변경 후 회사가 발행하는 주식의 발행가액의 총액은 회사에 현존하는 순재산을 초과하지 못한다(상 제607조 1항, 2항). 회사채권자보호절차를 거치고 법원의 인가를 받아야 한다(상 제607조 3항). 소정의 등기를 하여야 조직변경의 효력이 생긴다(제606조).

#### (5) 주식회사 ⇒ 유한책임회사

주식회사는 총주주의 동의로 총회결의에 의해 유한책임회사로 조직을 변경할 수 있다(상 제287조의 43 제1항). 이에 관하여는 상법 제232조 및 제604조부터 제607조까지의 규정을 준용한다(상 제287조의 44).

#### (6) 유한책임회사 ⇒ 주식회사

유한책임회사는 총사원의 동의에 의하여 주식회사로 변경할 수 있다(상 제287조의 43 제2항). 이에 관하여는 상법 제232조 및 제604조부터 제607조까지의 규정을 준용한다(상 제287조의 44).

## Ⅴ. 회사의 합병

### 1. 회사합병의 의의

회사의 합병이란 2개 이상의 회사의 일부 또는 전부가 경제적으로나 법률적으로 독립성을 잃고 합체가 되어 단일회사가 되는 기업합동형태이다. 이는 소멸회사의 모든 권리·의무가 포괄적으로 신설회사 또는 존속회사에게 이전한다.

청산절차를 거치지 않는 점에서 해산·영업양도·사원수용 등의 방법에 의하는 사실상의 합병과 다르다.

합병당사회사가 모두 해산하고 동시에 신회사를 설립하되 신설회사가 해산하는 회사의 재산 및 사원을 수용하는 것을 신설합병이라하고, 합병당사회사 중 한 회사만이 존속하고 다른 회사는 해산하되, 존속회사가 해산하는 회사의 재산 및 사원을 수용하는 것을 흡수합병이라 한다.

## 2. 회사합병의 자유와 제한

회사의 합병은 원칙적으로 자유롭게 인정되나(상 제174조 1항), 일정한 제한이 따른다.

즉, 물적회사의 합병은 상법상의 제한이 있다. 합병회사의 일방 또는 쌍방이 주식회사나 유한회사인 경우 합병 후 존속회사 또는 신설회사는 주식회사 또는 유한회사이어야 한다(상 제174조 2항). 주식회사와 유한회사가 합병하여 주식회사를 존속시키든가 아니면 새로운 주식회사를 설립하는 경우는 법원의 인가를 얻어야 합병의 효력이 있다(상 제600조 1항).

## 3. 회사합병의 절차

### (1) 합병계약

합병계약은 일반적으로 합병당사회사의 대표기관에 의해 체결되며, 요식행위는 아니다. 당사회사가 주식회사 또는 유한회사이거나 합병에 의하여 신설 또는 존속하는 회사가 주식회사일 경우에는 법정사항을 기재한 합병계약서를 작성하여야 한다(상 제522조 1항, 제523~제525조, 제603조).

### (2) 합병계약서 등의 공시

주식회사나 유한회사의 경우 합병계약이 체결되면 당사회사의 이사는 합병결의를 위한 총회개최일의 2주 전부터 합병을 한 날 이후 6월이 경과하는 날까지 합병계약서, 소멸회사의 주주에게 발행하는 주식의 배정에 관하여 그 이유를 기재한 서면, 각 회사의 최종의 대차대조표와 손익계산서를 본점에 비치하여야 한다(상 제522조의 2 제1항, 제603조). 또 사원 및 회사채권자는 언제든지 위의 서류의 열람을 청구하거나, 소정의 비용을 지급하고 그 등본 또는 초본의 교부를 청구할 수 있다(상 제522조의 2 제2항, 제603조).

### (3) 합병결의

합병계약이 체결되면 합병당사회사는 각각 합병결의를 하여야 한다. 이 결의는 합명회사, 합자회사와 유한책임회사에서는 총사원의 동의(상 제230조, 제269조, 제287조의 41), 주식회사에서는 주주총회의 특별결의(상 제522조), 유한회사에서는 사원총회의 특별결의(상 제598조)에 의한다.

합병당사회사 중 어느 회사에서 합병결의가 성립하지 못하면 합병계약의 효력이 없어져 다른 회사의 합병결의도 무효로 된다. 그러나 주식회사의 흡수합병의 경우, 간이합병(상 제527조의 2)과 소규모합병(상 제527조의 3)에 있어서는 합병에 관한 주주총회의 특별결의를 이사회의 승인으로 갈음할 수 있다.

### (4) 주식매수청구권

주식회사의 경우 합병결의를 반대하는 주주는 주주총회의 합병결의 후 20일 이내에 회사에 대하여 주식의 종류와 수를 기재한 서면으로 주식매수청구권을 행사할 수 있다(상 제522조의 3).

### (5) 회사채권자의 보호절차

합병은 합병당사회사의 채권자의 이익에 중대한 영향을 미치므로 채권자의 이의권을 인정하여 보호하고 있다(상 제232조, 제269조, 제287조의 41, 제527조의 5, 제603조). 회사채권자보호절차에 위반할 경우 합병을 승인하지 아니한 채권자는 합병무효의 소를 제기할 수 있다(상 제529조).

### (6) 회사의 설립

신설합병의 경우 정관의 작성 기타 설립에 관한 행위는 각 회사에서 합병결의와 동일한 방법에 의하여 선임한 설립위원이 공동으로 하여야 한다(상 제175조).

### (7) 보고총회 또는 창립총회

합병절차가 완료되면 지체없이 존속회사 또는 신설회사가 주식회사나 유한회사인 경우 존속회사에서는 보고총회, 신설회사에서는 창립총회를 소집하여 합병절차의 경과 및 결과를 보고하여야 한다(상 제526조 1항, 제527조 1항, 제603조).

그러나 흡수합병의 경우는 이사회 공고로 갈음할 수 있다(상 제526조 3항).

(8) 합병등기

회사의 합병이 실현되면 본점소재지에서는 2주 이내, 지점소재지에서는 3주 이내에 등기를 하여야 한다. 이 때 존속회사는 변경등기, 소멸회사는 해산등기, 신설회사는 설립등기를 하여야 한다(상 제233조, 제269조, 제528조, 제602조). 이 등기는 합병의 효력발생요건이다.

### 4. 회사합병의 효과

(1) 회사의 소멸, 설립, 변경

합병으로 인해 존속회사나 신설회사 외의 모든 합병당사회사는 청산절차를 거치지 않고 소멸한다. 그리고 신설합병의 경우는 새로운 회사가 설립되고, 흡수합병의 경우는 존속회사의 정관변경이 이루어진다.

(2) 권리 · 의무의 포괄적 이전

존속회사 또는 신설회사는 소멸회사의 권리·의무를 포괄적으로 승계한다(상 제235조, 제530조 2항, 제603조). 합병계약이나 합병결의로써 소멸회사의 채무의 전부 또는 일부를 승계하지 않는다는 합의 또는 결의는 무효이다.

(3) 사원의 지위

소멸회사의 사원은 원칙적으로 존속회사 또는 신설회사의 사원이 된다.

그러나 주식매수청구권을 행사한 주주는 그러하지 아니한다. 사원의 지위는 존속회사 또는 신설회사의 종류 그리고 합병계약의 내용에 따라 정해진다.

(4) 이사 및 감사의 임기

합병 전에 취임한 존속회사나 신설회사의 이사 및 감사는 합병계약서에 다른 정함이 없는 한, 합병 후 최초로 도래하는 결산기의 정기총회가 종료하는 때에 퇴임한다(상 제527조의 4 제1항).

### 5. 합병무효의 소

(1) 당사자

합병무효의 소제기권자(원고)는 각 회사마다 규정을 달리한다. 주식회사와 유한회사는 각 회사의 사원, 이사, 감사, 청산인, 파산관재인, 합병불승인 채권자 등이며(상 제529조 1항, 제603조), 합명회사와 합자회사는 이사, 감사가 제외된다(상 제236조 1항, 제269조).

피고는 신설회사 또는 존속회사가 된다.

### (2) 합병무효의 원인

합병에 하자가 있는 경우 소송에 의해서만 무효를 주장할 수 있다. 합병무효의 원인으로 ① 회사의 합병이 법률규정을 위반한 경우, ② 하자 있는 합병계약, ③ 합병결의에 무효 또는 취소 등의 사유가 있는 경우, ④ 채권자보호절차를 위반한 경우, ⑤ 합병비율의 불공정 등 합병절차에 하자가 있으면 합병무효의 소를 제기할 수 있다.

### (3) 제소기간

합병무효는 원칙적으로 합병등기 후 6월 이내에 제기하여야 한다(상 제236조 2항). 공정거래위원회가 제소하는 경우는 기간의 제한을 받지 않는다.

### (4) 합병무효판결의 효력

#### ① 원고승소의 경우

합병무효판결이 확정되면 본점 및 지점소재지에서 존속회사는 변경등기, 소멸회사는 회복등기, 신설회사는 해산등기를 하여야 한다. 따라서 회사의 재산은 합병 전의 각 합병당사회사에 귀속된다.

합병무효의 판결은 소송당사자 이외의 제3자에 대하여도 효력이 미친다. 그러나 판결이 확정되기 전에 발생한 기존의 법률관계에 대해서는 소급효가 제한된다. 이는 소급에 따른 법률관계의 혼란을 방지하기 위해서이다.

#### ② 원고패소의 경우

원고가 패소한 경우 악의 또는 중대한 과실이 있으면 회사에 대하여 연대하여 손해배상할 책임을 진다(상 제240조, 제191조, 제269조, 제530조 2항, 제603조).

CHAPTER

# 02 주식회사

## 제1절 총　설

### Ⅰ. 주식회사의 의의와 본질

#### 1. 주식회사의 의의

주식회사란 자본금이 균일한 주식으로 분할되고 주주는 그가 인수한 주식금액을 한도로 하여 출자의무를 부담할 뿐 회사채권자에 대하여는 직접 책임을 지지 아니하는 전형적인 물적회사를 말한다. 따라서 주식회사는 자본금·주식·주주의 유한책임이라는 세 가지 요소를 본질로 하는 회사이다.

#### 2. 주식회사의 본질

(1) 자본금

① 의　의

자본금이란 주식회사의 구성요소로서 회사가 발행한 주식의 액면총액을 의미한다. 무액면주식을 발행하는 경우에는 주식의 발행가액의 2분의 1 이상의 금액으로써 이사회에서 자본금으로 예산편성한 금액을 의미한다(상 제451조 제1항·제2항). 주식회사의 자본금은 정관에는 기재되지 않지만 대차대조표상 자본금으로 기재되고 등기에 의해 공시된다(상 제317조 2항 제2호).

회사채권자를 보호하기 위해 자본금에 대해 3원칙을 두고 있다.

② 자본금의 3원칙

(i) **자본금확정의 원칙:** 총액인수주의라고도 하며 회사설립시에 자본금이 정관으로 확정되고 자본금액 전부에 대하여 주식인수가 확정되어야 한다는 원칙이다. 현행 상법은 수권자본금제도를 채택하고 있기 때문에 자본금확정의 원칙은 강조되지 않고 있다.

그러나 회사가 설립시에 발행하는 주식의 총수는 정관의 절대적 기재사항으로서 등기사항이며 전부 인수되어야 하므로 이 한도 내에서는 자본금확정의 원칙이 존속한다고 본다.

한편, 수권자본금제도란 정관에 기재한 발행예정주식의 총수의 범위 내에서 이사회가 필요에 따라 신주를 발행함으로써 회사의 자기자본금을 조달할 수 있는 제도이다.

(ii) **자본금유지의 원칙:** 자본금충실의 원칙 또는 자본금구속의 원칙이라고도 하며 회사가 자본금액에 상당하는 재산을 현실적으로 보유하여야 한다는 원칙이다. 이것은 대체로 납입의 충실화와 이익배당 등의 제한으로 나타난다.

전자의 예로는 주식의 액면미달발행제한(상 제330조), 발기인 등의 자본금충실책임(상 제321조, 제428조), 변태설립사항의 엄격한 규제(상 제299조, 제310조, 제313조, 제314조, 제422조), 자기주식의 취득제한(상 제341조), 자기주식의 질취제한(상 제341조의 2), 자회사에 의한 모회사주식의 취득금지(상 제342조의 2) 등을 들 수 있다.

후자의 예로는 법정준비금제도(상 제458조, 제459조), 이익배당 및 주식배당의 제한(상 제462조, 제462조의 2) 등을 들 수 있다.

(iii) **자본금불변의 원칙:** 자본금불변의 원칙이란 확정된 자본금액은 임의로 변경하지 못한다는 원칙을 말한다. 그러나 상법은 이를 절대적인 원칙으로 하지 아니하고, 다만 자본금의 감소에 상법이 정한 엄격한 절차를 거치도록 하고 있다. 자본금액 자체의 자유로운 감소를 허용한다면, 자본금유지의 원칙이 지켜지지 않게 된다. 이를 자본금감소제한의 원칙이라고도 한다.

**자본금확정제도와 수권자본금제도**

| 구 분 | 자본금확정제도 | 수권자본금제도 |
|---|---|---|
| 채 택 | 대륙법계 | 영미법계 |
| 자본확정 | 설립시 정관에 기재한 자본금 전액 확정 | 설립시 정관에 기재한 자본금 중 일부만 확정 |
| 장 점 | 자본금충실+채권자보호 | 자본금조달 용이+회사설립 용이 |
| 증 자 | 정관변경 | 정관변경 없이도 가능 |
| 신주발행 | 주주총회결의 | 수권범위내에서 이사회결의 |

(2) 주 식

주식은 자본금의 구성단위로서 권리발생의 기초인 독립된 사원의 지위 또는 자격을 말한다. 주식에 의해서 많은 사람이 회사에 참여할 수 있고, 다수사원으로 구성되는 회사의 복잡한 법률관계가 간편하게 처리될 수 있다는 점이 주식회사의 특색이다.

(3) 주주의 유한책임

주식회사의 사원인 주주는 회사에 대하여 주식의 인수가액을 한도로 출자의무를 부담하고, 회사채무에 대하여 어떠한 책임도 부담하지 않는다. 이를 주주의 간접유한책임이라고 한다. 주주의 유한책임은 정관이나 주주총회의 결의로도 가중시킬 수 없다.

## Ⅱ. 주식회사의 법적 규제

(1) 강행법규성

주식회사는 수많은 이해관계자와 국민경제질서에 많은 영향을 미치게 된다는 특성 때문에 주식회사에 관한 법률규정은 강행규정으로 되어 있고, 그 중의 일부는 위반에 대하여 법적인 규제를 가하고 있다.

(2) 공시주의

주식회사는 이해관계인의 범위가 광범위하므로 거래상대방이 그 실체를 정확하게 인식하기가 곤란하다. 따라서 중요사항을 공개함으로써 이해관계인이 예측하지 못한 손해를 입는 일이 없도록 공시주의를 강화하고 있다.

(3) 법률관계의 집단적 처리

주식회사는 다수의 주주로 형성되기 때문에 법률관계의 집단적인 처리방법이 요청된다. 이를 위해 회사의 설립 · 주주총회의 결의 · 신주발행 · 자본금감소 · 합병 및 분할 등의 무효주장에 대해서는 반드시 소에 의하도록 하고 있다.

(4) 공공성과 사회성

주식회사의 공공성과 사회성을 고려하여 주식회사에 대하여는 비송사건절차법을 통하여 법원에 의한 광범위한 관여를 인정하고 있다.

## 제2절 주식회사의 설립

### Ⅰ. 주식회사설립의 특색

주식회사는 물적회사이므로 일반적인 회사의 설립절차 외에 회사의 실체인 자본금의 형성절차를 거쳐야 하고 설립경과에 대한 철저한 조사 및 설립관여자의 엄격한 책임 등이 강화되어 있다. 인적회사에 비해 그 설립절차가 복잡하고 엄격하다.

### Ⅱ. 발 기 인

#### 1. 발기인과 발기인조합

발기인이란 실질적으로는 회사의 설립을 기획하고 설립사무를 집행하는 자를 말하나, 형식적으로는 정관에 발기인으로 기명날인 또는 서명한 자를 말한다(상 제289조 1항). 주식회사도 상법상의 사단법인이기 때문에 설립을 위해서는 2인 이상의 발기인이 있어야 하지만 현행 상법은 주식회사의 설립에 있어서 특별히 발기인의 수에 대한 제한을 두지 않고 있어(상 제288조) 1인 주식회사의 설립이 가능하다.

발기인조합은 수인의 발기인이 주식회사를 설립하는 경우 회사의 설립을 공동의 목적으로 하는 조합체를 의미한다. 이는 회사의 설립에 관한 모든 업무를 집행하는 기관으로서의 지위를 갖는데, 이 업무집행에는 민법의 조합에 관한 규정이 적용된다.

발기인의 자격에 대해서는 제한이 없으므로 법인은 물론 미성년자 등 무능력자도 될 수 있으나 적어도 1주 이상의 주식을 인수하여야 한다(상 제293조).

#### 2. 설립 중의 회사

설립 중의 회사란 회사성립 전의 설립과정 중에 있는 실체, 즉 발기인이 정관을 작성한 후 설립등기가 종료되어 법인격을 취득하기 전까지의 회사의 실체를 말하며 이는 학문상의 개념이다.

설립 중의 회사는 권리능력 없는 사단이므로 형식상의 권리능력은 없으나 민사소송법상 당사자능력, 부동산등기법상 등기능력 등은 인정된다. 발기인의 회사설립에 관한 행위로 취득한 권리·의무는 설립중의 회사에 귀속되고, 회사가 설립등기 절차를 거쳐 성립되면 그 권리·의무는 회사로 이전된다.

## Ⅲ. 정관의 작성

### 1. 정관의 의의

정관이란 회사의 자치법규로서, 실질적으로는 회사의 조직 및 운영에 관한 근본규칙을 말하고, 형식적으로는 그 근본규칙을 기재한 서면을 말한다. 따라서 정관은 회사에 관해 1차적 법원으로 적용된다.

주식회사를 설립하기 위해서는 반드시 발기인이 상법이 규정하고 있는 사항 등을 적은 정관을 작성하여 이에 기명날인 또는 서명하고(상 제289조 1항), 공증인의 인증을 받아야 그 효력이 생긴다(상 제292조). 다만, 자본금 총액이 10억원 미만인 회사를 제295조 1항에 따라 발기설립하는 경우에는 제289조 1항에 따라 각 발기인이 정관에 기명날인 또는 서명함으로써 효력이 생긴다(상 제292조 단서).

정관은 발기인·회사의 사원·기관에는 효력이 미치나, 제3자에 대해서는 효력이 없다.

### 2. 정관의 기재사항

#### (1) 절대적 기재사항

정관의 절대적 기재사항이란 법률이 정관의 효력발생을 위해 반드시 적을 것을 요구하는 사항으로서(상 제289조 1항) 이들 중 하나라도 흠결이 있으면 그 정관은 무효로 되며, 설립무효의 원인이 된다.

① 목 적

회사의 목적은 회사가 수행하고자 하는 사업을 말하며, 업종을 확정할 수 있을 정도로 기재하여야 한다. 이는 이사에 대한 손해배상청구권(상 제399조)이나 정관위반행위에 대한 유지청구권(상 제402조) 등을 행사함에 있어 중요한 의미를 가진다.

② 상 호

주식회사는 그 상호 중에 반드시 주식회사라는 문자를 사용하여야 하며(상 제19조), 회사가 수개의 영업을 하더라도 하나의 상호만을 사용하여야 한다. 은행, 신탁, 보험, 증권 등의 사업은 상호 중에 그 업종도 표시될 것이 요구된다.

③ 회사가 발행할 주식의 총수

회사가 발행할 주식의 총수는 설립 당시에 발행할 주식과 설립 후 이사회의 결의에 의해 발행할 신주의 수를 합한 발행예정주식총수를 의미한다.

④ 액면주식을 발행하는 경우 1주의 금액

액면주식 1주의 금액은 100원 이상의 균일한 금액으로 하여야 한다(상 제329조 2항·3항).

⑤ 회사의 설립시에 발행하는 주식의 총수

회사가 설립시에 발행하는 주식의 총수는 정관에 반드시 기재하여야 한다. 이 발행주식총수에다 1주당 주식금액을 곱하여 산출된 금액이 회사의 자본적 규모와 회사채권자를 위한 담보액을 표시하는 자본금액이다.

⑥ 본점의 소재지

회사의 주소는 본점소재지에 있는 것으로 하고(상 제171조), 본점은 전영업을 총괄하는 주된 영업소이므로 정관에 그 소재지를 기재하여야 한다.

⑦ 회사가 공고를 하는 방법

회사는 주주 및 회사채권자 등 이해관계인을 보호하기 위해 영업에 관한 중요한 내용, 주주총회의 개최 등을 공고하여야 하는데, 회사는 공고방법에 대하여 관보 또는 일간신문을 특정하여야 한다(상 제289조 3항). 다만, 회사는 그 공고를 정관으로 정하는 바에 따라 전자적 방법으로 할 수 있다.

⑧ 발기인의 성명 · 주민등록번호 · 주소

발기인의 책임소재를 분명히 하기 위해 상법은 정관에 발기인의 인적사항을 적도록 하고 있다. 발기인의 동일성을 인식할 수 있는 정도이면 충분하다.

(2) 상대적 기재사항

정관의 상대적 기재사항이란 정관에 적지 않을 수도 있는 사항으로서, 그것을 정관에 적지 않으면 그 사항의 효력은 발생하지 아니하며, 그 정관자체의 효력에도 아무런 영향을 미치지 않는 사항을 말한다. 상대적 기재사항 중 회사설립과 관계가 있는 중요한 사항을 특별히 변태설립사항이라고 한다.

① 변태설립사항

변태설립사항이란 회사의 설립을 위하여 일반적으로 필요한 사항과 성립 후의 회사에 그 효력을 귀속시킬 필요가 있는 사항으로서 발기인이 설립중의 회사의 기관이라는 지위에서 약정할 수 있는 사항을 말한다.

변태설립사항을 남용하면 회사의 재산적 기초를 약화시켜 주주 및 채권자의 불이익을 초래할 가능성이 높다. 따라서 상법은 정관뿐만 아니라 주식청약서에도 이를 기재하도록 하고(상 제302조 2항 제2호), 엄격한 설립 경과조사를 받도록 하고 있다(상 제300조, 제310조, 제314조).

변태설립사항으로서는 발기인이 회사설립에 대한 공로로 받을 특별이익 및 이를 받을 자의 성명, 현물출자의 경우 그 출자자, 목적인 재산의 종류·수량·가격 등, 발기인이 회사의 성립을 조건으로 하여 회사가 양수하기로 약정한 재산인수계약의 내용 및 양도인의 성명, 회사가 부담할 설립비용 및 발기인이 받을 보수액 등이 있다.

② 기타의 상대적 기재사항

변태설립사항 이외의 상대적 기재사항으로서는 무액면주식의 발행(상 제329조 1항), 주식매수선택권의 부여(상 제340조의2 제1항), 종류주식발행(상 제344조), 무기명주식의 발행(상 제357조 1항), 전환주식의 발행(상 제346조), 주주총회에 의한 대표이사의 선임(상 제389조), 제3자의 신주인수권 인정(상 제418조), 회사의 존립기간 및 기타의 해산사유(상 제517조 1호), 주권불소지제도의 배제(상 제358조의 2 제1항), 중간배당의 실시(상 제462조의 3 제1항) 등이 있다.

### (3) 임의적 기재사항

임의적 기재사항이란 강행법규, 사회질서 및 주식회사의 본질에 반하지 않는 범위 내에서 회사의 편의를 위해 기재하는 사항이다. 이사 및 감사의 수, 총회의 소집시기, 영업연도, 주권의 종류 등이 있다

## Ⅳ. 주식발행사항의 결정

정관의 작성이 완료되더라도 주식발행을 실행하기 위해서 구체화할 사항들이 있다. 발기인은 설립 당시에 발행할 주식의 종류와 수, 액면주식의 경우에 액면 이상의 주식을 발행하는 때에는 그 수와 금액, 무액면주식을 발행하는 경우에는 주식의 발행가액과 주식의 발행가액 중 자본금으로 계상하는 금

액에 관한 내용을 결정하여야 하는데, 정관에 다른 정함이 없으면 발기인 전원의 동의로 이를 결정하여야 한다(상 제291조). 이 결정이 부적법한 경우는 설립무효의 원인이 된다. 발기인 전원의 동의 방법에는 제한이 없다.

**주식회사 설립절차**

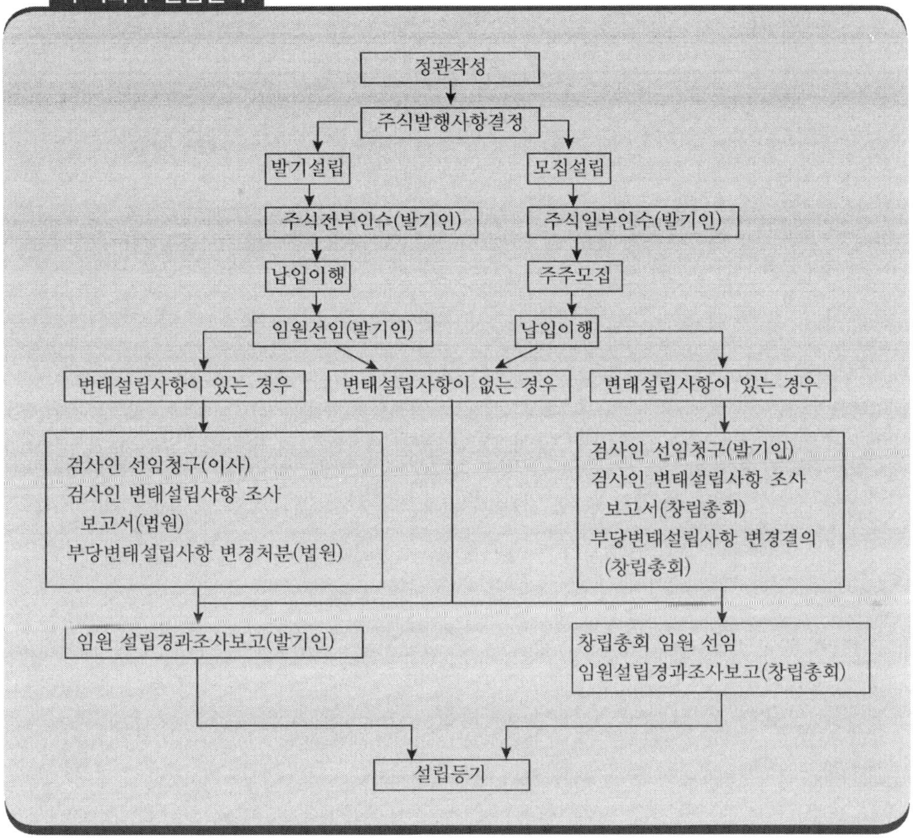


## Ⅴ. 회사의 실체구성의 절차

### 1. 발기설립에 의한 실체구성

#### (1) 발기인의 주식인수

발기설립은 발기인들만으로 주주를 구성하는 설립방법으로 주식회사가 설립당시에 발행하는 주식을 모두 발기인들이 인수한다. 발기인의 주식인수는 반드시 서면에 의하여야 하지만(상 제293조), 그 서면의 방식에는 아무런 제한이 없다.

(2) 출자의 이행

금전출자의 경우 주식의 총수에 대한 발기인의 주식인수절차가 완료되면 발기인들은 각자 자신이 인수한 주식의 가액을 전액 납입하여 출자를 이행하여야 한다(상 제295조 1항). 현물출자의 경우도 이 납입기일까지 출자의 목적인 재산을 인도하여 한다. 그러나 출자의 목적물을 인도함에 있어 등기, 등록 또는 기타의 권리설정이나 이전을 필요로 하는 경우는 그에 필요한 서류를 완비하여 교부하여야 한다(상 제295조 2항),

발기인의 채무불이행이 있으면 실권(失權)제도가 없으므로 강제집행을 하거나, 집행할 수 없으면 회사불성립이 된다.

(3) 이사 및 감사의 선임

출자의 이행이 끝나면 발기인은 지체없이 발기인총회를 열어 이사와 감사를 선임하여야 한다(상 제297조). 그 선임방법은 1주1의결권에 따른 과반수결의로 한다. 발기인은 발기인총회의 의사록을 작성하여 의사의 과정과 그 결과를 기재하고 기명날인 또는 서명하여야 한다(상 제297조).

이사 및 감사의 자격에는 제한이 없다. 따라서 발기인이 아닌 자도 이사나 감사로 선임될 수 있다.

(4) 설립경과의 조사

① 이사 · 감사의 조사 · 보고

이사와 감사는 취임 후 지체없이 회사의 설립에 관한 모든 사항이 법령 또는 정관의 규정에 위반되지 아니하는지의 여부를 조사하여 발기인에게 보고하여야 한다(상 제298조 1항). 그러나 이사와 감사 중에 발기인이었던 자, 현물출자자 또는 회사성립 후 양수할 재산의 계약당사자는 회사의 설립경과의 조사 · 보고에 참가하지 못한다(상 제298조 2항). 이사와 감사 전원이 그 조사 · 보고에 참가할 수 없는 경우에는 이사는 공증인으로 하여금 그 조사 · 보고를 하게 하여야 한다(상 제298조 3항).

② 변태설립사항의 조사

정관으로 변태설립사항을 정한 경우 이사는 그 조사를 위해 검사인의 선임을 법원에 청구한다(상 제298조 4항). 법원에서 선임된 검사인은 변태설립사항과 현물출자의 이행을 조사하여 법원에 보고하고(상 제299조 1항), 그 조사보고서를 작성한 후에는 지체없이 그 등본을 각 발기인에게 교부하여야 한다(상 제299조 3항). 이 조사보고서에 사실과 다른 사항이 있으면 발기인은 이에 대한 설명서를 법원에 제출할 수 있다(상 제299조 4항).

검사인의 조사·보고는 발기인의 특별이익·보수 및 설립비용에 관하여는 공증인의 조사·보고로, 그리고 현물출자의 내용과 그 이행 및 재산인수계약에 관하여는 공인된 감정인의 감정으로 검사인의 조사에 갈음할 수 있다(상 제298조 4항, 제299조의 2 전단).

## 2. 모집설립에 의한 실체구성

### (1) 발기인의 주식인수

모집설립은 주식의 일부를 발기인들이 인수하고 남은 부분은 주주를 모집하는 설립방법이다. 따라서 모집설립의 경우에도 각 발기인은 설립 당시에 발행하는 주식의 일부를 서면으로 인수하여야 한다(상 제293조).

### (2) 주주의 모집

발기인이 인수하고 남은 부분의 주식에 대하여 발기인은 주주를 모집하여야 한다(상 제301조). 주주모집의 방법에 대해서는 제한이 없으나, 응모주주를 보호하기 위하여 주식청약서를 사용하도록 하고 있다(상 제302조).

### (3) 주식인수의 청약

주식인수의 청약자는 주식청약서 2통에 자신이 인수할 주식의 종류와 수 및 주소를 기재하고 기명날인 또는 서명하여 청약하여야 한다(상 제302조 1항).

주식인수의 청약도 하나의 의사표시이므로 의사표시에 관한 민법의 일반원칙에 따라 무효가 되거나 취소할 수 있으나, 비진의의사표시에 관한 민법 제107조 제1항 단서 규정은 적용되지 않는다(상 제302조 3항). 즉, 주식인수의 청약이 비진의의사표시인 경우 상대방이 알았거나 알 수 있었더라도 무효가 되지 아니한다.

### (4) 주식인수의 무효 · 취소

주식인수인은 창립총회에 출석하여 그 권리를 행사하거나 회사가 성립된 후에는 주식청약에 관한 의사표시의 하자나 주식청약서의 요건흠결을 이유로 주식인수의 무효를 주장하거나 취소하지 못한다(상 제320조 1항).

그러나 의사무능력이나 행위무능력에 의한 무효나 취소, 채권자사해행위에 의한 채권자의 취소는 가능하다.

(5) 주식의 배정

주식인수의 청약이 있으면 발기인은 모집주식총수의 범위 내에서 자유로이 배정할 수 있다.

주식의 배정으로 주식의 인수가 확정되면 주식인수인은 주금납입의무를 부담하고(상 제303조), 창립총회에 출석하여 의결권을 행사할 수 있으며(상 제308조 2항, 제369조 1항), 회사가 성립하면 주주의 지위를 가지게 된다.

(6) 출자의 이행

① 주식금액의 납입

회사의 설립시에 발행하는 주식의 총수가 인수된 때는 발기인은 지체없이 주식인수인에 대하여 그가 인수한 주식의 인수가액을 전액 납입시켜야 한다(상 제305조 1항).

현물출자의 경우는 납입기일에 현물의 인도 또는 그에 필요한 행위를 완료하여야한다(상 제305조 3항, 제295조 2항).

납입금을 보관하고 있는 은행이나 그 밖의 금융기관은 발기인 또는 이사의 청구를 받으면 그 보관금에 대한 보관증명서를 발급하여야 한다(상 제318조 1항). 납입금의 보관자가 납입금보관증명서에 의하여 증명한 보관금액에 대해서는 납입이 부실하거나 그 금액의 반환에 제한이 있다는 것을 이유로 회사에 대항하지 못한다(상 제318조 2항). 이것은 가장납입에 의한 회사설립을 방지하려는 취지이다.

② 실권절차(失權節次)

주식인수인이 주금액을 납입하지 않을 때에는 발기인은 채무불이행에 관한 일반원칙에 따라 인수금액의 납입을 강제할 수도 있으나 실권절차를 시행한다. 모집설립의 경우에 주식인수인의 납입지체가 있으면 특별히 발기인은 일정한 기일을 정하여 그 기일까지 주식인수금을 납입하지 않으면 그 권리를 상실한다는 뜻을 그 기일의 2주 전에 통지하고(상 제307조 1항), 그 통지를 받은 자가 소정의 기일까지 납입의무를 이행치 않으면 당연히 그 권리를 잃는다.

그러나 현물출자자에 대하여는 사실상 타인으로부터 동일한 물건의 확보가 어려우므로 실권절차를 인정하지 않는다.

실권주식에 대해서는 다시 주주를 모집할 수도 있고(상 제307조 2항 후단), 발기인이 직접 인수하여도 무방하며, 실권절차 및 주주의 재모집으로 인해 손해가 발생한 경우는 실권한 주식인수인에 대하여 손해배상을 청구할 수 있다(상 제307조 3항).

#### (7) 설립경과의 조사

정관에 변태설립사항을 기재한 발기인은 이에 관한 조사를 위해 법원에 검사인의 선임을 청구하여야 한다(상 제310조 1항). 그러나 이 경우에도 발기설립의 경우와 같이 이사는 공증인·감정인의 조사·보고로 검사인의 조사·보고에 갈음할 수 있다(상 제310조 3항, 제299조의 2).

#### (8) 창립총회

창립총회는 주식인수인으로 구성되는 설립 중의 회사의 최고 의결기관이며, 주주총회의 전신이다.

##### ① 창립총회의 소집 및 결의

출자의 이행이 완료되면 발기인은 지체없이 창립총회를 소집하여야 한다(상 제308조 1항). 창립총회의 소집절차·의결권·결의의 하자 등에 관해서는 주주총회에 관한 규정이 준용된다(상 제308조 2항).

다만 그 결의방법은 엄격하여 출석한 주식인수인의 의결권의 3분의 2 이상이며, 동시에 인수된 주식총수의 과반수 결의에 의하여야 한다(상 제309조).

##### ② 창립총회의 권한

창립총회는 최고의사결정기관으로서 회사설립에 관한 모든 권한을 가진다. 이에 대하여 특별히 상법이 규정하고 있는 내용으로서는 회사의 창립에 관한 주식의 인수 및 납입에 관한 제반 상황·변태설립사항에 관한 실태 등에 관하여 발기인의 서면보고를 받고(상 제311조 1항·2항), 이사와 감사의 선임권을 가진다(상 제312조). 이사와 감사의 설립경과에 관한 조사·보고를 받을 수 있으며(상 제313조 1항), 변태설립사항을 변경할 수 있고(상 제314조 1항), 정관변경 또는 설립폐지의 결의도 할 수 있다(상 제316조 1항).

### 3. 발기설립과 모집설립의 차이점

#### (1) 주식의 인수 및 납입

발기설립의 경우는 설립 당시 발행하는 주식을 전부 발기인들이 인수하여야 하며, 주식인수인이 납입의무를 게을리하면 그 인수인에 대해서는 채무불이행에 관한 구제방법으로 강제집행이 인정된다.

모집설립의 경우는 발기인이 설립 당시 발행주식의 일부만 인수하고 남은 부분은 주주를 모집하여 인수하게 하며, 주식인수에 관한 납입의무를 이행치 않는 경우 채무불이행에 관한 구제방법으로 강제집행뿐만 아니라 실권절차가 인정된다.

### (2) 창립총회 및 이사 · 감사의 선임

발기설립의 경우는 창립총회가 필요하지 않다. 출자의 이행이 완료된 후 지체없이 발기인총회에서 발기인의 의결권의 과반수로 이사 · 감사를 선임하여야 한다(상 제296조 1항).

**발기설립과 모집설립의 차이점**

| 구 분 | 발기설립 | 모집설립 |
|---|---|---|
| 주식의 인수 | 설립 당시 발행하는 주식을 전부 발기인들이 인수함 | 설립 당시 발행하는 주식의 일부를 발기인들이 인수하고 남은 부분은 주주를 모집하여 인수하게 함 |
| 납입의무의 채무불이행 | 강제집행 | 강제집행, 실권절차 |
| 창립총회 | 필요하지 아니함 | 필요함 |
| 이사·감사의 선임 | 발기인총회에서 발기인의 의결권의 과반수로 선임함 | 창립총회에서 출석한 주식인수인의 의결권의 3분의 2 이상과 인수된 주식 총수의 과반수에 해당하는 다수결로 선임함 |
| 이사·감사의 보고 | 회사설립에 관한 사항을 조사하여 발기인에게 보고함 | 회사설립에 관한 사항을 조사하여 창립총회에 보고함 |
| 변태설립사항의 조사·변경 | 검사인이 조사하여 법원에 보고하고, 법원은 이를 변경할 수 있음 | 검사인이 조사하여 창립총회에 보고하고, 창립총회는 이를 변경할 수 있음 |
| 원시정관의 변경 | 발기인 전원의 동의와 공증인의 인증이 필요함 | 창립총회의 결의가 필요함 |

모집설립의 경우는 창립총회를 소집하여 그 창립총회에 출석한 주식인수인의 의결권의 3분의 2 이상과 인수된 주식총수의 과반수의 다수결로써 선임하여야 한다(상 제312조, 제309조).

### (3) 이사 · 감사의 보고

발기설립의 경우 이사와 감사는 취임 후 지체없이 회사의 설립에 관한 모든 사항이 법령 또는 정관의 규정에 위반되지 아니하는지의 여부를 조사하여 발기인에게 보고하여야 한다(상 제298조 1항).

모집설립의 경우 이사와 감사는 위의 사항을 창립총회에 보고하여야 한다(상 제313조).

### (4) 변태설립사항의 조사 · 변경

발기설립의 경우와 모집설립의 경우 모두 변태설립사항에 관해서는 법원이 선임한 검사인의 조사를 받아야 한다.

발기설립의 경우 검사인은 변태설립사항과 현물출자이 이행에 관한 사항을 조사하여 법원에 보고하여야 하고, 법원은 그 보고서가 부당하다고 인정되면 변태설립사항을 변경할 수 있다(상 제299조, 제300조 1항).

모집설립의 경우 검사인은 변태설립사항에 관하여 조사를 하고, 그 조사보고서를 창립총회에 제출하면 창립총회는 검사인의 조사보고가 부당하다고 인정되는 때에 그 변태설립사항을 변경할 수 있다(상 제314조 1항).

### (5) 원시정관의 변경

발기설립에 있어서는 발기인 전원의 동의와 공증인의 인증이 있어야 원시정관을 변경할 수 있다.

모집설립의 경우는 창립총회의 결의가 있으면 원시정관을 변경할 수 있다.

## Ⅵ. 주식회사의 설립등기

### 1. 등기의 의의

회사의 기본적 내용을 공시하여 회사채권자를 비롯한 다수의 이해관계인들의 이익을 보호하고, 거래의 안전을 도모하여 건실한 회사설립이 되도록 함이다.

## 2. 등기절차

이사는 회사의 실체형성절차가 끝나면 발기설립의 경우는 설립경과조사가 종료된 날로부터, 모집설립의 경우는 창립총회 종결일 또는 변태설립사항의 변경이 종료된 날로부터 2주 이내에 본점소재지에서 설립등기의 신청을 하여야 한다(상 제317조 1항, 제181조 1항).

## 3. 등기사항

본점소재지에서 등기해야 할 사항으로서는 다음 내용들이 있다(상 제317조 2항).

지점의 등기사항으로서는 본점의 등기사항 중 1), 2), 5), 6), 12), 16), 17) 등의 사항만 등기하도록 하고 있다(상 제317조 3항).

1) 목적
2) 상호
3) 회사가 발행할 주식의 총수
4) 액면주식을 발행하는 경우 1주의 금액
5) 본점소재지
6) 회사가 공고하는 방법
7) 자본금의 액
8) 발행주식의 총수 및 그 종류와 각종 주식의 내용과 수
9) 주식의 양도에 관하여 이사회의 승인을 얻도록 정한 때에는 그 규정
10) 주식매수선택권을 부여하도록 정한 때에는 그 규정
11) 지점소재지
12) 회사의 존립기간 또는 해산사유를 정한 때에는 그 기간 또는 사유
13) 주주에게 배당할 이익으로 주식을 소각할 것을 정한 때에는 그 규정
14) 전환주식을 발행하는 경우에는 그 절차
15) 이사, 감사 및 집행임원의 성명·주민등록번호
16) 대표이사 또는 대표집행임원의 성명·주민등록번호·주소
17) 공동의 대표이사 또는 대표집행임원에 관한 사항을 정한 때에는 그 규정
18) 명의개서대리인을 둔 때에는 그 상호 및 본점소재지
19) 감사위원회를 설치한 때에는 감사위원회위원의 성명 및 주민등록번호

### 4. 등기의 효력

설립등기는 회사의 성립요건으로서 설립등기에 의해 회사가 성립하면 회사는 법인격을 취득하게 된다.

또한 설립등기가 완료되면 부수적으로 회사의 설립절차상의 하자가 치유되는 효력이 있다(상 제190조 단서). 권리주의 양도에 대한 제한이 해소되고(상 제319조), 주식인수의 무효 또는 취소가 제한된다(상 제320조). 주권의 발행이 허용되고(상 제355조 1항), 상호권도 발생되며(상 제22조) 발기인의 자본금충실책임(상 제321조) 등이 부여된다.

## Ⅶ. 설립에 관한 책임

주식회사의 설립은 준칙주의를 취하고 있으므로 설립이 남발될 수 있고, 그 절차가 복잡하기 때문에 결함이 생기기 쉽다. 또한 주식회사의 불건전한 설립은 다수의 이해관계인에게 손해를 미치게 되므로 상법은 발기인·이사·감사 기타 특정한 사람의 책임에 관하여 특별한 규정을 두어 그 책임을 무겁게 하고 있다.

### 1. 발기인의 책임

(1) 회사성립의 경우

① 회사에 대한 자본금충실의 책임

회사설립시에 발행한 주식으로서 회사성립 후에 아직 인수되지 아니한 주식이 있거나 주식인수의 청약이 취소된 때에는 발기인이 이를 공동으로 인수한 것으로 본다(상 제321조 1항, 제333조). 발기인은 연대하여 납입해야 할 납입담보책임을 부담한다(상 제321조 2항). 이 책임은 법정책임으로서 무과실책임이며, 총주주의 동의로도 면제할 수 없다.

② 회사에 대한 손해배상책임

발기인이 회사의 설립에 관하여 그 임무를 해태한 때에는 그 발기인은 회사에 대하여 연대하여 손해를 배상할 책임이 있다(상 제322조 1항). 이 책임은 상법상 인정되는 특수한 손해배상책임으로서 과실책임이며, 총주주의 동의로 면제할 수 있다.

③ 제3자에 대한 책임

발기인이 회사설립에 관하여 악의 또는 중대한 과실로 인하여 그 임무를 해태한 때에는 그 발기인은 제3자에 대하여 연대하여 손해를 배상할 책임이 있다(상 제322조 2항).

### (2) 회사불성립의 경우

회사가 성립하지 못한 경우에 발기인은 회사의 설립을 위하여 한 행위에 대하여 연대하여 책임을 진다(상 제326조 1항). 또 회사설립에 관하여 지급한 비용은 발기인이 부담한다(상 제326조 2항). 이 책임은 법정책임으로서 무과실책임이다.

## 2. 이사 · 감사의 책임

이사 또는 감사가 설립경과의 조사보고임무(상 제313조 1항)를 해태하여 회사나 제3자에게 손해를 입힌 경우에는 연대하여 그 배상책임을 진다. 이 때 발기인도 책임을 져야할 때는 연대하여 책임을 진다(상 제323조).

이사에 대한 책임은 소수주주권자가 대표소송(상 제403조)에 의하여 추궁할 수 있고, 총주주의 동의에 의하여 면제할 수 있다.

## 3. 검사인의 책임

법원이 선임한 검사인이 악의 또는 중대한 과실로 인하여 그 임무를 해태한 때에는 회사 또는 제3자에 대하여 손해배상책임을 진다(상 제325조).

## 4. 유사발기인의 책임

정관에 발기인으로 기명날인 또는 서명한 사람이 아니면서, 주식청약서 기타 주식모집에 관한 서면에 성명과 회사설립에 찬조하는 뜻을 기재할 것을 승낙한 자(유사발기인)는 발기인과 동일한 책임이 있다(상 제327조).

회사성립의 경우의 자본금충실의 책임과 회사불성립의 경우의 주식인수인에 대한 원상회복의무는 부담하나, 설립에 관한 임무의 해태로 인한 책임은 지지 아니한다.

## 5. 공증인 · 감정인의 책임

현행 상법은 공증인 · 감정인이 변태설립사항 등을 조사 · 보고 또는 감정할 수 있게 하면서도 그 임무해태의 경우에 대하여는 명문규정이 없다. 그러나 이들은 회사와 위임관계에 있으므로 수임인으로서의 임무를 해태하여 회사에 손해를 입힌 경우에는 이사·감사의 손해배상책임규정(상 제323조)을 유추적용 하여야 한다고 본다.

**회사설립에 관한 책임**

| 구 분 | 기관 | 대상 | 책임의 종류 | 책임의 발생, 성질 |
|---|---|---|---|---|
| 회사성립에 관한 책임 | 발기인 | 회 사 | 자본충실책임(인수 및 납입 담보책임) | 무과실의 법정책임 |
| | | | 손해배상책임 | 임무를 해태한 때 |
| | | 제3자 | 손해배상책임 | 악의 또는 중과실로 임무를 해태한 때 |
| | 유사발기인 | 회 사 | 자본충실책임 | 발기인과 동일한 책임 |
| | 이사·감사 | 회 사 | 손해배상책임 | 임무를 해태한 때 |
| | | 제3자 | | 악의 또는 중과실로 임무를 해태한 때 |
| | 검사인 | 회 사 | 손해배상책임 | 악의 또는 중과실로 임무를 해태한 때 |
| | | 제3자 | | |
| | 공증인·감정인 | 회 사 | 손해배상책임 | 명문규정 없음 |
| 회사불성립에 관한 책임 | 발기인 | 제3자 | 손해배상책임(비용부담) | 무과실의 법정책임 |
| | 유사발기인 | 제3자 | 손해배상책임(비용부담) | 발기인과 동일한 책임 |

## Ⅷ. 주식회사설립의 무효

### 1. 설립의 하자의 의의 및 구별되는 개념

회사설립의 하자란 회사가 설립등기를 하여 외관상 유효하게 성립하였으나 그 설립절차에 결함이 있는 것을 말한다.

설립의 하자는 회사가 설립절차에 착수하였다가 중도에 좌절되어 설립등기를 하지 못한 상태인 회사의 불성립이나 회사가 설립절차에 있어서 정상적인 실체형성절차를 거치지 않고 설립등기만 되어 있는 회사의 부존재와 구별되는 개념이다.

회사의 설립절차상의 하자는 그 회사의 이해관계인들에게 불이익을 줄 수 있어 소를 통해서만 주장할 수 있도록 하고 있다.

### 2. 무효원인

주식회사의 설립무효의 원인으로는 그 설립절차가 선량한 풍속 기타 사회질서, 강행법규 및 주식회사의 본질에 반하는 내용으로서 정관상의 절대적 기재사항의 미기재(상 제289조 1항)의 경우, 원시정관에 공증인의 인증을 받지 아니한 경우(상 제292조) 등을 들 수 있다.

### 3. 무효의 소

회사의 설립무효의 소는 회사가 성립한 날로부터 2년 이내에 그 회사의 본점소재지를 관할하는 지방법원에 제기하여야 한다(상 제186조~제193조).

회사의 설립무효의 소의 제소권자는 주주, 이사 또는 감사이다. 피고는 회사를 대표하는 대표이사가 되며, 이사가 원고의 지위에 있는 경우는 감사가 회사를 대표한다(상 제394조).

### 4. 소의 절차

회사의 설립무효의 소가 제기되면 회사는 주주, 회사의 채권자 및 이해관계인을 위해 그 사실을 지체없이 공고하여야 한다(상 제328조 2항, 상 제187조).

법원은 동일 회사에 대한 수개의 소가 제기된 때에는 병합심리를 하여야 한다(상 제328조 2항, 제188조).

설립무효에 대한 법원의 심리가 진행 중인 때에 그 원인이 된 하자가 보완되고 회사의 현황과 제반 사정을 참작하여 설립을 무효로 하는 것이 오히려 부적당하다고 인정될 때에는 그 청구를 기각할 수도 있다(상 제328조 2항, 제189조).

### 5. 무효판결의 효력

#### (1) 원고가 승소한 경우

원고가 승소하여 설립무효판결이 확정되면 그 판결은 소송당사자뿐만 아니라 제3자에게도 효력이 미치는 절대적 효력을 가진다(상 제328조 2항, 제190조). 그러나 설립무효판결의 소급효는 인정되지 않는다. 따라서 그 판결이 확정되기 전에 주주 및 제3자에게 발생한 권리·의무에는 영향을 미치지 않는다(상 제328조 2항, 제190조 단서).

이것은 기존의 법률관계를 보호하기 위해서이다.

또한 회사의 설립무효판결이 확정되면 사실상 회사의 존재를 소멸시키기 위하여 해산의 경우에 준하여 청산절차를 거쳐야 한다(상 제328조 2항, 제193조 1항).

#### (2) 원고가 패소한 경우

원고가 패소한 경우 원고는 악의 또는 중대한 과실이 있는 경우에 한하여 회사에 대하여 손해배상책임을 부담한다(상 제328조 2항, 제191조). 이것은 소송의 남용을 방지하기 위해서이다.

원고패소판결의 효력은 민사소송법상의 일반원칙에 따라 당사자간에만 유효하다. 따라서 다른 제소권자는 동일한 내용으로 다시 소를 제기할 수 있다.

## 제3절 주식 · 주주 · 주권

### Ⅰ. 주식의 의의

주식이란 그 자본금의 구성부분으로서의 의미와 주주의 지위인 주주권을 말한다. 즉, 주식회사의 자본금은 주식으로 분할되며, 주주의 회사에 대한 권리의 범위는 그가 소유하고 있는 주식의 수에 따라 결정된다.

액면주식은 100원 이상의 균일한 금액으로 표시되어야 하며(상 제329조 2항 · 3항), 자본금은 발행주식의 액면총액이 된다(상 제451조 1항). 그러나 회사가 무액면주식을 발행하는 경우 회사의 자본금은 주식발행가액의 2분의 1 이상의 금액으로서 이사회에서 자본금으로 계상하기로 한 금액의 총액으로 한다(상 제451조 2항).

1개의 주식을 분할하여 수인에게 소유시키지는 못하지만 수인이 공동으로 소유할 수 있는데, 이를 주식의 공유라 한다.

공유자는 연대하여 주금의 납입책임을 부담하며 주주의 권리를 행사할 자 1인을 정하여야 한다. 주주의 권리를 행사할 자가 없는 때에는 회사는 공유자들 중 1인에 대하여 일정한 통지나 최고를 하면 그 효과는 전원에게 미친다(상 제333조).

주식관련 전문용어

| 구 분 | 내 용 |
|---|---|
| 종합주가지수 (KOSPI) Korea Composite Stock Price Index | 증권시장에 상장된 모든 종목의 주가 변동을 종합한 우리나라의 대표적인 주가지수.<br>1983년 1월 3일부터 기준시점의 시가총액과 비교시점의 시가총액을 비교하는 시가총액식 주가지수로 한국거래소가 산출한다. 1980년 1월 4일을 기준시점으로 하여 이 날의 종합주가지수를 100으로 정하고 이에 대비한 매일의 주가지수가 발표되고 있다. |
| 코스닥 (KOSDAQ) Korea Securities Dealers Automated Quotations | 전자거래시스템으로 운영되는 시장으로 첨단벤처기업 중심 시장인 미국의 나스닥(Nasdaq)시장을 본떠 만든 것으로 한국의 주식거래시장.<br>중소기업의 자금조달창구를 마련하는 한편 일반투자자에게 새로운 투자수단을 제공하기 위해 1996년 7월 개설된 코스닥시장은 미래에 높은 수익을 거둘 수 있는 매력적인 시장인 반면 위험도 높다. 한마디로 '고위험 고수익(high risk high return)' 시장이다. |
| 주 가 (Stock Price) | 주식의 시장가격을 말하는 것으로 이론적으로 주가는 배당청구권에 대한 가격, 즉 1주당 순자산지분을 표시해 배당금을 시장의 일반이자율로 자본환원해 결정하기도 하나, 실제로는 장래의 수익전망·경제동향 등을 감안한 주식시장의 수요공급에 의해 결정된다. |
| 단 주(端株) | 상법상의 개념은 통상적인 거래단위 미만의 주식 또는 1주 미만(예: 0.5주)의 주식을 의미한다.<br>증권시장에서의 개념은 증권시장에서 주식을 사고 팔 때는 신속정확한 거래를 위하여 일정한 단위로 이루어지는데 보통 10주 단위로 매매된다. 이 때 10주에 미달하는 주식을 의미한다. |

## Ⅱ. 주식의 종류

### (1) 기명주식과 무기명주식

기명주식은 주주의 성명이 주권과 주주명부에 기재되는 주식이며, 무기명주식은 기재되지 않는 주식이다.

우리 상법은 기명주식만을 발행할 수 있고(상 제352조 1항), 무기명주식을 발행할 수 없다.

#### (2) 액면주식과 무액면주식

1주의 금액을 주권에 표시하여 발행한 주식을 액면주식이라하고, 권면액을 표시하지 않고 주식 수만 기재되는 주식을 무액면주식이라 한다.

상법은 정관에서 정하는 바에 따라 액면주식 또는 무액면주식을 선택하여 발행할 수 있도록 하고 있다(상 제329조 4항).

#### (3) 신주와 구주

회사가 당해 영업연도 중에 발행한 주식은 신주라 하고, 당해 영업연도 전에 발행한 주식은 구주라 한다.

#### (4) 종류주식

종류주식이란 이익의 배당, 잔여재산의 분배, 주주총회에서의 의결권 행사, 상환 및 전환 등에 관하여 내용이 다른 종류의 주식을 말한다(상 제344조의 2 제1항).

① 이익배당·잔여재산분배에 관한 종류주식

이익의 배당 또는 잔여재산의 분배에 관하여 내용이 다른 종류주식을 의미하며(상 제344조의 2), 그 유형으로는 보통주, 우선주, 후배주, 혼합주 등이 있다. 보통주는 이익배당이나 잔여재산의 분배 등에 있어서 어떠한 우선권이나 제한이 없는 표준이 되는 주식을 의미한다. 우선주는 보통주보다 우선하여 이익배당이나 잔여재산의 분배를 받을 수 있는 지위가 인정되는 주식이다. 일반적으로 이익배당 우선주가 이용되고 있다. 후배주란 이익배당이나 잔여재산의 분배에 있어서 보통주보다 불리한 지위에 있는 주식이다. 혼합주는 이익배당이나 잔여재산의 분배 중 어느 부분은 보통주보다 우선적 지위가 인정되고, 다른 부분에 대해서는 보통주보다 불리한 지위에 있는 주식이다.

② 의결권의 배제·제한에 관한 종류주식

의결권이 없는 종류주식은 주주총회의 의결권은 없으나 다른 주주권은 인정되며, 의결권이 제한되는 종류주식은 특정한 사항에 한하여 의결권이 없는 것으로 하는 주식을 말한다.

의결권이 없거나 제한되는 종류주식의 발행은 발행주식총수의 4분의 1을 초과하지 못한다(상 제344조의 3 제2항).

③ 주식의 상환에 관한 종류주식

상환주식은 정관의 정함에 따라 발행 당시부터 장래의 이익에 의하여 회사가 상환하거나 주주의 상환청구에 의하여 소멸시킬 것이 예정된 주식을 말한다(상 제345조 1항·2항).

회사측은 일시적 자금조달을 용이하게 할 수 있으며, 투자자측은 일정한 기간동안 우선적 배당을 받는 것이 일반적이다.

상환주식을 발행하는 경우 정관에 주주가 회사에 대하여 상환을 청구할 수 있다는 뜻, 상환가액, 상환청구기간, 상환의 방법을 정하여야 한다(상 제345조 3항).

④ 주식의 전환에 관한 종류주식

전환주식은 주주의 청구에 의하여 인수한 종류주식을 다른 종류주식으로 전환할 수 있는 주식 또는 회사가 정관에 정한 일정한 사유가 발생할 때 주주가 인수한 종류주식을 다른 종류주식으로 전환할수 있는 주식을 말한다(상 제346조 1항). 이는 주주의 모집의 폭이 넓어서 회사의 자금조달에 편리하다. 주주가 전환권을 행사하는 전환주식을 발행하는 경우에는 정관으로 전환의 조건, 전환의 청구기간, 전환으로 인하여 발행할 주식의 수와 내용을 정하여야 하고(상 제346조 1항), 회사가 전환권을 행사할 수 있는 전환주식을 발행한 경우에는 정관으로 전환의 사유, 전환의 조건, 전환의 기간, 전환으로 인하여 발행할 주식의 수와 내용을 정하여야 한다(상 제346조 2항).

## Ⅲ. 주　　주

### 1. 주주의 의의

주주란 주식회사의 사원을 말하며, 주권에 대한 권리의 주체이다. 이러한 주주의 자격에 대하여는 원칙적으로는 제한이 없으나 자기주식의 취득에 관해서는 예외적인 제한이 따른다(상 제341조).

### 2. 주주평등의 원칙

주주평등의 원칙이란 주주가 주주라는 자격에서 가지는 회사와의 법률관계에 있어서 주식의 수에 따라 평등하게 대우받을 수 있는 원칙을 말한다.

그러나 상법상 특별한 이유로 주주평등의 원칙에 예외가 인정되는 규정들이 있다. 종류주식이 발행된 경우 주식의 종류에 따른 차별(상 제344조 3항), 특별이해관계인의 의결권행사에 대한 제한(상 제368조 4항), 감사선임의결에 관한 대주주의 의결권제한(상 제409조 2항), 소수주주권의 인정(상 제366조) 등의 경우는 주주평등의 원칙에 대한 예외를 인정한 규정들이다.

### 3. 주주의 권리와 의무

#### (1) 주주의 권리(주주권)

주주의 권리는 주주가 회사에 대하여 가지는 권리로서 주주권을 의미한다. 주주의 권리는 그 목적에 따라 자익권과 공익권으로 나눌 수 있고, 권리행사의 방법에 따라 소수주주권과 단독주주권으로 나눌 수 있다.

##### ① 자익권과 공익권

주주의 권리는 권리행사의 목적에 따라 자익권과 공익권으로 구분할 수 있다.

자익권은 주주 자신의 개인적 재산상의 이익을 확보하기 위하여 회사에 대하여 가지는 권리이다. 이에는 이익배당청구권, 명의개서청구권, 잔여재산분배청구권, 주권교부청구권, 신주인수권, 전환사채 및 신주인수권부사채인수권 등이 있다

공익권은 회사 또는 주주 공동의 이익을 위하여 주주가 회사의 운영에 관여할 수 있는 권리로서 소수주주권과 단독주주권이 있다.

##### ② 소수주주권과 단독주주권

공익권은 주주의 권리행사방법에 따라 소수주주권과 단독주주권으로 나눌 수 있다.

소수주주권은 일정한 수 이상의 주식을 가진 주주만이 행사할 수 있는 주주의 권리이다. 발행주식 총수의 100분의 1 이상을 요하는 경우(이사의 위법행위유지청구권, 대표소송제기권), 100의 3 이상을 요하는 경우(주주제안권, 주주총회소집청구권, 이사·감사·청산인 해임청구권, 회계장부열람권 등), 100분의 10 이상을 요하는 경우(회사해산청구권 등) 등이 있다.

단독주주권은 보유주식의 수와 상관없이 1주를 보유한 주주라도 단독으로 행사할 수 있는 주주의 권리이다. 의결권, 각종의 소제기권 등이 이에 해당한다.

#### (2) 주주의 의무

주주는 회사에 대하여 자신이 사원자격으로 인수한 주식에 대한 출자의무를 부담한다(상 제331조).

이 의무는 주식의 인수가액을 한도로 부담하는 유한책임이다.

## Ⅳ. 주 권(株券)

### 1. 주권의 의의 및 종류

주권이란 주주의 지위, 즉 주주권을 나타낸 유가증권을 말한다. 따라서 주권은 사원권적 유가증권이다.

주권은 권면에 주주의 성명 기재 여부에 따라 기명주권과 무기명주권으로 구분하며, 상법상 무기명주권은 발행할 수 없다. 또한 주식의 수에 따라 1주권(단일주권), 10주권, 100주권(병합주권) 등으로 구분할 수 있다.

**기명주권과 무기명주권**

| 구 분 | 기명주권 | 무기명주권 |
|---|---|---|
| 주권과 주주명부 | 성명기재 | 성명불기재 |
| 권리행사 | 주권제시 불필요 | 주총 일주일 전까지 주권을 회사에 공탁 |
| 발 행 | 정관기재 불필요 | 정관으로 정한 경우만 가능 |
| 주식양도(효력발생) | 주권교부 | 주권교부 |
| 주식양도 효력주장 | 회사에 대해 : 명의개서<br>제3자에 대해 : 주권소지 | 주권소지 |
| 주권불소지제도 | 인정 | 불인정 |
| 주주에 대한 통지, 최고방법 | 개별통지<br>(서면 또는 전자문서로 통지) | 공 고 |

### 2. 주권의 발행

#### (1) 기재사항

주권은 요식증권이므로 회사의 상호, 성립연월일, 발행할 주식의 총수, 1주의 금액, 성립 후 주식발행연월일, 종류주식에 관한 사항, 주식양도의 경우 이사회의 승인을 요하는 사항, 상환주식 및 전환주식이 있는 경우 그 내용 등을 기재하고 대표이사가 기명날인 또는 서명하여야 한다(상 제356조).

그러나 이러한 기재사항 중 일부가 흠결되더라도 그 주권이 무효가 되는 것은 아니지만, 주권의 기재사항 누락이나 부실기재에 대하여 이사는 과태료의 제재를 받고(상 제635조 1항 제6호), 손해배상책임도 부담하게 된다.

### (2) 발행시기

회사는 성립 후 또는 신주의 납입기일 후 지체없이 주권을 발행하여야 하며, 그 이전에는 주권을 발행하지 못한다. 이를 위반하여 발행된 주권은 무효가 된다(상 제355조). 이를 위반한 이사는 과태료의 제재를 받는다(상 제635조 1항 제19호).

### (3) 주권의 효력발생시기

주권의 효력발생시기에 대하여 통설과 판례는 진정한 주주의 보호를 위해 회사가 그 의사에 의하여 주권을 주주에게 교부한 때에 주권으로서의 효력이 발생한다고 본다.

### (4) 주식의 전자등록

회사는 주권을 발행하는 대신 정관으로 정하는 바에 따라 전자등록기관의 전자등록부에 주식을 등록할 수 있다(상 제356조의 2 제1항).

## 3. 주권불소지제도

### (1) 주권불소지제도의 취지

주권불소지제도란 기명주식의 주주가 주권을 소지하지 않겠다는 뜻을 회사에 신고함으로써 회사가 그 주권을 발행하지 않는 제도를 말한다(상 제358조의 2 제1항).

주식은 교부만으로 양도가 가능하기 때문에 분실하거나 도난당한 경우 그 주권의 점유자가 적법한 소지인으로 추정된다(상 제336조 1항·2항). 이러한 경우 주주로서의 권리를 상실할 위험성이 있으므로 기명주주의 주권 소지에 따른 불편과 도난, 분실 등의 위험을 예방하기 위해 이 제도가 인정되고 있다.

### (2) 주권불소지신고 및 그 효력

기명주식의 주주는 정관에 주권불소지제도를 배제하는 규정이 없는 한 주권을 소지하지 않겠다는 뜻, 즉 주권불소지의사를 회사에 신고할 수 있다.

이러한 신고가 있는 경우 회사는 지체없이 주권을 발행하지 아니한다는 뜻을 주주명부와 그 복본에 기재하고 그 사실을 주주에게 통지하여야 한다(상 제358조의 2 제1항·제2항).

주권이 이미 발행된 경우는 그 주권을 신고와 함께 회사에 제출하여야 한다. 그러나 주주가 주권의 처분, 양도, 입질 등과 같이 주식을 처분하고자 할 때에는 언제든지 해당 주권의 발행을 청구할 수 있다(상 제358조의 2 제4항).

기명주주가 주권불소지신고와 함께 회사에 제출한 주권은 무효화시키거나 명의개서대리인에게 임치하여야 한다(상 제358조의 2 제3항).

### 4. 주권의 상실과 재발행

#### (1) 주권의 재발행

주주가 주권을 도난·분실·멸실 등에 의해 상실한 경우 공시최고절차(민소 제446조 이하)에 의해 제권판결을 받아 상실한 주권을 무효로 할 수 있으며, 제권판결을 얻은 후 주권의 재발행을 회사에 청구할 수 있다(상 제360조).

기명주권의 경우는 주주명부상의 주주 또는 양수인, 무기명주권의 경우는 최후의 소지인인 주주가 공시최고를 신청할 수 있으며, 3개월 이상의 공시최고기간을 거쳐 권리의 신고를 최고하고 그 기간 내에 신고가 없을 때는 제권판결로써 당해 주권을 무효화할 수 있다.

#### (2) 제권판결(除權判決)과 선의취득(善意取得)

제권판결이 확정되면 그 이후부터는 주권이 효력을 상실하게 되어 선의취득이 이루어지지 않는다. 그러나 공시최고기간 내에 그 주권에 대한 선의취득자가 권리의 신고나 청구를 하지 않아 제권판결이 선고된 경우 제권판결과 선의취득 중 어느 경우가 우선적 효력을 가지느냐 하는 문제에 대하여 판례는 제권판결취득자의 권리가 우선한다고 한다(대판 1991. 5. 28, 90마6774).

## Ⅴ. 주주명부

### 1. 주주명부의 의의

주주명부란 주주 및 주권에 관한 사항을 나타내기 위하여 작성·비치하는 장부를 말하며, 상업장부는 아니다.

## 2. 기재사항

기명주식을 발행한 경우는 주주명부의 기재사항으로 주주의 성명과 주소, 각 주주가 가진 주식의 종류와 그 수, 주권을 발행한 경우는 그 주권의 번호, 주식의 취득연월일 등이 있다(상 제352조 1항, 제340조, 제358조의 2).

무기명주식을 발행한 경우는 그 종류와 주식의 수, 주권의 번호, 발행연월일을 기재한다(상 제352조 2항).

## 3. 비치 및 공시

이사는 주주명부를 작성하여 본점에 비치하여야 하고, 명의개서대리인을 둔 때에는 명의개서대리인의 영업소에 주주명부나 복본을 비치하면 된다(상 제396조 1항). 주주와 회사채권자는 영업시간 내에는 언제든지 주주명부 또는 그 복본의 열람 또는 등사를 청구할 수 있다(상 제396조 2항).

## 4. 전자주주명부

회사는 정관으로 정하는 바에 따라 전자문서로 주주명부(전자주주명부)를 작성할 수 있다. 이 때 전자주주명부에는 위의 기재사항 외에 전자우편주소를 적어야 한다(상 제352조의 2 제1항, 제2항).

## 5. 주주명부의 효력

### (1) 권리추정적 효력

권리추정적 효력은 회사의 주주명부에 주주 또는 질권자로 기재되어 있는 자에게 실질적인 주주 또는 질권자로서의 자격이 인정되는 자격수여적 효력을 의미한다.

### (2) 면책적 효력

회사는 주주명부에 기재된 주주 또는 질권자에게 주주명부에 기재된 주소로 최고 또는 통지하면 책임을 면하나, 회사에 악의 또는 중과실이 있는 때에는 면책되지 아니한다(상 제353조 1항).

### (3) 대항적 효력

주식양수인은 주주명부에 명의개서를 하지 않으면 회사에 대항하지 못한다(상 제337조 1항). 즉, 주주명부에 명의개서를 해야 주주의 자격에서 권리를 행사할 수 있다.

## 6. 주주명부의 폐쇄와 기준일

### (1) 주주명부 폐쇄의 의의

주주명부의 폐쇄란 회사의 의결권행사나 이익배당 등의 권리행사에 있어서 권리자를 확정할 필요가 있는데, 이를 위해 회사가 일정기간을 정하여 주주명부상의 내용변경(명의개서)을 정지하는 것을 말한다.

회사가 일정한 날을 정하여 그날에 주주명부에 기재된 주주 또는 질권자를 권리자로 인정하는데 이 때 그날을 기준일 또는 등록일이라 한다.

### (2) 폐쇄기간

주주명부를 장기간 폐쇄한다는 것은 주식양도의 자유를 제한하는 결과가 되므로 주주명부의 폐쇄기간 또는 기준일을 정관으로 정할 수 있도록 하고 있으며, 3개월을 초과하지 못한다(상 제354조 2항·3항).

회사는 기준일을 정한 때에 폐쇄기간의 시기 또는 기준일의 2주일 전에 이를 공고하여야 한다. 그러나 정관으로 정한 경우는 공고하지 않아도 된다(상 제354조 4항).

### (3) 효 력

주주명부가 폐쇄되면 폐쇄개시 시기에 주주명부상의 주주가 권리행사자로 확정된다. 주주명부의 폐쇄기간 중에는 권리의 변동을 발생케 하는 명의개서, 질권의 등록, 신탁재산표시의 기재 및 말소 등은 할 수 없다. 그러나 권리의 변동과 상관없는 주소의 변경, 개명, 법인대표자의 변경, 주권불소지신고, 주권불소지신고주권의 발행청구 등은 할 수 있다.

## Ⅵ. 주식의 양도

### 1. 주식양도의 의의

주식의 양도는 사원의 지위인 주식에 대한 주주권을 포괄적으로 양수인에게 이전하는 법률행위이다.

### 2. 주식양도 자유의 원칙

주식회사의 사원인 주주는 인적회사의 무한책임사원과 달리 자신이 가지고 있는 주식을 자유롭게 양도하여 자신의 투하자본을 회수할 수 있다. 이를 주식양도자유의 원칙이라 한다(상 제335조 1항 본문). 그러나 법령 · 정관에 의해 제한받을 수 있다.

### 3. 주식양도의 예외적인 제한

#### (1) 상법에 의한 제한

##### ① 권리주 양도의 제한

권리주란 회사의 성립 전 또는 신주발행의 효력이 발생하기 전에 주식인수인이 회사에 대하여 가지는 권리를 말한다. 권리주의 양도는 당사자간에는 유효하지만 회사에 대하여 효력이 없다(상 제319조, 제425조). 이를 허용하게 되면 회사의 설립사무가 복잡해지거나 단기차익을 노리는 투기를 조장할 수 있기 때문이다.

##### ② 주권발행 전 주식양도의 제한

주권발행 전의 주식이란 회사설립시나 신주발행시 주권을 발행할 때까지의 상태에 있는 주식을 말한다. 주권발행 전에 한 주식양도는 회사에 대하여 효력이 없다(상 제335조 2항). 이것은 주식양도에 주권의 교부가 필요하고, 기명주식 명의개서의 절차상의 편의를 위해서이다.

그러나 회사성립 후 또는 신주의 납입기일 후 6개월이 경과하도록 부당하게 주권의 발행이 지연되는 경우는 주권 없이도 주식의 양도가 가능하다(상 제355조 3항 단서).

##### ③ 자기주식의 취득 제한

자기주식이란 주식회사가 이미 발행한 주식을 그 발행회사가 다시 일정한 사유로 취득하여 보유하는 주식을 말한다. 회사가 자기주식을 취득한다는 것은 사실상 출자를 환급하는 결과가 되어 기업의 유지와 회사채권자의 지위를 불안정하게 할 수 있고, 내부자에 의한 주가의 조작 등 회사기관의 투기의 우려가 있기 때문에 회사는 원칙적으로 자기주식을 취득하지 못하도록 하였었다. 그러나, 현행 상법에서는 세계적 추세와 주식시장의 활성화 등을 이유로 자기주식의 취득의 자유를 허용하고 있다. 다만, 자기주식 취득의 폐해를 줄이기 위해 일정한 제한을 하고 있다.

상법은 주식소각의 경우, 회사의 합병 또는 다른 회사의 영업 전부를 양수하는 경우, 회사의 권리를 행사함에 있어 그 목적달성을 위해 필요한 경우, 단주처리를 위해 필요한 경우, 주주의 주식매수청구가 있는 경우 등 특정목적을 위한 경우에 회사의 자기주식의 취득을 허용하고 있다(상 제341조의 2).

④ 자회사의 모회사주식취득의 제한

모회사란 자회사의 발행주식 총수의 100분의 50을 초과한 주식을 소유한 회사이다. 따라서 자회사가 모회사의 주식을 보유하게 되면 이는 모자회사가 서로 상대회사의 주식을 상호 보유하는 결과가 되어 자본의 공동화로 인해 회사의 재무구조가 부실하게 될 위험이 있다. 또한 이사 등의 부당한 지배권행사, 내부거래 등으로 인해 일반투자자의 이익이 침해될 우려가 있어 원칙적으로 자회사에 의한 모회사주식의 취득을 금지하고 있다(상 제342조의 2 제1항 본문).

그러나 예외적으로 자회사가 모회사의 주식을 취득할 수 있는 경우가 있다. 주식의 포괄적 교환, 주식의 포괄적 이전, 회사의 합병 또는 다른 회사의 영업 전부를 양수하는 경우, 회사의 권리행사에 있어서 그 목적달성을 위해 필요한 경우에는 자회사가 모회사의 주식을 취득할 수 있다(상 제342조의 2 제1항). 이 경우 자회사가 취득한 모회사의 주식은 취득한 날로부터 6개월 이내에 처분하여야 한다(상 제342조의 2 제2항).

### (2) 정관에 의한 제한

회사는 정관으로 정하는 바에 따라 그 발행하는 주식의 양도에 관하여 이사회의 승인을 얻도록 할 수 있다(상 제335조 1항 단서). 이 경우 다른 제한방법은 인정되지 않으며, 이사회의 승인 없이 한 주식의 양도는 당사자간에는 유효하지만 회사에 대하여는 그 효력이 없다(상 제335조 2항).

**자회사의 모회사주식 취득제한**

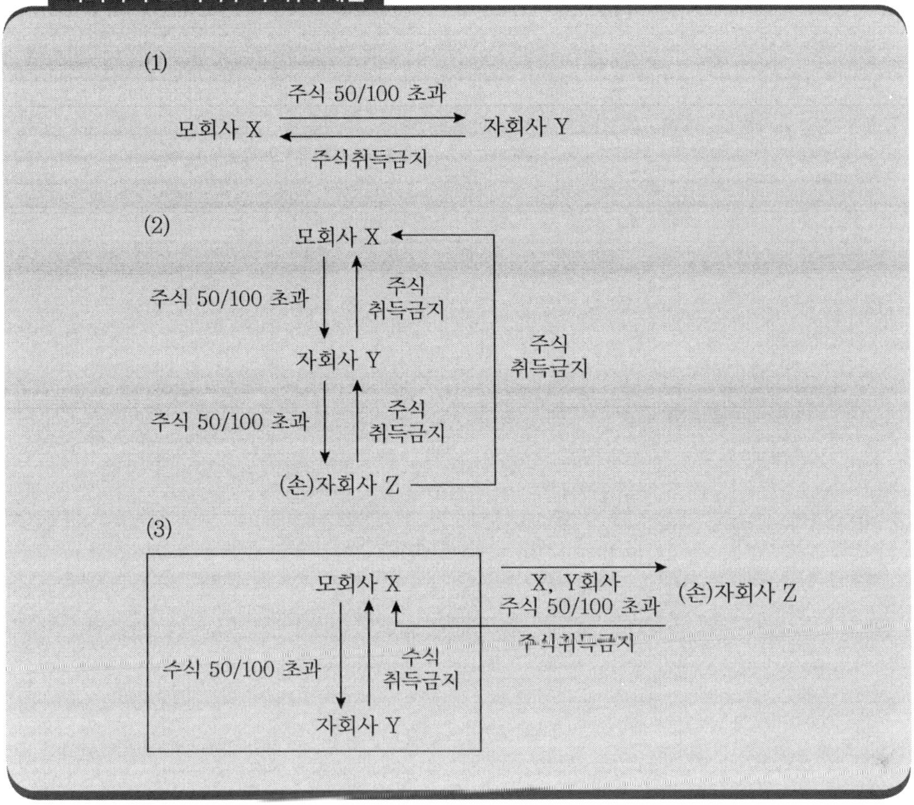


### ① 제한의 범위

정관에 의해 주식양도의 승인을 받도록 하는 행위는 매매나 증여 등의 주식양도에 한정되고 회사의 합병이나 상속에 의한 포괄승계 및 주식에 대한 입질이나 채권자의 압류에 대해서는 승인을 요하지 않는다. 다만 담보권자나 압류채권자가 주식을 경매할 때에는 이사회의 승인을 얻어야 한다.

### ② 양도승인청구 및 거부시 절차

주식을 양도하고자 하는 주주는 회사에 대하여 양도의 승인을 청구할 수 있다. 즉 양수인의 성명, 주소 및 양도하고자 하는 주식의 종류와 수를 기재하여 서면으로 회사에 대하여 주식양도승인을 청구할 수 있다(상 제335조의 2 제1항).

또한 주식의 양도인뿐만 아니라 양수인도 승인청구를 할 수 있다. 이사회의 사전승인 없이 주식을 취득한 자, 즉 주식의 양수인도 회사에 대하여 그 주식의 종류와 수를 기재한 서면으로 그 취득의 승인을 청구할 수 있다(상 제335조의 7 제1항).

회사는 양도주주 또는 주식의 양수인으로부터 승인청구를 받은 날로부터 1개월 이내에 그 승인여부를 통지하여야 하며, 이 기간 내에 회사의 승인거부 통지가 없으면 승인한 것으로 본다.

그리고 양도주주 또는 주식의 양수인이 승인청구에 대한 거부통지를 받은 경우는 그 거부의 통지를 받은 날로부터 20일 이내에 회사에 대하여 그 주식을 양수할 상대방을 지정해 줄 것을 청구하거나 주식매수청구권을 행사할 수 있다(상 제335조의 2 제2항~제4항, 제335조의 7 제2항).

**양도제한주식의 양도승인청구절차**

양도승인청구(1월 이내) → (1) 양도승인통지(승인여부통지 없으면 승인간주)

↓

(2) 승인거부통지 ─┬ 양도상대방의 지정청구(20일 이내)
　　　　　　　　　└ 주식의 매수청구 → 매수의무(2월 이내)

### 4. 주식양도의 방법

#### (1) 교부에 의한 양도

주식양도에 있어서 기명주식, 무기명주식 모두 주권을 교부하여야 한다(상 제336조 1항). 즉, 주식의 양도는 양도의 의사표시와 주권의 교부에 의하여 하는 것이다. 주권의 교부라 함은 주권의 인도 즉, 그 점유를 이전하는 것인바, 현실인도를 원칙으로 하며, 간이인도, 점유개정 또는 목적물반환청구권의 양도방법도 허용된다.

#### (2) 대항요건

##### ① 명의개서

기명주식의 이전을 주식양수인이 회사에 대항하기 위해서는 명의개서를 하여야 한다(상 제337조 1항). 명의개서란 주주명부에 취득자의 성명과 주소를 기재하는 것이다. 기명주식의 양수인이 명의개서를 청구함에는 주권을 제시하면 된다. 주권의 점유자는 적법한 소지인으로 추정되기 때문이다(상 제336조).

#### ② 명의개서대리인

명의개서는 회사가 함이 원칙이나 정관이 정하는 바에 따라 명의개서대리인을 둘 수 있다(상 제337조 2항). 명의개서대리인이란 회사를 위하여 주식의 명의개서 업무를 대행하는 자를 말한다. 명의개서대리인은 한국예탁결제원과 금융위원회에 등록한 주식회사에 한한다. 현재는 한국예탁결제원, 하나은행, 국민은행이 명의개서의 대행업무를 담당하고 있다.

회사가 명의개서대리인을 둔 경우는 그 상호와 본점소재지를 등기하여야 하며(상 제317조 2항 제11호), 주식청약서, 신주인수권증서, 사채청약서 등에 이를 기재하여야 한다.

명의개서대리인의 영업소에 주주명부나 그 복본을 비치할 수 있고, 비치된 주주명부의 복본에 명의개서를 한 경우는 본사의 주주명부 원본에 명의개서한 것과 동일한 효력이 있다(상 제337조 2항).

### (3) 증권대체결제제도

주식의 양도에는 주권의 교부가 요구되며 실제 주권의 교부는 주식의 유통이 대량으로 빈번하게 이루어짐에 따라 많은 어려움이 있다. 법에서는 증권의 소유자가 증권회사의 고객계좌부에 계좌를 개설하여 증권을 예탁하고, 증권회사는 다시 대체결제회사(한국예탁결제원)의 예탁자계좌부에 계좌를 개설하여 자기의 유가증권과 고객으로부터 예탁받은 유가증권을 예탁하면 계좌개설자 상호간에는 유가증권의 수수 없이 계좌간의 대체결제가 가능하도록 인정하고 있는데, 이를 증권대체결제제도라 한다. 이 제도는 장부상의 기재만으로 주권의 교부에 갈음하게 하여 주식의 유통을 활성화시키는 제도이다.

## Ⅶ. 주권의 선의취득

주권은 교부에 의해 양도되며 소지인은 적법한 권리자로 추정된다(상 제336조). 따라서 주권을 취득한 양수인에게 악의 또는 중대한 과실이 없는 한 양도인이 무권리자(예: 절취자 · 습득자 등)인 경우에도 유효하게 그 주식을 취득할 수 있게 하는 선의취득을 인정하고 있다. 주권을 선의취득한 자는 정당한 권리자의 청구가 있더라도 반환의무를 부담하지 않게 된다.

## Ⅷ. 주식의 입질

### 1. 입질의 의의

주식은 양도성이 보장되므로 담보권설정이 가능하여 질권의 목적이 될 수 있다. 또한 주주는 입질 후에도 주주로서의 지위를 보유할 수 있다.

주식의 입질이란 주식을 담보로 하여 권리질권이 설정되는 것을 말한다.

### 2. 입질방법

#### (1) 기명주식의 입질

기명주식의 입질방법에는 단기금융에 많이 이용되는 약식질과 장기금융에 이용되는 등록질이 있다.

① 약식질

약식질은 당사자간의 질권설정의 합의와 질권자에 대한 주권의 교부에 의해 성립되고 효력을 나타내며, 질권자가 제3자에 대하여 대항하려면 계속하여 주권을 점유하여야 한다(상 제338조).

민법에 의하면 질권자는 과실수취권이 있기 때문에 약식질권자의 이익배당 또는 이자지급청구권을 인정하여야 할 것이다. 다만 형식적인 자격이 인정되지 않으므로 이익배당 또는 이자의 지급 전에 압류하여야 한다.

주식이 입질되더라도 신주인수권, 의결권 등의 공익권은 주주에게 있고, 질권자에게 인정되지 않는다.

② 등록질

등록질이란 약식질의 요건을 구비할 뿐만 아니라 질권설정자인 주주의 청구에 의하여 회사가 주주명부에 질권자의 성명, 주소 등 질권자에 관한 사항을 덧붙여 쓰고, 그 성명을 주권에 기재하는 입질을 말한다. 따라서 등록질의 경우 질권자는 이익배당 또는 이자의 지급청구권을 행사할 수 있으며 미리 압류할 필요가 없다(상 제340조 1항).

#### (2) 무기명주식의 입질

무기명주식의 입질은 무기명채권의 질권설정방법(민 제351조)에 따라 당사자간의 질권설정의 합의와 질권설정자인 주주가 주권을 질권자에게 교부함으로써 성립한다. 이 경우 질권자가 제3자에게 대항하기 위해서는 주권을 계속해서

점유하여야 한다(상 제338조 2항).

**약식질과 등록질**

| 구 분 | 약 식 질 | 등 록 질 |
|---|---|---|
| 질권설정방법 | 질권설정합의 + 주권교부 | 질권설정합의 + 주권교부 + 주주명부 및 주권에 질권자 성명 등 기재 |
| 권리행사 | 주권압류 필요 | 주권압류 불필요 |
| 회사 대항요건 | 주권의 계속점유 | 명의개서 |
| 제3자 대항요건 | 주권의 계속점유 | 주권의 계속점유 |
| 통 지 | 통지 불요 | 질권자 권리행사를 위한 통지 |
| 효력범위 | 이익, 이자배당, 잔여재산분배 등에 담보적 효력 미침 | |

## Ⅸ. 주식의 소각

### 1. 의의와 유형

주식의 소각이란 회사의 존속 중에 특정한 주식을 소멸시키는 회사의 행위를 말하며, 당해 주식에 대한 권리가 절대적으로 소멸하며 자본금이 감소될 수 있으므로 엄격한 규제가 따른다.

주식의 소각은 자본금감소에 관한 규정에 의하는 경우와 정관이 정한 바에 의하여 주주에게 배당할 이익으로 소각하는 경우가 있다.

자본금감소규정에 의한 주식소각은 주주총회의 특별결의를 통해 그 여부 및 방법을 결정하여야 한다(상 제438조, 제439조). 이 경우 채권자의 담보액에 감소를 가져오므로 채권자보호절차를 거쳐야 한다.

### 2. 소각의 방법

주식소각의 방법은 주주의 의사에 의해 이루어지는 임의소각과 회사의 일방적 행위에 의해 이루어지는 강제소각으로 구분된다.

### (1) 임의소각

임의소각은 회사가 배당가능한 이익으로 소각하고자 하는 주식을 주주와의 합의에 의해 자기주식을 매입하여 이를 소멸시키는 방법이다. 이를 매입소각이라고도 한다.

### (2) 강제소각

강제소각은 주주의 동의 없이 추첨 또는 안분비례 등의 방법에 의해 회사가 일방적으로 특정주식을 소멸시키는 방법을 말한다. 이는 회사가 1개월 이상의 기간을 정하여 주식을 소각한다는 뜻과 그 기간 내에 주권을 회사에 제출할 것을 공고하고, 주주와 등록질권자에게는 개별적으로 통지하여야 한다(상 제343조 2항, 제440조).

### (3) 소각의 효과

자본금감소규정에 의한 주식소각은 발행주식이 감소되고 자본금도 감소된다. 그러나 이익소각은 자본금은 감소하지 않고 발행주식수만 감소한다.

강제소각은 주권제출기간이 만료한 때(상 제343조 2항, 제440조, 제441조), 임의소각은 회사가 취득한 자기주식에 대하여 실효절차를 거친 때에(상 제341조, 제342조) 주식소각의 효력이 발생한다.

## X. 주식의 분할

### 1. 주식분할의 의의

주식의 분할이란 회사의 자본금이나 자산의 변경 없이 1주를 분할하여 2주로, 혹은 2주를 분할하여 3주로 하는 등 기존 주식을 세분하여 발행주식 총수만을 증가시키는 것을 말한다.

주식의 분할은 주가가 지나치게 높아 주식의 유통성을 증가시키기 위한 경우, 신주의 발행이나 회사합병의 준비를 위한 경우 등에 이용된다.

### 2. 주식분할의 절차

주식의 분할은 주금액의 변동을 가져오므로 정관변경절차를 거쳐야 한다. 주주총회의 특별결의로 주식을 분할할 수 있으며(상 제329조의 2 제1항), 액면주식 1주의 최저액면가는 100원 미만으로 할 수 없다(상 제329조의 2 제2항).

주식을 분할하면 주식의 액면가가 달라지므로 회사는 새로운 주식을 발행하여 교부하여야 한다. 구주권 제출의 최고, 신주권의 교부, 효력발생 등에 대해서는 주식병합에 관한 규정(상 제440조~제444조)을 준용한다(상 제329조의 2 제3항).

### 3. 주식분할의 효과

주식의 분할이 이루어지면 발행주식의 총수와 주주의 보유주식의 수가 증가하므로 변경등기를 하여야 한다. 그러나 회사의 자본금이나 재산, 주주의 지분에는 변동이 없다. 분할 전후의 주식은 동질성이 인정되므로 분할 전의 구주식에 대한 질권은 분할 후의 신주에 대하여도 행사할 수 있다(상 제339조).

## XI. 주식의 포괄적 교환과 이전

### 1. 주식의 포괄적 교환

회사는 주식의 포괄적 교환에 의하여 다른 회사(완전자회사)의 발행주식의 총수를 소유하는 회사(완전모회사)가 될 수 있다(상 제360조의 2 제1항). 즉 주식의 포괄적 교환에 의한 완전모·자회사 관계를 형성할 수 있다. 이 때에 주식의 포괄적 교환에 의하여 완전자회사가 되는 회사의 주주가 가지는 그 회사의 주식은 주식을 교환하는 날에 주식교환에 의하여 완전모회사가 되는 회사에 이전하고, 그 완전자회사가 되는 회사의 주주는 그 완전모회사가 되는 회사가 주식교환을 위하여 발행하는 신주의 배정을 받음으로써 그 회사의 주주가 된다(상 제360조의 2 제2항).

주식의 포괄적 교환은 합병에 유사한 완전자회사와 완전모회사간의 조직법상 특수한 계약으로 본다.

### 2. 주식의 포괄적 이전

회사는 주식의 포괄적 이전에 의하여 완전모회사를 설립하고 완전자회사가 될 수 있다(상 제360조의 15 제2항).

주식의 포괄적 이전은 기존의 회사가 신설되는 회사에 대한 현물출자라고 하겠다.

## Ⅻ. 지배주주에 의한 소수주식의 전부취득

### 1. 지배주주의 주식매도청구권

회사의 발행주식총수의 100분의 95 이상을 자기의 계산으로 보유하고 있는 지배주주는 회사의 경영상 목적을 달성하기 위하여 필요한 경우에는 회사의 다른 소수주주에게 그 보유하는 주식의 매도를 청구할 수 있다(상 제360조의 24 제1항).

### 2. 소수주주의 주식매수청구권

회사의 발행주식총수의 100분의 95 이상을 자기의 계산으로 보유하고 있는 지배주주가 있는 회사의 소수주주는 언제든지 지배주주에게 그 보유주식의 매수를 청구할 수 있다(상 제360조의 25 제1항).

# 제4절 주식회사의 기관

## Ⅰ. 회사기관의 의의

회사도 사단법인으로 법인격을 가지고 법률행위의 주체가 될 수 있다. 그러나 구체적인 활동을 하려면 자연인을 통해서 하는 수밖에 없다. 따라서 회사의 내부조직에 있어서 회사의 의사를 결정하고 실행하는 지위에 있는 특정 자연인 등을 회사의 기관이라 한다.

## Ⅱ. 주주총회

### 1. 주주총회의 의의

주주총회란 주주 전원으로 구성되어 회사의 내부에서 상법 또는 정관에 규정된 회사의 기본조직과 경영에 관한 중요사항을 결정하는 주식회사의 최고 의사결정기관이며 필요적 기관이다.

## 2. 주주총회의 권한

### (1) 권한의 축소

이사회중심주의를 채택한 상법은 주주총회의 권한을 축소시켜 상법이나 정관이 규정하는 사항에 대해서만 결의할 수 있도록 하고 있다(상 제361조). 그러나 이사·감사의 임면권뿐만 아니라 정관의 변경권도 가지고 있으므로 그 최고기관성은 유지되고 있다.

### (2) 결의사항

① 상법상의 결의사항

(i) **보통결의사항:** 보통결의사항은 상법 또는 정관에 다른 정함이 없는 한 출석주주의 의결권의 과반수와 발행주식 총수의 4분의 1 이상의 수로 결정해야 하는 사항이다(상 제368조 1항).

- 검사인의 선임(상 제366조, 제367조, 제542조 2항)
- 이사·감사 또는 청산인의 선임·보수의 결정(상 제382조 1항, 제409조 1항, 제388조, 제415조, 제542조 2항)
- 이사·청산인의 재무제표 등의 승인(상 제449조 1항, 제533조 1항)
- 이사·감사 또는 청산인의 책임해제의 유보(상 제450조, 제542조 2항)
- 준비금의 자본금전입(상 제461조 1항 단서)
- 주식배당의 결정(상 제462조의 2)
- 전환사채·신주인수권부사채의 발행사항 결정(상 제513조 2항 단서, 제516조의 2 제2항 단서)
- 청산인의 해임(상 제539조 1항)
- 청산종결의 승인(상 제540조 1항)
- 외부감사인의 선임

(ii) **특별결의사항:** 특별결의사항은 출석주주의 의결권의 3분의 2 이상의 수와 발행주식 총수의 3분의 1 이상으로 결정하는 사항이다(상 제434조).

- 이사·감사의 해임(상 제385조 1항, 제415조)
- 영업의 전부 또는 중요한 일부의 양도(상 제374조 제1호)

- 영업 전부의 임대 또는 경영위임, 손익공동계약 기타 이에 준하는 계약의 체결·변경 또는 해약(상 제374조 제2호)
- 회사의 영업에 중대한 영향을 미치는 다른 회사의 영업 전부 또는 일부의 양수(상 제374조 제3호)
- 사후설립(상 제375조)
- 주식의 할인발행(상 제417조 1항)
- 주주 이외의 자에 대한 전환사채·신주인수권부사채의 발행사항 결정(상 제513조 3항, 제516조의 2 제4항)
- 정관의 변경(상 제433조)
- 자본금의 감소(상 제438조 1항)
- 회사의 해산·계속(상 제518조, 제519조)
- 회사의 합병계약서 승인(상 제522조)
- 신설합병시 설립위원의 선임(상 제175조 2항)
- 회사의 분할계획서 또는 분할합병계약서의 승인(상 제530조의 3 제2항)

(iii) **특수결의사항:** 특수결의사항은 총주주의 동의로 결정하는 사항이다(상 제400조 1항). 이 경우에는 의결권 없는 주식을 소유하는 주주의 동의도 있어야 하며, 정관으로도 결의요건을 완화하지 못한다.

- 발기인·이사·감사 또는 청산인의 회사에 대한 책임의 면제(상 제324조, 제415조, 제542조 2항)
- 주식회사의 유한회사로의 조직변경(상 제604조)
- 주주의 부담을 가중시키는 회사의 분할(상 제530조의 3 제6항)

② 정관으로 정할 수 있는 사항

상법이 이사회의 권한으로 하면서도 명문으로 주주총회의 권한으로 유보할 수 있음을 정한 사항이다. 즉, 대표이사의 선임(상 제389조 1항 단서), 신주·전환사채·신주인수권부사채의 발행 등에 관한 사항은 정관에 규정을 두어 주주총회의 결의사항으로 할 수 있다.

### 3. 주주총회의 소집

#### (1) 소집결정

##### ① 이사회의 결의에 의한 소집

주주총회는 이사회 또는 청산인회의 결의에 의하여 그 일시, 장소, 의안 등을 결정한다(상 제362조). 대표이사가 소집하여야 하는데, 이사회의 결의 없이 대표이사가 단독으로 소집한 주주총회의 결의는 결의취소의 원인이 된다(상 제389조 3항, 제209조). 다만 이사가 1인인 소규모 주식회사의 경우는 그 이사가 결정하여 집행한다(상 제383조 6항).

##### ② 소수주주, 감사 또는 감사위원회에 의한 소집

발행주식 총수의 100분의 3 이상에 해당하는 주식을 가진 주주(소수주주), 감사, 감사위원회는 회의의 목적사항과 소집의 이유를 기재한 서면 또는 전자문서를 이사회에 제출하여 임시총회의 소집을 청구할 수 있다. 소수주주, 감사, 감사위원회의 주주총회소집 청구가 있으면 이사회는 지체없이 그 소집절차를 밟아야 하는데, 만약 이사회가 그 절차를 밟지 아니한 경우에는 법원의 허가를 얻어 직접 주주총회를 소집할 수 있다(상 제366조 1항 · 2항, 제412조의 3 제1항 · 제2항, 제415조의 2 제6항).

##### ③ 법원의 명령에 의한 소집

소수주주는 법원으로부터 선임된 검사인이 회사의 업무와 재산상태를 조사하기 위하여 법원에 검사인선임을 청구할 수 있다. 검사인이 작성한 조사결과보고서에 의해 필요하다고 인정되는 경우 법원은 대표이사에게 주주총회의 소집을 명할 수 있다(상 제467조 3항).

#### (2) 소집시기

주주총회는 그 소집시기에 따라 정기주주총회와 임시주주총회로 나누어진다. 매결산기에 소집되는 정기주주총회와 필요에 따라 수시로 소집되는 임시주주총회로 구분된다(상 제365조). 소집시기에서만 차이가 있고 다른 면에서는 차이가 없다.

#### (3) 소집지 · 소집장소

주주총회는 정관에 다른 정함이 없는 한 본점소재지 또는 그 인접지를 소집지로 하여야 한다(상 제364조). 소집장소는 소집지 내에 있는 총회장소를 의미한다. 따라서 총회소집은 소집지 내에 있는 장소에서 하여야 하고 위반하면 결의취소의 원인이 된다.

(4) 소집통지 및 공고

① 통지 및 공고의 시기

회사가 기명주권을 발행한 경우는 주주총회를 소집하기 위해서 총회일의 2주 전에 서면 또는 전자문서로 총회소집통지를 발송하여야 한다(상 제363조 1항).

또한 무기명주권을 발행한 경우는 총회일의 3주간 전에 총회를 소집한다는 뜻과 회의의 목적사항을 공고하여야 한다(상 제363조 3항).

1인회사의 경우나 전원출석총회의 경우에는 소집통지를 하지 않았다고 하더라도 유효하다고 본다(대판 1993.2.26, 92다48727).

그러나 자본금 총액이 10억원 미만인 회사가 주주총회를 소집하는 경우에는 주주총회일의 10일 전에 각 주주에게 서면으로 통지를 발송하거나 각 주주의 동의를 받아 전자문서로 통지를 발송할 수 있고, 무기명식의 주권을 발행한 경우에는 주주총회일의 2주 전에 주주총회를 소집하는 뜻과 회의의 목적사항을 공고할 수 있다(상 제363조 4항).

② 통지 및 공고를 요하지 않는 경우

회사는 의결권 없는 주식의 경우(상 제363조 8항), 총회에서 회의의 속행 또는 연기의 결의를 한 경우(상 제372조 2항)에 주주총회소집의 통지 및 공고를 요하지 않는다.

그리고 총회의 소집통지서가 주주명부에 기재되어 있는 주주의 주소에 계속하여 3년간 도달하지 아니한 경우에 그 주주에게는 총회의 소집통지를 하지 않아도 된다(상 제363조 1항 단서). 소집통지 부도달에 대한 입증은 회사가 부담한다.

자본금 총액이 10억원 미만인 회사는 주주 전원의 동의가 있을 경우에는 소집절차 없이 주주총회를 개최할 수 있고, 서면에 의한 결의로써 주주총회의 결의를 갈음할 수 있다. 결의의 목적사항에 대하여 주주 전원이 서면으로 동의를 한 때에는 서면에 의한 결의가 있는 것으로 보며 동 결의는 주주총회의 결의와 같은 효력이 있다(상 제363조 5항, 6항).

## 4. 주주제안권

(1) 의 의

주주제안권이란 의결권 없는 주식을 제외한 발행주식 총수의 100분의 3

이상을 소유한 소수주주가 이사에 대하여 일정한 사항을 주주총회의 목적사항으로 할 것을 제안할 수 있는 권리를 말한다(상 제363조의 2).

### (2) 주주제안권의 내용

통상적으로 소수주주권자가 이사에 대하여 회의의 6주 전에 서면 또는 전자문서로 일정한 사항을 총회의 목적사항으로 할 것을 제안할 수 있는 의제제안권(상 제363조의 2 제1항)과, 회의의 목적사항에 추가하여 당해 주주가 제출하는 의안의 요령을 총회의 소집통지 및 공고에 기재할 것을 청구하는 의안제안권이 있다(상 제363조의 2 제2항).

### (3) 주주제안권의 행사 및 그 효과

주주가 적법한 절차에 따라 주주제안권을 행사한 경우 이사는 이를 이사회에 보고하고, 이사회는 그 제안내용이 법령 또는 정관에 위반하지 않는 한 총회의 목적사항으로 하여야 한다(상 제363조의 2 제3항). 이 경우 주주제안을 한 자의 청구가 있으면 주주총회에서 당해 의안을 설명할 기회를 주어야 한다.

## 5. 주주의 의결권

### (1) 의의와 성질

주주의 의결권은 주주총회에 출석하여 회사의 의사결정에 참가할 수 있는 주주의 권리이다. 회사의 재산권자로서의 지위 또는 이익을 확보하기 위하여 회사의 경영에 참여할 수 있는 권리이다.

따라서 이 의결권은 다수결의 원리의 이론적 전제가 되는 공익권이며, 법이 특별히 인정한 경우를 제외하고는 정관의 규정이나 주주총회의 결의로써도 박탈하거나 제한하지 못하는 고유권이라 할 수 있다.

### (2) 의결권의 수

#### ① 1주1의결권의 원칙

주주의 의결권은 1주마다 1개로 함이 원칙이다(상 제369조 1항). 따라서 여러 개의 주식을 가진 주주는 그가 소유한 주식의 수만큼의 의결권을 가지게 되며, 이를 「1주1의결권의 원칙」이라고 한다. 총회결의의 결과가 가부동수인 경우에는 부결된 것으로 본다.

② 예외(의결권행사의 제한)

상법상 1주1의결권의 원칙에 대한 예외로서 의결권이 없는 경우가 있다. 즉, 의결권 없는 주식(상 제344조의 3 제1항)과 회사가 가진 자기주식(상 제369조 2항) 및 회사가 특정 비율(총발행주식의 10분의 1) 이상을 소유하고 있는 상호보유주식(상 제369조 3항)에는 의결권이 없다. 또한 특별이해관계인의 의결권제한(상 제368조 4항) 및 감사선임의 경우 발행주식총수의 100분의 3을 초과하는 주식을 보유한 대주주의 의결권제한(상 제409조 2항) 등이 있다.

주식의 의결권 제한

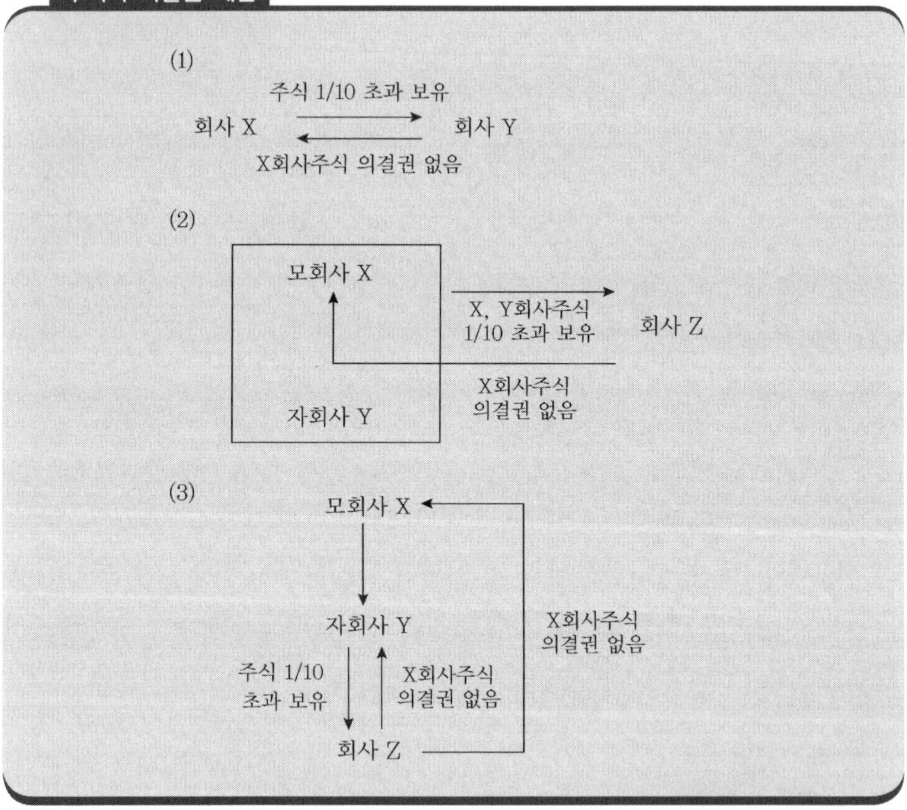

특별이해관계인

| 특별이해관계인으로 보는 경우 | 특별이해관계인으로 보지 않는 경우 |
|---|---|
| - 이사·감사의 책임 면제<br>- 영업양도·양수·임대 등<br>- 이사·감사의 보수 및 공로금, 퇴직위로금 | - 이사·감사의 선임, 해임결의<br>- 합병결의<br>- 재무제표승인 |

### (3) 의결권의 행사

#### ① 의결권의 행사방법

주주는 본인이 직접 의결권을 행사하는 것을 원칙으로 하나, 대리인을 통해서 의결권을 행사할 수도 있다. 대리인을 통해 의결권을 행사하고자 하는 경우는 대리권을 증명하는 서면, 즉 위임장을 총회에 제출하여야 한다(상 제368조 3항). 주주는 정관이 정한 바에 따라 총회에 출석하지 아니하고 서면에 의하여 의결권을 행사할 수 있다(상 제368조의 3 제1항).

또한 이사회의 결의에 따라서 주주가 총회에 출석하지 아니하고 전자적 방법으로 의결권을 행사할 수 있음을 정할 수 있다(상 제368조의 4 제1항). 이 경우 주주총회의 소집통지나 공고를 할 때에는 주주가 이 방법으로 의결권을 행사할 수 있다는 내용을 통지하거나 공고하여야 한다(상 제368조의 4 제2항). 주주는 전자적 방법 또는 서면 중 어느 하나의 방법을 선택하여야 하며(상 제368조의 4 제4항), 회사는 의결권행사에 관한 전자적 기록을 총회가 끝난 날부터 3개월간 본점에 갖추어 두어 열람하게 하고 총회가 끝난 날부터 5년간 보존하여야 한다(상 제368조의 4 제5항).

#### ② 의결권의 불통일행사

주주가 2개 이상의 의결권을 가지고 있는 경우에는 이를 불통일하게 행사할 수 있다. 명의상의 주주가 실질적인 주주의 의사에 따라 여러 개의 의결권을 각각 달리 행사할 수 있는데, 총회운영의 편의를 위하여 총회일의 3일 전에 서면 또는 전자문서로 그 뜻과 이유를 통지하여야 한다(상 제368조의 2 제1항). 불통일행사를 통지하더라도 통일행사하는 것은 무방하다.

회사는 주주가 주식의 신탁을 인수한 경우, 기타 타인을 위하여 주식을 가지고 있는 경우 외에는 의결권의 불통일행사를 거부할 수 있다(상 제368조의 2 제2항). 타인을 위하여 주식을 가지고 있는 사례는 공유자의 1인이 공유주식을 가지고 의결권을 행사하는 경우 등이다.

주주가 회사에 통지하지 않고 의결권의 불통일행사를 한 경우 회사는 이를 승인하지 아니하며 그 행사는 무효이고, 결의취소의 원인이 된다.

## 6. 주주총회의 의사와 결의

### (1) 주주총회의 의사

#### ① 의사진행

주주총회의 의사진행은 상법에 명문규정이 없으므로 정관이나 총회결의에 정한 것이 있으면 그것에 의하고, 그렇지 아니하면 관습이나 회의의 일반원칙에 따라서 진행한다.

#### ② 의사록

주주총회의 의사에 대해서는 의사의 경과요령(예: 개회시각, 의안제출 등)과 그 결과(예: 결의의 성립 여부)를 기재하고 의장 및 출석한 이사가 기명날인 또는 서명한 의사록을 작성하여야 한다(상 제373조 1항·2항).

이사는 이 의사록을 본점과 지점에 비치하여야 하며(상 제396조 1항), 주주나 회사채권자는 영업시간 내라면 언제든지 그 열람 또는 등사를 청구할 수 있다(상 제396조 2항).

### (2) 종류주주총회

종류주주총회란 정관에 의하여 종류주식을 발행한 경우 일정한 종류의 주식을 가진 주주들에 의한 총회를 말한다.

회사가 종류주식을 발행한 경우, 정관변경으로써 일정한 종류의 주주에게 손해를 주게 되는 경우는 주주총회의 특별결의 외에 그 종류주식의 주주의 총회의 결의가 있어야 한다(상 제435조 1항, 제436조). 이러한 사유로는 주식의 종류에 따라 신주의 인수, 주식의 병합·분할·소각 또는 회사의 합병·분할로 인한 주식의 배정에 관하여 특수한 내용을 정하는 경우 등이다(상 제344조 3항).

종류주주총회의 결의는 그 총회에 출석한 종류주주의 의결권의 3분의 2 이상의 수와 그 종류의 발행주식 총수의 3분의 1 이상의 수로써 하여야 한다(상 제435조 2항). 무의결권주주들의 종류주주총회의 경우는 무의결권주주도 의결권을 행사할 수 있다. 종류주주총회도 일종의 주주총회이므로 그 소집·의사·결의 등에 관한 사항은 모두 주주총회의 규정이 준용된다(상 제435조 3항).

### (3) 결의반대주주의 주식매수청구권

① 의 의

결의반대주주의 주식매수청구권이란 주주의 이해관계에 영향을 미치는 사항(예: 회사의 영업의 양도·양수·임대 등)에 관하여 총회의 다수결에 의한 결의에 반대하는 주주는 그 주주총회 전에 회사에 대하여 서면으로 반대의사를 통지한 경우에 그 총회의 결의일로부터 20일 내에 자기의 소유주식의 매수를 회사에 대하여 청구할 수 있는 권리를 말한다(상 제374조의 2 제1항).

② 인정범위

반대주주의 주식매수청구권을 행사할 수 있는 경우는 주주총회에서 정한 영업양도 등에 관한 특별결의(상 제374조) 및 합병계약, 간이합병, 분할 또는 분할합병 등의 승인을 위한 특별결의(상 제522조)가 있는 때에 인정된다.

③ 효 과

회사는 반대주주의 주식매수청구가 있는 경우 그 청구를 받은 날로부터 2월 내에 그 주식을 매수하여야 한다(상 제374조의 2 제2항).

주식매수가액의 결정은 주주와 회사간의 협의를 우선으로 하며(상 제374조의 2 제3항), 매수청구를 받은 날로부터 30일 이내에 그 협의가 이루어지지 아니하는 경우에는 회사 또는 주식의 매수를 청구한 주주는 법원에 대하여 매수가액의 결정을 청구할 수 있다(상 제374조의 2 제4항). 법원이 주식의 매수가액을 결정하는 경우에는 회사의 재산상태 기타의 사정을 참작하여 공정한 가액으로 이를 산정하여야 한다(상 제374조의 2 제5항).

## 7. 주주총회결의의 하자

### (1) 의 의

주주총회결의 하자란 외관상으로는 주주총회의 결의로 인정할 수 있는 것이 존재하지만 그 결의의 절차나 내용이 법령 또는 정관에 반하거나 부당하여 그 효력을 인정할 수 없는 경우, 총회의 소집절차나 결의방법에 총회의 결의가 존재한다고 할 수 없을 정도의 중대한 하자가 있는 경우를 말한다.

하자 있는 결의는 무효 또는 취소되어야 하나 외관을 믿고 거래한 이해관계자들이 예상치 못한 불이익을 당하기 쉽다. 따라서 상법은 총회결의의 하자에 대한 주장방법으로 거래의 안전과 이해관계자들의 이익보호를 위해 4종류의 소송을 인정하고 있다.

(2) 결의취소의 소

① 소의 원인

주주총회의 소집절차 또는 결의방법이 법령 또는 정관에 위반하거나 현저하게 불공정한 때 또는 그 결의의 내용이 정관의 내용에 위반한 때에는 주주, 이사 또는 감사는 결의의 날로부터 2개월 안에 결의취소의 소를 제기할 수 있다(상 제376조 1항).

소집절차상의 하자로는 이사회의 결의 없이 대표이사가 단독으로 주주총회를 소집하거나 소집의 통지 및 공고의 흠결 등이 있으며, 결의방법상의 하자로는 주주 아닌 자나 대리권 없는 자의 결의참여, 가결조건위반 등의 경우가 있다.

소의 성질은 형성의 소이다.

② 소의 절차

결의취소의 소는 총회의 결의가 있은 날로부터 2개월 내에 제기하여야 하는데(상 제376조 1항),이 기간은 제척기간이며, 당해 회사의 본점소재지 지방법원이 관할법원이 된다(상 제376조 2항, 제186조).

결의취소의 소가 제기되면 그 소의 성질상 다수인간의 권리·의무의 확정을 구하는 것이기 때문에 회사는 이를 지체없이 공고하여야 한다(상 제376조 2항, 제187조).

③ 판결의 효력

원고가 승소한 경우 판결이 확정되면 그 효력은 당사자 외에 제3자에게도 미친다(상 제376조 2항, 제190조 본문). 원래 판결의 기판력은 당사자간에만 미치는 것이 원칙이지만(민소 제204조), 결의취소의 소는 다수의 이해관계인의 권리·의무를 확정하기 때문에 획일적 처리를 위해서 상법이 이에 대한 기판력 범위를 확장하여 대세적 효력을 인정한 것이다.

또한 판결의 소급효가 인정되기 때문에 주주총회 결의의 유효를 전제로 이루어진 행위는 소급하여 효력을 상실한다. 즉, 이익배당이나 임원의 보수를 정한 주주총회의 결의가 취소되면 그 지급받은 이익이나 보수는 회사에 반환하여야 한다.

원고가 패소한 경우 원고에게 악의 또는 중대한 과실이 있는 때에는 주주의 제소권남용을 방지하기 위해 회사의 손해에 대하여 주주의 연대책임을 인정하고 있다(상 제376조 2항, 제191조).

이 경우는 대세적 효력이 인정되지 않으므로 당사자 간에만 유효하다.

따라서 다른 사람이 다시 동일한 내용으로 결의취소의 소를 제기할 수 있다.

### (3) 결의무효확인의 소

#### ① 소의 원인

주주총회결의의 내용이 법령의 강행규정에 위반하는 경우는 누구든지 이익이 있는 한 그 시기와 방법상의 제한 없이 그 결의의 무효를 주장할 수 있다. 이 경우 결의무효확인의 소를 제기할 수 있다(상 제380조).

#### ② 결의취소의 소와의 관계

결의취소의 소와 동일하나, 결의취소의 소에 있어서는 주주, 이사, 감사 등

**주주총회결의의 하자에 관한 소의 비교**

| 구 분 | 취소의 소 | 무효확인의 소 | 부존재확인의 소 | 부당결의 취소, 변경의 소 |
|---|---|---|---|---|
| 소의 원인 | 절차상의 하자 소집절차, 결의방법이 법령을 위반한 경우, 정관에 위반한 불공정한 거래 | 내용상의 하자 결의내용이 법령이나 사회질서, 주식회사의 본질에 위반 | 절차상의 하자 소집절차, 결의방법에 총회결의가 존재한다고 볼 수 없을 때 | 내용상의 하자 특별한 이해관계 있는 주주를 배제하고 한 결의가 현저하게 부당한 경우 |
| | 형식적 하자 | 실질적 하자 | 중대한 형식적 하자 | 의결권이 제한된 부당한 결의 |
| 소의 성질 | 형성의 소 | 확인의 소 | | 형성의 소 |
| 제소권자 | 주주, 이사, 감사 | 소의 이익이 있는 자 | | 의결권이 제한된 주주 |
| 피 고 | 회 사 | | | |
| 제소기간 | 결의 후 2월 내 | 없 음 | | 결의 후 2월 내 |
| 소의 절차 | 본점소재지의 지방법원에 소제기, 회사의 공고, 수개의 소 병합심리, 법원의 청구기각은 결의취소의 소만 해당 | | | |
| 판결효과 | 원고승소의 경우: 대세적 효력<br>원고패소의 경우: 대인적 효력<br>악의나 중과실시 연대하여 회사에 손해배상책임 | | | |
| 담보제공 | 법원은 회사의 청구에 의해 상당한 담보를 제공할 것을 명할 수 있음<br>단 제소주주의 악의를 소명해야 함 | | | |

이 제소권자가 되어 그 결의가 있은 날로부터 2개월 내에 소로써만 주장할 수 있고 법원의 자유재량권이 인정된다.

결의무효확인의 소에 있어서는 제소권자, 시기, 방법 등의 제한이 없으며 법원의 자유재량권도 인정되지 않는다.

#### (4) 결의부존재확인의 소

주주총회의 소집절차 또는 결의방법에 있어서 외관상으로 보아 총회의 결의가 존재한다고 볼 수 없을 정도의 중대한 하자가 있는 경우는 결의부존재확인의 소를 제기할 수 있다(상 제380조). 소의 성질은 확인의 소이다.

결의부존재의 원인으로서는 소집권한이 없는 자에 의한 총회소집, 소집절차가 결여된 총회결의 등을 들 수 있다.

결의부존재확인의 소에 대한 제소권자 및 판결의 효력 등에 대해서는 결의무효확인의 소와 동일하다

#### (5) 부당결의 취소 · 변경의 소

특정주주가 특별한 이해관계로 인하여 주주총회에서 의결권을 행사할 수 없었던 경우, 그 결의가 현저하게 부당하고 만약 그 주주가 의결권을 행사하였더라면 부당한 결의를 저지할 수 있었을 때에는 그 주주는 결의가 있은 날로부터 2월 내에 결의의 취소 또는 변경의 소를 제기할 수 있다(상 제381조).

소의 성질은 형성의 소이다. 소의 절차, 판결의 효력 등은 결의취소의 소 내용을 준용한다.

## Ⅲ. 이사 · 이사회 · 대표이사

### 1. 이　사

#### (1) 의　의

이사는 회사의 업무집행에 관한 의사결정기관인 이사회의 구성원으로서 회사의 업무집행에 관한 의사결정에 참여하고 대표이사의 업무집행을 감독하는 자이다. 회사의 기관은 아니지만 수임인으로서의 지위를 가진다.

이사가 1인인 소규모주식회사의 경우에는 예외적으로 이사는 업무집행기관 및 대표기관으로서의 지위를 갖는다.

### (2) 권 한

이사는 주주총회에서 선임하지만 주주의 대리인이나 사용인이 아닌 회사의 수임인이다. 이사는 회사의 이익을 위해 회사의 업무집행에 관한 의사결정에 참여할 수 있을 뿐만 아니라 주주총회에 출석할 수 있다. 총회의사록에 기명날인 또는 서명하며, 총회결의취소의 소 등 각종의 소를 제기할 수도 있다.

### (3) 선 임

#### ① 이사의 자격

이사의 자격에는 원칙적으로 제한이 없으며, 주주가 아니어도 무방하다. 따라서 주식회사의 소유와 경영은 분리되고 있다. 그러나 정관으로 이사의 자격을 주주로 제한할 수도 있다. 정관으로 이사가 가질 주식의 수(자격주)를 정한 경우는 다른 규정이 없는 한 이사는 그 수의 주권을 감사에게 공탁하여야 한다(상 제387조).

사외이사도 상법상의 이사이므로 이사에 관한 규정이 적용된다.

#### ② 이사의 수와 임기

주식회사의 이사는 3명 이상이어야 하며, 그 임기는 3년을 초과하지 못한다(상 제383조 1항·2항). 그러나 자본금 총액이 10억원 미만인 소규모주식회사의 경우는 1명 또는 2명으로 할 수 있다(상 제383조 1항).

이사의 임기는 취임일부터 계산하며, 정관으로 그 임기 중의 최종의 결산기에 관한 정기주주총회의 종결시까지 연장할 수 있다(상 제383조 3항).

#### ③ 선임기관

이사는 주주총회의 보통결의로 선임하고(상 제382조 1항, 제368조 1항), 정관 또는 주주총회의 특별결의로도 제3자나 다른 기관에 그 선임을 위임할 수 없다. 다만 회사설립시에 발기설립의 경우는 발기인이 의결권의 과반수로 선임하고(상 제296조 1항), 모집설립의 경우는 창립총회에서 선임한다(상 제312조).

#### ④ 집중투표제

(i) **의 의:** 집중투표제란 주주총회의 이사선임에 있어서 소수주주들의 이익을 대표할 수 있는 자가 이사로 선임될 수 있도록 하는 제도이다. 주주총회에서 2인 이상의 이사를 선임하는 경우, 1주에 대하여 선임하고자 하는 이사의 수만큼의 의결권을 부여하여 그 의결권을 1인 또는 수인의 이사후보에게 집중적으로 행사할 수 있도록 한 제도를 말한다.

**(ii) 절차 및 방법:** 집중투표의 청구권은 2인 이상의 이사를 선임할 때에 정관에 다른 정함이 없는 경우에 인정되며, 소수주주의 지주요건은 그 청구시로부터 선임결의를 할 때까지 유지되어야 한다.

의결권 없는 주식을 제외한 발행주식 총수의 100분의 3 이상에 해당하는 주식을 가진 주주는 정관에서 달리 정함이 없는 한 집중투표권을 행사할 수 있는데, 이를 위해서는 회사에 대하여 집중투표의 방법에 의해 이사를 선임하겠다는 의사를 총회일의 7일 전까지 서면 또는 전자문서로 청구하여야 한다(상 제382조의 2 제1항·제2항).

집중투표제에 의해 이사를 선임하는 경우는 최다득표자로부터 순차적으로 이사에 선임된다(상 제382조의 2 제4항).

(4) 직무집행정지 및 직무대행자의 선임

이사의 직무집행과 관련하여 이사선임결의의 무효나 취소의 소 또는 이사해임의 소가 제기된 경우에 법원은 당사자의 신청에 의해 소를 제기한 후 또는 급박한 사정이 있는 경우는 본안소송을 제기하기 전이라도 가처분으로써 관련 이사의 직무집행을 정지시키고 직무대행자를 선임할 수 있다(상 제407조 1항). 이는 판결이 확정될 때까지 그 이사로 하여금 그 직무를 집행케 하는 것은 부적당할 뿐만 아니라 회사에 손해를 끼칠 염려가 있기 때문이다. 법원은 당사자의 신청에 의하여 그 가처분을 변경 또는 취소할 수 있다(상 제407조 2항).

법원의 가처분 또는 그 변경이나 취소의 처분이 있는 경우는 본점 및 지점 소재지에서 등기하여야 한다(상 제407조 3항).

이사의 직무집행정지 가처분이 있으면 그 이사의 직무집행이 정지된다. 그러나 이사의 지위를 상실하는 것은 아니다.

직무대행자의 권한은 가처분명령에 다른 정함이 있거나 법원의 허가를 얻은 경우가 아니면 회사의 상무(통상적인 업무)에 관한 행위로 제한된다(상 제408조 1항). 직무대행자가 이를 위반하여 회사의 상무에 속하지 않는 행위를 한 경우, 회사는 선의의 제3자에 대하여 책임을 진다(상 제408조 2항).

(5) 종 임

① 의 의

이사의 종임이란 일정한 사유로 인해 이사의 회사에 대한 위임관계가 해소되는 상태를 말한다.

② 종임사유

이사는 일반적으로 임기의 만료·사임·사망·파산·금치산선고, 정관에서 정한 자격상실, 회사의 해산·파산 등의 원인이 있으면 종임된다.

이사는 주주총회의 특별결의에 의해 정당한 이유(예: 해임이 합리적이고 상당하다고 인정되는 경우 등)가 없는 경우라 하더라도 언제든지 해임할 수 있으나, 정당한 이유 없이 임기만료 전에 해임된 이사는 회사에 대하여 그에 대한 손해배상을 청구할 수 있다(상 제385조 1항).

한편, 이사의 해임결의가 주주총회에서 부결된 경우에는 발행주식 총수의 100분의 3 이상의 주식을 가진 소수주주는 그 결의가 있은 날로부터 1개월 내에 법원에 그 이사의 해임을 청구할 수 있다(상 제385조 2항).

### (6) 이사의 결원에 대한 조치

정관 또는 법률에 정한 이사의 수에 이사의 결원이 발생한 경우 임기의 만료 또는 사임으로 인하여 퇴임한 이사는 새로 선임된 이사가 취임할 때까지 이사의 권리·의무를 계속 유지한다(상 제386조 1항). 이 경우 필요하다고 판단될 때에는 법원은 이사, 감사 기타 이해관계인의 청구에 의해 일시적으로 이사의 직무를 행할 자를 선임할 수 있는 데, 이 때 선임된 자를 임시이사 또는 가이사(假理事)라고 한다.

### (7) 등 기

이사를 선임한 경우에는 그 성명과 주민등록번호를 등기하여야 하며 이사의 선임등기는 제3자에 대한 대항요건이다(상 제317조 1항·2항 제8호·3항, 제183조).

이사의 종임은 등기사항으로서 본점소재지에서는 2주일 내에, 지점소재지에서는 3주일 내에 변경등기를 하여야 한다(상 제317조 4항, 제1183조).

## 2. 이 사 회

### (1) 이사회의 의의

이사회는 회사의 업무집행에 관한 의사를 결정하는 필요적 상설기관을 말하며, 이사 전원으로 구성되는 회의체이다. 한편 업무집행의 의사결정을 위해 개최하는 회의도 이사회라고 한다. 이사가 1인인 소규모의 주식회사는 그 이사가 단독으로 회사의 업무집행에 관한 의사를 결정하게 된다(상 제383조 6항).

이사회는 회의체기관이어서 업무집행에 관한 의사결정을 하고, 집행은 대표이사가 하게 된다.

### (2) 이사회의 권한

이사회는 주주총회의 권한사항을 제외하고는 회사의 업무집행에 관한 모든 의사결정권을 가지며, 대표이사의 직무집행을 감독할 수 있는 권한이 있다(상 제393조 1항·2항). 이사회가 결의한 사항을 주주총회의 결의로 번복하거나 무효로 할 수 없다.

이사회가 회사의 법령에서 규정하고 있는 업무집행에 관한 기본적인 사항의 결정은 다른 기관에 위임할 수 없다.

상법상 이사회의 결의사항으로 규정된 내용들이 있다.

- 주주총회의 소집결정(상 제362조)
- 주주제안 내용의 법령 및 정관 위반 여부의 결정(상 제363조의 2 제3항)
- 이사회 소집권자의 특정(상 제390조 1항 단서)
- 지점의 설치 이전 또는 폐지 및 지배인의 선임·해임(상 제393조 1항)
- 대표이사의 선임과 공동대표의 결정(상 제389조)
- 이사의 경업 승인 및 개입권의 행사(상 제397조 1항·2항)
- 회사의 기회 및 자산의 유용 승인(상 제397조의 2)
- 이사의 자기거래 승인(상 제398조)
- 신주의 발행(상 제416조)
- 재무제표의 승인(상 제447조)
- 영업보고서의 승인(상 제447의 2)
- 준비금의 자본금전입(상 제461조 1항 본문)
- 중간배당의 실시 결정(상 제462조의 3 제1항)
- 사채의 발행(상 제469조)
- 전환사채의 발행(상 제513조 2항 본문)
- 신주인수권부사채의 발행(상 제516조의 2 제2항 본문)
- 간이주식교환의 승인(상 제360조의 9 제1항)

### (3) 이사회의 소집

이사회는 원칙적으로 각 이사가 소집하지만, 정관이나 이사회의 결의로 소집권자를 별도로 정한 경우에는 그 이사가 소집한다(상 제390조 1항).

이사회를 소집함에는 소집권자가 이사회 회일을 정하고 그 1주간 전에 각 이사 및 감사에 대하여 발송하여야 하며, 이 기간은 정관의 규정으로 단축할 수 있다(상 제390조 3항). 회의개최에 관하여 이사 및 감사 전원의 동의가 있으면 소집절차를 생략할 수 있다(상 제390조 4항).

### (4) 이사회의 결의

#### ① 결의요건

이사회의 결의는 이사의 과반수 출석과 출석이사의 과반수로 한다. 정관으로 그 비율을 높게 정할 수는 있으나 낮출 수는 없다(상 제391조 1항).

여기서 이사란 재임이사를 말하므로 가처분에 의해 직무집행이 정지 중인 이사는 포함되지 않고, 가처분으로 선임된 이사의 직무대행자, 이사의 권리·의무를 가지는 퇴임이사, 법원이 선인한 가이사, 특별이해관계 있는 이사 등은 포함된다. 이사회의 결의에 대해 특별한 이해관계를 갖는 이사는 의결권은 행사할 수 없다. 즉, 이사회의 성립을 위한 정족수의 계산에는 포함되나, 출석한 이사의 의결권의 수에는 산입하지 않는다.

#### ② 의결권의 행사

이사회의 결의에 있어서 이사 1인은 1개의 의결권을 가진다. 이 의결권은 이사 본인이 직접 이사회에 출석하여 행사하여야 하고 대리인의 출석은 허용되지 않는다. 원칙적으로 전화나 서면에 의한 결의는 성질상 인정되지 않는다. 다만 정관에 달리 정함이 없으면 이사의 전부 또는 일부가 직접 회의에 출석하지 않고 모든 이사가 음성을 동시에 송수신하는 원격통신수단에 의해서도 결의에 참가할 수 있다(상 제391조 2항).

#### ③ 이사회결의의 하자

이사회결의의 하자에 대해서는 주주총회결의의 하자와 달리 명문규정이 없으나 그 성질상 무효가 된다고 해석된다. 따라서 다툼이 있는 경우에는 누구든지 언제나 별도의 제한 없이 이사회결의 무효확인의 소를 제기할 수 있다.

### (5) 이사회의 의사록 작성

이사회의 의사에 관해서는 의사록을 작성하여야 한다. 의사록에는 그 경과 요령과 그 결과를 기재하고 출석이사와 감사가 기명날인 또는 서명하여야 한다(상 제391 조의 3 제1항·제2항). 이사는 이러한 의사록을 본점에 비치하고(상 제396조 1항), 영업시간 내에 주주나 회사채권자의 열람 및 등사청구가 있으면 그에 응하여야 한다(상 제396조 2항, 제635조 1항). 회사는 정당한 이유가 있으면 이를 거절할 수 있다.

결의에 참가한 이사는 의사록에 이의를 제기한 내용을 기재하지 않는 한 그 결의에 찬성한 것으로 추정한다(상 제399조 3항).

### (6) 이사회 내 위원회

#### ① 의 의

이사회 내 위원회는 이사회의 업무를 세분하고 각 업무에 정통한 이사를 배치하여 의사결정의 전문성과 신속성을 기할 필요가 있다. 따라서 이사회의 기능과 역할을 강화시키고 기업경영의 효율성 제고와 원활한 업무집행을 위해 상법은 이사회 내에 위원회를 설치할 수 있도록 하고 있으며, 이사회에 대한 대부분의 법률규정을 준용하도록 하고 있다(상 제393조의 2 제5항). 따라서 위원회의 구성원인 위원은 해당업무분야에 대한 특수한 지식이나 경험 등을 갖춘 전문성이 요구된다.

#### ② 위원회의 구성

이사회 내에 위원회를 설치하기 위해서는 위원회 설치에 관한 내용을 정관으로 규정하여야 한다(상 제393조의 2 제1항). 이 정관규정에 따라 이사회에서 선임한 2인 이상의 이사로 위원회를 구성한다(상 제393조의 2 제3항). 특정위원회의 위원의 선임과 해임은 이사회가 결정한다.

#### ③ 위원회의 권한

위원회는 이사회로부터 위임받은 사항에 대하여 결정할 권한을 갖는다. 그러나 주주총회의 승인을 요하는 사항의 제안, 대표이사의 선임 및 해임, 위원회의 설치와 그 위원의 선임 및 해임, 정관에서 정하는 사항(예: 정관으로 위임을 불허한 사항)은 위원회에 위임할 수 없다(상 제393의 2 제2항).

#### ④ 결의의 효력

위원회의 결의는 이사회의 결의와 같은 효력이 있다. 그리고 위원회에서 결의한 사항은 각 이사에게 통지하여야 하는데, 위원회의 결의가 부당한 경우이 통지를 받은 회사 전체의 각 이사는 이사회의 소집을 요구할 수 있으며, 이사회는 위원회의 결의사항에 대하여 다시 결의할 수 있다(상 제393조의 2 제4항).

따라서 이사위원회의 결의는 각 이사의 이의가 없거나 이사회의 재결의를 얻은 경우에 한하여 유효하게 되는 것이다.

### 3. 대표이사

#### (1) 대표이사의 의의

대표이사는 대내적으로는 업무를 집행하고 대외적으로는 회사를 대표하는 필요적 상설기관이다. 대표이사는 이사회의 하부기관이 아니라 이사회와 대등하게 병립하는 업무집행의 실행기관이다.

#### (2) 대표이사의 선임과 종임

① 선 임

대표이사는 이사회의 결의로 이사 중에서 선임하는 것이 원칙이며, 정관의 규정으로 주주총회에서도 직접 선임할 수도 있다(상 제389조 1항). 그러나 이사가 1명인 소규모주식회사의 경우는 그 이사가 당연히 대표이사가 된다(상 제383조 6항). 대표이사의 자격에 관하여는 제한이 없으므로 이사이면 누구나 대표이사가 될 수 있다. 그리고 대표이사는 1인을 선임하는 것이 보통이나 인원수에 제한이 없으므로 이사 전원을 대표이사로 선임해도 허용된다.

② 종 임

대표이사는 이사의 자격상실, 사임, 이사회의 해임결의, 대표이사의 임기만료 등의 사유로 종임된다. 종임으로 인하여 대표이사의 수가 부족하게 된 때에는 새로 선임된 대표이사가 취임할 때까지 임기의 만료 또는 사임으로 인하여 퇴임한 대표이사는 대표이사로서의 권리·의무가 계속 유지된다. 그러나 필요하다고 인정할 경우에는 이사·감사 기타 이해관계인이 법원에 일시 대표이사의 직무를 행할 자의 선임을 청구할 수 있다(상 제389조 3항, 상제386조 1항·2항).

③ 등 기

대표이사의 선임과 종임도 등기하여야 제3자에게 대항할 수 있다(상 제317조 2항 제9호).

### (3) 대표이사의 권한

#### ① 업무집행권

대표이사는 명문규정이 없지만 주주총회 또는 이사회에서 결의된 사항을 집행하고 대내적인 업무를 집행할 권한을 갖는다.

상법은 주권이나 사채권의 기명날인(상 제356조, 상 제478조 2항)과 같은 부분은 대표이사의 직무권한으로 규정하고 있으나(상 제389조 1항·3항, 상 제209조), 그 성질상 주주총회나 이사회의 결정에 따른 대내적 업무집행권도 당연히 가진다고 할 수 있다.

또한 대표이사는 이사회가 위임한 범위 내에서 업무집행에 관한 세부적인 사항이나 일상적인 업무사항을 스스로 결정하고 집행할 수 있다.

#### ② 대표권

대표이사는 회사의 영업에 관하여 재판상 또는 재판외의 모든 행위에 대하여 대외적으로 회사를 대표하는 권한을 가진다(상 제389조 1항·3항, 상 제209조).

대표권이 제한받는 경우가 있다. 법률상 제한으로는 이사와 회사간의 소에 있어서 감사가 회사를 대표하는 경우, 영업양도, 사후설립, 사채발행, 신주발행 등의 경우 주주총회나 이사회의 결의를 얻어 행사할 수 있도록 함으로써 대표이사의 대표권이 제한받고 있다

내부적 제한으로는 정관이나 주주총회·이사회결의 등에 의해 대표권이 제한받을 수 있다. 이러한 제한은 선의의 제3자에게 대항하지 못한다(상 제389조 3항, 제209조 2항).

### (4) 공동대표이사

공동대표이사는 이사회에서 대표이사를 선임함에 있어 여러 명의 대표이사가 공동으로 대표권을 행사할 수 있도록 정한 경우이다(상 제389조 2항). 이는 사실상 대표이사의 대표권을 제한하는 경우라고 할 수 있다.

이 제도는 대표이사의 위법 또는 부적정한 대표행위를 사전예방하고 사후에도 시정할 수 있어 회사의 손해를 방지하는 데 그 특색이 있다.

회사가 제3자에게 하는 의사표시는 대표이사들이 공동으로만 회사를 대표할 수 있다(상 제389조 2항). 그러나 회사에 대한 의사표시는 공동대표이사 중 1인에 대해서만 하여도 유효하다(상 제389조 3항, 제208조 2항).

### (5) 표현대표이사

표현대표이사는 법률상의 대표권을 가지지 아니한 회장, 사장, 부사장, 전

무, 상무 기타 회사의 대표권이 있는 것으로 오인할 만한 명칭을 사용한 이사를 말한다. 이 제도를 인정하는 취지는 표현대표이사의 행위에 대하여도 표현지배인의 경우와 같이 거래의 안전을 보호하고자 하는 데 있다. 따라서 선의의 제3자에 대하여 회사가 책임을 부담한다(상 제395조). 그러나 소송상의 행위에는 적용되지 않는다.

### 4. 이사의 의무

#### (1) 충실의무

이사는 회사와 위임관계에 있으므로 선량한 관리자의 주의를 다하여 법령과 정관의 규정에 따라 회사의 이익을 위하여 그 직무를 충실히 수행해야 하는 충실의무를 부담한다(상 제382조의 2).

이사는 자신의 직무를 수행함에 있어서 법령을 준수해야 하는 소극적 의무와 회사에 이익이 될 수 있도록 하는 적극적 의무를 모두 부담하는 것이다.

#### (2) 경업피지의무 · 겸직금지의무

이사는 이사회의 구성원으로서 또는 대표이사의 지위에서 회사의 업무에 관한 의사결정이나 집행을 하므로 이를 악용하여 이사 자신의 개인적 이익을 도모할 우려가 있다. 이에 상법은 이사는 이사회의 승인이 없으면 자기 또는 제3자의 계산으로 회사의 영업부류에 속하는 거래를 하거나 동종영업을 목적으로 하는 다른 회사의 무한책임사원이나 이사가 되지 못하도록 규정하고 있다(상 제397조 1항). 이를 이사의 경업피지의무와 겸직금지의무라 한다.

이사가 이러한 의무를 위반하면 상업사용인의 경업피지의무 위반의 경우와 같으며, 단 개입권을 행사하기 위해서는 이사회의 결의가 있어야 하고 개입권의 제척기간은 거래가 있은 날로부터 1년이다(상 제397조 2항 · 3항).

#### (3) 회사의 기회 및 자산의 유용금지

이사는 이사회의 승인없이 현재 또는 장래에 회사의 이익이 될 수 있는 회사의 사업기회를 자기 또는 제3자의 이익을 위하여 이용하여서는 아니된다(상 제397조의 2 제1항).

이것은 회사의 사업기회유용으로 인하여 회사에 손해를 끼치는 것뿐만 아니라 대표이사나 지배주주들이 지배권을 강화하거나 경영권을 승계하는 방법으로 악용하는 것을 방지하기 위함이다. 이를 위반하여 회사에 손해를 발생시킨 이사 및 승인한 이사는 연대하여 손해를 배상할 책임이 있으며 이로 인하여 이사 또는 제3자가 얻은 이익은 손해로 추정한다(상 제397조의 2 제3항).

#### (4) 자기거래의 제한

이사가 지배주주이거나 그와 특수한 관계에 있으면 회사와의 자기거래를 통해 자기 또는 제3자의 이익을 도모할 우려가 많다.

그래서 이사와 그의 배우자 및 직계존비속 등 제398조에서 정하는 자는 이사회의 승인없이 자기 또는 제3자의 계산으로 회사와 거래를 할 수 없다(상 제398조).

자기거래에는 이사와 회사간의 직접적인 거래뿐만 아니라 회사가 이사의 채무를 보증하거나 대위변제하는 행위와 같은 간접적인 행위까지 포함된다. 다만 이해의 충돌이 발생하지 않는 거래행위는 이에 포함되지 않는다.

이사회의 승인을 얻지 아니한 이사의 자기거래행위에 대한 법적 효력에 대해서는 회사와 이사간에는 무효이나, 자기거래와 관련되는 선의의 제3자 사이에서는 유효라고 보는 입장(상대적 무효설)이 판례의 태도이다.

#### (5) 보고의무

회사에 현저한 손해를 미칠 수 있는 사실(예: 거래처의 부도·도산, 공장의 화재발생 등)을 이사가 발견한 경우는 이를 지체없이 감사 또는 감사위원회에 이를 보고하도록 하여야 한다(상 제412조의 2). 감사의 요구가 없는 경우에도 회사의 이익을 위해 이사가 적극적으로 보고해야 할 의무가 있다.

이사의 보고의무 위반으로 인해 회사에 손해가 발생한 경우 이사는 회사에 대하여 그 배상책임을 지며(상 제399조 1항), 감사는 이를 감사보고서에 기재하여야 한다(상 제447조의 4 제2항 제10호).

#### (6) 감시의무

이사는 대표이사와 다른 이사의 직무집행을 감독할 수 있는 권한과 의무를 동시에 가진다고 본다(상 제393조 2항 참조). 의무 위반시 회사에 대해 손해배상책임을 지며, 악의 또는 중과실이 있는 경우에는 제3자에 대하여도 손해배상책임을 진다.

### (7) 기업비밀준수의무

이사는 재임 중 뿐만 아니라 퇴임 후에도 직무상 알게 된 회사의 영업상 비밀을 누설하여서는 아니된다(상 제328조의 4). 기업비밀이란 기업조직이나 사업과 관련한 경제적 가치가 있는 정보가 아직 알려지지 아니한 내용을 의미한다.

## 5. 이사의 책임

### (1) 손해배상책임

이사가 고의 또는 중대한 과실로 법령 또는 정관에 위반하는 행위를 하거나 그 임무를 게을리하여 회사에 손해를 입히거나 고의 또는 중대한 과실로 인해 제3자에게 손해를 발생케 한 경우는 연대하여 손해배상책임을 진다(상 제399조 1항, 제401조 1항).

### (2) 업무집행지시자 등의 책임

업무집행지시자란 법률상의 이사가 아닌 회장, 사장, 부사장, 상무, 전무 등의 명칭을 사용하는 자가 자신의 영향력을 이용하여 이사에게 업무집행을 지시하거나 이사회결의에 영향력을 미칠 수 있는 자를 말한다. 이러한 경우 법률상의 이사와 동일하게 취급하며 회사 또는 제3자에 대한 책임을 부담한다(상 제401조의 2).

## 6. 이사와 주주의 관계

회사의 업무집행에 대한 감독은 이사회의 권한이고, 주주는 주주총회를 통해 이사의 선임 및 해임 또는 재무제표 등의 승인을 통해 간접적으로만 이사의 직무집행을 감독한다. 그러나 주주권의 강화 요청에 따라 소수주주가 이사의 업무집행을 직접 감독할 수 있도록 위법행위 유지청구권과 대표소송제도을 인정하고 있다.

### (1) 이사의 위법행위에 대한 유지청구권

위법행위유지청구권이란 이사의 법령 또는 정관에 위반한 행위로 회사에 회복할 수 없는 손해가 생길 염려가 있는 경우에 이를 사전에 금지시키기 위해 발행주식 총수의 100분의 1 이상의 주식을 가진 소수주주가 그 행위의 유지를 청구할 수 있도록 하고, 그 이사가 이에 응하지 않는 경우는 소송절차를 통한 가처분으로 그 행위를 유지시킬 수 있는 권리를 말한다(상 제402조, 민소 제714조).

### (2) 대표소송

대표소송이란 발행주식 총수의 100분의 1 이상의 주식을 소유한 소수주주가 회사를 위하여 회사를 대신해서 이사의 손해배상책임, 자본충실책임 등의 책임추궁을 위해 제기하는 소송을 말한다. 이를 대위소송이라고도 한다. 회사가 이 청구를 받은 날로부터 30일 내에 소를 제기하지 아니하면 소수주주가 즉시 회사를 위하여 소를 제기할 수 있다(상 제403조 1항·3항). 그러나 이 기간의 경과로 회사가 회복할 수 없는 손해를 입을 수 있는 경우에는 그 기간과 관계없이 즉시 소를 제기할 수 있다(상 제403조 4항). 제소권자를 소수주주로 제한한 것은 소송의 남발로 인한 폐해를 막기 위한 것이다.

## Ⅳ. 집행임원

### 1. 의 의

집행임원이란 이사회의 경영방침에 따라 회사의 업무집행을 전담하는 기관이다. 회사는 집행임원을 둘 수 있으며, 이 경우 집행임원을 둔 회사는 대표이사를 두지 못한다(상 제408조의 2 제1항).

### 2. 권 한

집행임원은 집행임원 설치회사의 업무집행과 정관이나 이사회의 결의에 의하여 위임받은 업무집행에 관한 의사결정을 할 권한을 갖는다(상 제408조의 4). 또한 필요하면 회사의 목적사항과 소집이유를 적은 서면을 이사에게 제출하여 이사회의 소집을 청구할 수 있다(상 제408조의 7 제1항).

### 3. 의 무

집행임원은 3개월에 1회 이상 업무의 집행상황을 이사회에 보고하여야 하며(상 제408조의 6 제1항), 이사회의 요구가 있으면 언제든지 이사회에 출석하여 요구한 사항을 보고하여야 한다(상 제408조의 6 제2항). 그 밖에 이사의 충실의무, 기업비밀유지의무, 경업금지의무, 자기거래제한에 관한 규정이 준용된다(상 제408조의 9).

### 4. 책 임

집행임원이 고의 또는 과실로 법령이나 정관을 위반한 행위를 하거나 그 임무를 게을리한 경우에는 그 집행임원은 집행임원 설치회사에 손해를 배상할 책임이 있으며(상 제408조의 8 제1항), 집행임원이 고의 또는 중대한 과실로 그 임무를 게을리한 경우에는 그 집행임원은 제3자에게 손해를 배상할 책임이 있다(상 제408조의 8 제2항). 이때 다른 집행임원·이사 또는 감사도 그 책임이 있으면 다른 집행임원·이사 또는 감사와 연대하여 배상할 책임이 있다(상 제408조의 8 제3항).

## V. 감사·감사위원회·검사인

### 1. 감　사

#### (1) 의　의

감사는 주주와 회사채권자의 이익보호를 위해 회사의 회계 및 업무집행의 감사를 하는 필요적 상설기관이다. 그러나 정관의 규정에 의해 감사위원회를 설치하는 경우는 중복하여 감사를 두지 못한다(상 제415조의 2 제1항). 법개정을 통해 감사의 기능이 점차 강화되는 추세에 있다.

#### (2) 선　임

① 감사의 자격

감사의 자격에 대한 상법상의 제한은 없다. 다만 감사는 당해 회사 및 자회사의 이사, 지배인 기타 사용인을 겸하지 못한다(상 제411조).

② 감사의 수와 임기

감사의 수에 관해서는 상법상의 규정이 없으므로 1인 이상이면 되고, 그 임기는 취임 후 3년 내의 최종의 결산기에 관한 정기주주총회의 종결일까지이다(상 제410조). 이러한 감사의 임기는 정관으로도 변경할 수 없다.

③ 감사의 선임

감사는 주주총회의 보통결의에 의해 선임한다(상 제409조 1항). 그러나 의결권 없는 주식을 제외한 발행주식 총수의 100분의 3을 초과하는 주식을 소유한 자는 그 초과부분에 대하여는 감사선임에 있어서 의결권을 행사하지 못한다. 회사는 정관으로 그 비율을 낮게 정할 수 있다(상 제409조 2항·3항).

자본금의 총액이 10억원 미만인 회사의 경우에는 감사를 선임하지 아니할 수 있다(상 제409조 4항).

### (3) 종 임

감사의 종임은 임기만료나 위임의 종료사유에 의해 이루어진다. 감사의 종임에 관해서는 특별결의에 의한 감사의 해임, 소수주주에 의한 해임청구의 소, 직무집행정지 등은 이사의 경우와 동일하다(상 제415조, 제385조, 제386조). 회사가 해산하더라도 감사의 기능은 필요하므로 해산에 의해 당연히 감사가 종임되는 것은 아니다.

### (4) 권한과 의무

#### ① 권 한

감사는 이사의 직무집행을 감사하므로 언제든지 이사에게 영업에 관한 보고를 요구하거나, 회사의 업무 및 재산상태를 조사할 수 있는 업무감사권을 가진다(상 제412조 1항·2항). 또한 감사는 회사의 비용으로 전문가의 도움을 구할 수 있다(상 제412조 3항).

감사는 주된 권한인 업무감사권 외에도 임시주주총회의 소집을 이사회에 청구할 수 있고(상 제412조의 3), 필요한 경우에는 자회사에 대하여 영업보고 요구 및 업무와 재산상태의 조사도 할 수 있다(상 제412조의 5 제1항·제2항).

#### ② 의 무

회사와 감사는 위임에 관한 규정이 적용된다. 따라서 감사는 이사와 같이 선량한 관리자의 주의의무를 부담한다. 감사는 이사와 마찬가지로 회사에 대하여 기업비밀준수의무도 부담한다.

감사는 감사의 실시요령과 그 결과를 기재하고 기명날인 또는 서명한 감사록을 작성하여야 한다(상 제413조의 2 제1항·제2항). 결산감사를 할 때에는 이사로부터 정기총회일의 6주일 전에 재무제표와 그 부속명세서 및 영업보고서의 제출을 받아 4주 내에 감사보고서를 작성하여 이사에게 제출하여야 한다(상 제447조의 4 제1항).

### (5) 책 임

감사가 수임인으로서 그의 임무를 게을리한 경우에는 회사에 대하여 연대하여 손해배상책임을 진다(상 제414조 1항).

이 책임은 총주주의 동의로 면제할 수 있으며, 그 책임을 추궁하기 위한 소수주주의 대표소송은 이사의 경우와 같다(상 제415조, 제403조).

감사의 제3자에 대한 손해배상책임도 이사의 경우와 같다(상 제414조 2항). 감사가 회사 또는 제3자에 대한 손해배상책임을 지는 경우에 이사도 그 책임이 있는 때에는 그 이사와 감사는 연대하여 배상책임을 진다(상 제414조 3항).

## 2. 감사위원회

### (1) 의 의

회사는 정관의 정하는 바에 따라 감사에 갈음하여 이사회의 위원회로서 감사위원회를 둘 수 있고, 감사위원회를 설치하는 경우에는 감사를 둘 수 없다(상 제415조의 2 제1항). 정관에 감사위원회에 관한 규정이 없는 경우에는 감사를 두어야 한다.

### (2) 감사위원의 선임 및 해임

감사위원은 정관에 다른 정함이 없는 한 이사회의 결의로 이사 중에서 선임하며, 감사위원의 해임은 이사 총수의 3분의 2 이상의 결의에 의한다(상 제415조의 2 제3항).

### (3) 감사위원회이 구성

감사위원회는 3인 이상의 이사로 구성하며, 감사위원회의 중립성과 객관성을 확보하기 위하여 대주주나 경영자의 세력권에 포함될 소지가 있는 자는 감사위원의 3분의 1을 초과할 수 없다(상 제415조의 2 제2항). 감사의 공정성을 위해 감사위원회의 3분의 2 이상은 사외이사로 선임하도록 하고 있다(상 제415조의 2 제2항).

### (4) 감사위원회의 운영

감사위원회는 감사와 달리 회의체기관이므로 권한행사는 위원회의 결의를 통하여 한다. 감사위원회의 소집 등 운영은 이사회 내 위원회의 운영방법에 따라야 한다(상 제392조의 2 참조). 감사위원회는 그 결의로 위원회를 대표할 자를 선정하여야 한다. 이 경우 수인의 위원이 공동으로 위원회를 대표할 것을 정할 수도 있다(상 제415의 2 제4항). 감사위원회는 회사의 비용으로 법률전문가나 회계전문가 등 전문가의 조력을 구할 수도 있다(상 제415조의 2 제5항).

## 3. 검 사 인

### (1) 의 의

검사인이란 주식회사의 설립절차나 회사의 업무 및 재산상태의 조사를 직무로 하는 임시적 감독기관이다.

### (2) 선 임

#### ① 법원이 선임하는 경우

법원이 검사인을 선임하는 경우로는 변태설립사항을 조사하기 위한 경우(상 제290조, 제298조, 제310조), 신주발행시 현물출자를 하는 경우(상 제422조), 회사의 업무 및 재산상태의 검사를 위해 소수주주권자의 청구가 있는 경우(상 제467조), 액면미달의 신주발행을 위하는 경우(상 제417조 3항) 등이 있다.

#### ② 주주총회가 선임하는 경우

주주총회가 검사인을 선임하는 경우로는 임시총회에서 회사의 업무 및 재산상태를 조사하기 위해 발행주식 총수의 100분의 3 이상의 소수주주의 청구가 있는 경우(상 제366조 3항), 주주총회에서 이사 또는 청산인이 제출한 서류 및 감사보고서에 관한 내용을 조사하기 위한 경우(상 제367조, 제542조 2항) 등이 있다.

### (3) 책 임

법원이 선임한 검사인이 악의 또는 중대한 과실로 인하여 그 임무를 게을리한 때에는 회사 또는 주주총회가 선임한 검사인은 위임에 관한 일반원칙에 따라 선량한 관리자의 주의의무는 물론 회사에 대하여 수임인으로서 채무불이행책임을 진다. 제3자에 대하여는 불법행위책임을 부담한다.

# 제5절 신주의 발행

## Ⅰ. 신주발행의 의의

회사가 영업상의 자금을 조달하는 방법에는 신주의 발행과 사채의 모집이 있다. 사채의 모집은 자금조달로 그치나 신주발행은 자금의 조달과 함께 주주의 가입을 통해 회사조직이 확대된다.

보통의 신주발행은 회사가 성립 후에 운영자금의 조달을 목적으로 증자하는 방법이며, 신주발행의 발행주식의 액면총액만큼 자본금과 회사재산의 증가가 발생한다.

## Ⅱ. 신주인수권

신주인수권이란 회사의 성립 후 신주를 발행하는 경우에 그 전부 또는 일부를 타인보다 우선적으로 인수할 수 있는 권리를 말한다. 회사의 자금조달의 신속성 제고를 위하여 주주의 신주인수권을 인정하고, 나아가 정관으로써 제3자에게도 신주를 배정할 수 있도록 하고 있다(상 제418조 1항, 상 제420조 제5호).

### 1. 주주의 신주인수권

주주의 신주인수권이란 주주가 종래에 가지고 있던 주식의 수에 비례하여 신주의 우선적 배정을 받는 권리를 말한다(상 제418조 1항).

#### (1) 신주의 배정과 주주평등의 원칙

정관에 다른 정함이 없는 한 주주는 그가 소유한 주식의 수에 비례하여 평등하게 신주의 배정을 받을 수 있는 것이 원칙이다. 그러나 종류주식을 발행한 경우는 정관에 정함이 없어도 주식의 종류에 따라 신주를 차등배정할 수 있다(상 제344조 3항). 회사가 갖는 자기주식과 자회사가 갖는 모회사의 주식에는 신주인수권이 없다.

#### (2) 주주의 신주인수권의 양도

주주의 신주인수권의 양도는 정관의 규정이나 정관으로 주주총회에서 결정하기로 정한 경우가 아닌 한 이사회의 결의에 의하여 인정할 수 있다(상 제416조 제5호).

정관 또는 이사회의 결의로 주주의 신주인수권의 양도를 인정한 때에는 회사는 신주인수권증서를 발행하여야 하고, 신주인수권의 양도는 이 증서의 교부에 의해서만 가능하다(상 제420조의 3 제1항). 회사는 신주인수권증서를 발행하는 대신 정관으로 정하는 바에 따라 전자등록기관의 전자등록부에 신주인수권을 등록할 수 있다(상 제420조의 4).

#### (3) 주주의 신주인수권을 무시한 경우의 효과

주주에게 신주인수권이 있음에도 불구하고 회사가 주주의 신주인수권을 무시하고 신주를 발행하려고 하는 경우 주주는 신주발행의 유지를 청구할 수 있으며(상 제424조), 신주발행이 이루어진 경우는 회사 또는 이사를 상대로 그로 인한 손해배상을 청구할 수도 있다(상 제399조).

## 2. 제3자의 신주인수권

### (1) 제3자의 신주인수권의 의의

제3자의 신주인수권이란 주주 이외의 자가 신주발행의 경우에 일정한 신주에 대하여 우선적으로 배정받을 수 있는 권리를 말한다.

### (2) 신주인수권의 부여요건

#### ① 정관의 규정 · 공시

제3자에게 신주인수권이 주어지기 위해서는 정관의 규정이 있어야 한다(상 제418조 1항). 제3자에게 신주인수권을 부여하는 것은 신기술의 도입, 재무구조의 개선 등 회사의 목적을 달성하기 위하여 필요한 경우에 한한다(상 제418조 2항). 따라서 제3자에게 신주인수권을 부여하는 경우에는 주식청약서에 그 뜻을 기재하여야 한다(상 제420조 제5호).

#### ② 제3자의 구체성

제3자의 범위는 임원 · 발기인 · 종업원 · 거래선 · 공모 등으로 구체적이며 명확해야 한다. 제3자란 주주 이외의 자 및 주주의 자격을 떠난 주주를 포함한다.

### (3) 제3자의 신주인수권을 무시한 경우의 효과

회사가 제3자의 신주인수권을 무시하고 신주를 발행한 경우 회사에 대하여 채무불이행에 의한 손해배상을 청구할 수 있을 뿐이다. 신주발행의 유지를 청구하거나 신주발행의 무효를 주장할 수는 없다.

## 3. 주식매수선택권(Stock Option)

### (1) 의 의

주식매수선택권이란 정관에 정한 바에 따라 회사의 설립 · 경영과 기술혁신 등에 기여하거나 기여할 수 있는 회사의 이사 · 감사 또는 피용자인 임 · 직원에게 미리 정한 가액으로 신주를 인수하거나 자기의 주식을 매수할 권리를 부여하는 것을 말한다(상 제340조의 2 제1항). 주식매수선택권의 부여는 주주총회의 특별결의에 의한다.

(2) 입법취지

이 제도는 기업이 전문경영인이나 전문기술보유자 등을 고용하고자 하는 경우에, 실제로 많은 자금의 부담이 없이도 기업과 당해 임·직원의 이해관계를 일치시켜서 주인의식을 고취하고 성취의욕에 대한 동기를 부여하는 데 그 목적이 있다.

## Ⅲ. 신주의 발행절차

### 1. 신주발행사항의 결정

(1) 결정기관

신주발행사항은 수권주식의 범위 내에서 이사회에서 결정하는 것이 원칙이나 상법에 다른 규정이 있거나 정관의 규정에 의해서 주주총회의 결의로써 결정할 수도 있다(상 제416조 단서).

(2) 결정사항

회사가 그 성립한 후에 신주를 발행하기 위해서는 정관에 규정이 없으면 이사회가 신주의 종류와 수, 발행가액과 납입기일, 신주의 인수방법, 현물출자에 관한 사항, 신주인수권의 양도에 관한 사항, 신주인수권증서의 발행청구에 관한 사항 등을 결정하여야 한다.

### 2. 신주배정일의 지정 및 공고

회사는 신주인수권자를 확정하기 위하여 신주의 배정기일을 정하고 이를 공고하여야 한다. 주식의 양도는 명의개서를 대항요건으로 하고 있기 때문에(상 제337조) 이를 게을리한 주식의 양수인은 신주인수권을 행사하지 못할 수도 있다. 이러한 문제를 해결하고자 신주발행시에는 반드시 신주의 배정일을 정하고 그 2주 전에 그리고 신주의 배정일이 주주명부의 폐쇄기간 중인 경우는 폐쇄기간 초일의 2주 전에 이를 공고하도록 한다. 또한 신주인수권의 양도를 허용하는 경우에는 그 뜻을 함께 공고하도록 하고 있다(상 제418조).

### 3. 신주인수권자에 대한 청약최고

회사는 일정한 청약기일을 정하여 그 기일의 2주 전에 신주인수권자에게 신주인수에 관한 청약을 하도록 실권예고부청약 최고를 하여야 한다(상 제419조1항·3항). 이는 회사가 무기명주권을 발행한 경우에도 같다(상 제419조 2항·3항).

회사가 이와 같은 통지 또는 공고를 하였음에도 불구하고 이 기간 내에 신주인수권자가 신주인수의 청약을 하지 아니한 때에는 그 권리를 상실한다(상 제419조 4항).

### 4. 주주의 모집

정관에 의하여 주주나 제3자의 신주인수권의 대상이 되지 않는 주식과 신주인수권자가 실권한 주식에 관하여는 회사가 일반인으로부터 주주를 모집할 수 있다. 이 경우에는 모집설립에 관한 규정이 준용된다.

### 5. 주식인수의 청약

주식인수의 청약을 하고자 하는 자는 현물출자자의 경우 외에는 주식청약서 2통에 법정사항을 기재하고 기명날인 또는 서명을 한 후 청약을 하여야 한다(상 제420조, 제425조, 제302조 3항).

일반적 관행으로는 주식인수의 청약 때 청약자로부터 청약주식의 발행가액 전액에 상당하는 청약증거금을 납입시켜 납입기일에 이를 납입금으로 충당한다.

신주인수권증서가 발행된 경우는 그 증서에 의해 주식의 청약을 하여야 한다(상 제420조의 5 제1항).

### 6. 신주의 배정 및 인수

대표이사는 신주인수권자의 청약에 대하여 주식을 배정해야 하지만 일반인의 청약에 대해서는 자유로이 배정할 수 있다. 주식인수청약은 청약자와 회사간의 계약이므로 청약에 대한 주식배정이 완료되면 계약이 성립되어 청약자는 자신이 배정받은 주식의 수에 따라 주금액을 납입할 의무를 부담한다(상 제425조, 제303조).

### 7. 현물출자의 검사

신주발행의 경우 현물출자에 대한 제한은 없으며, 현물출자의 경우 그에 대한 이사회의 결정이 합당한가를 조사받기 위해 이사는 법원에 검사인의 선임을 청구하여야 한다. 이 경우 공인된 감정인의 감정으로 검사인의 조사에 갈음할 수 있다(상 제422조 1항).

### 8. 출자의 이행

신주인수인은 납입기일에 그 인수가액의 전액을 납입하여야 하고, 현물출자를 한 자는 납입기일에 지체없이 출자의 목적인 재산을 인도하여야 한다. 권리의 설정 또는 이전등기나 등록을 필요로 하는 경우는 그 서류를 완비하여 교부하여야 한다(상 제421조 1항, 제425조, 제305조 3항). 한편, 신주의 인수인은 회사의 동의 없이 신주인수가액 납입채무와 주식회사에 대한 채권을 상계할 수 없다(상 제421조 2항).

### 9. 신주발행의 효력발생시기

신주인수인이 납입기일에 납입 또는 현물출자의 이행을 하면 납입기일의 다음날부터 신주발행의 효력이 발생한다(상 제423조 1항 제1문).

그 신주에 대한 이익배당 및 이자의 지급에 관하여 정관이 정하는 바에 따라 그 영업연도의 직전 영업연도말에 발행된 것으로 하여 배당기산일을 소급시킬 수 있다(상 제423조 1항 제2문, 제350조 3항). 그러나 납입기일까지 출자의무를 이행하지 않으면 신주인수권은 상실하고(상 제423조 2항), 당해 주식은 미발행주식으로 남게 된다.

### 10. 변경등기

신주발행의 효력이 발생하면 회사는 본점소재지에서는 납입기일로부터 2주 내에, 지점소재지에서는 3주 내에 자본금의 총액과 발행주식 총수에 관한 변경등기를 하여야 하고(상 제317조 4항, 제183조), 액면미달발행의 경우는 그 미상각액도 등기하여야 한다(상 제426조).

## Ⅳ. 신주발행에 대한 책임

### 1. 불공정가액의 신주인수인의 책임

신주인수인이 이사와 통모하여 현저하게 불공정한 발행가액으로 주식을 인수한 자는 회사에 대하여 공정한 가액과의 차액에 상당하는 금액을 지급해야 할 책임이 있다. 이로 인한 회사 및 주주의 손해에 대하여 통모한 이사는 손해배상책임을 진다(상 제424조의 2 제1항·제3항).

### 2. 이사의 자본금충실의무

신주발행으로 인한 변경등기 후 그 때까지 인수되지 아니한 주식이 있거나 주식인수청약이 취소된 경우는 이사가 이를 공동으로 인수한 것으로 본다(상 제428조 1항).

이사의 이러한 책임을 자본금충실책임 또는 인수담보책임이라고 하며 이는 이사의 무과실 연대책임으로서 총주주의 동의로도 면제할 수 없다. 한편 회사에 손해가 발생하면 이사는 손해배상책임까지 부담한다(상 제428조 2항).

### 3. 주주의 신주발행유지청구권

회사가 법령 또는 정관의 규정에 위반하거나 현저하게 불공정한 방법으로

**유지청구권의 비교**

| 구 분 | 신주발행유지청구권 | 이사의 위법행위유지청구권 |
|---|---|---|
| 유지청구의 원인 사유 | ① 법령·정관에 위반하거나 현저하게 불공정한 방법에 의한 주식발행<br>② 주주가 불이익을 받을 염려가 있는 경우 | ① 법령·정관에 위반한 행위<br>② 회사에 회복할 수 없는 손해가 생길 염려가 있는 경우 |
| 행사권자 | 단독주주권 | 소수주주권(1/100), 감사 |
| 유지청구의 상대방 | 회 사 | 이 사 |
| 유지청구의 방법 | 재판상, 재판외의 방법 | |

신주를 발행함으로써 주주가 불이익을 받을 염려가 있는 경우에는 주주는 단독으로 회사에 대하여 그 신주발행의 유지를 청구할 수 있다(상 제424조).

신주발행유지청구권은 주주에게 인정되는 권리이므로 제3자는 자신의 신주인수권이 무시당하더라도 그에 대한 손해배상만을 청구할 수 있을 뿐 유지청구권이 인정되지 않는다.

## Ⅴ. 신주의 액면미달발행

### 1. 신주의 액면미달발행의 의의

액면미달의 신주발행은 자본금충실을 해하게 되고 채권자의 이익을 해할 우려가 있으므로 상법은 이를 원칙적으로 금지하고 있다(상 제330조). 그러나 이 원칙만을 관철하게 되면 그 회사가 발행한 주식의 주가가 액면 이하로 거래되는 때에는 신주발행에 의한 자금조달을 할 수 없게 될 것이다. 그리하여 상법은 일정한 요건을 갖춘 경우 주식의 액면미달발행을 예외적으로 인정하고 있다(상 제417조).

### 2. 신주의 액면미달발행요건

① 회사가 성립한 날로부터 2년이 경과한 후에만 할 수 있다(상 제417조 1항).

② 할인발행 여부와 최저발행가액에 관하여 주주총회의 특별결의를 거쳐 법원의 인가를 얻어야 한다(상 제417조 1항·2항).

③ 신주는 법원의 인가를 얻은 날로부터 1월 내에 발행하여야 하나, 법원은 이 기간을 연장하여 인가할 수 있다(상 제417조 4항).

### 3. 미상각액의 공시

액면미달발행의 경우에 주식청약서에는 그 발행조건과 미상각액을 기재하여야 하며(상 제420조 제4호), 미상각액은 신주발행으로 인한 변경등기에 등기하여야 한다(상 제426조).

## Ⅵ. 신주발행의 무효

### 1. 신주발행무효의 의의

신주발행의 내용이나 절차에 하자가 있어도 법률관계의 안정을 위하여 신주발행무효의 소에 의해서 권리를 주장하게 한다.

신주발행의 무효란 신주발행이 법령이나 정관에 위반한 하자가 있는 경우에 새로이 발행되는 주식의 전부를 무효로 하는 것이다. 따라서 개개의 주식인수의 무효와 구별된다.

### 2. 신주발행무효의 원인

주식회사의 본질에 반하는 중대한 위법행위만을 신주발행의 무효원인으로 보아야 할 것이다. 예컨대, 수권주식 총수를 초과한 주식의 발행, 주주의 신주인수권 무시, 현물출자에 관한 검사인의 불선임, 전환주식·전환사채·신주인수권부사채를 가진 자의 권리행사를 대비하여 유보한 주식을 초과한 발행, 정관에 기재되지 아니한 종류의 주식발행, 요건불비의 액면미달신주발행, 신주발행유지의 가처분 또는 판결을 무시하고 신주를 발행한 경우 등이다.

### 3. 신주발행무효의 소

신주의 발행이 법령이나 정관에 위반하여 이루어진 경우 주주, 이사, 감사 등은 회사설립무효의 소에 준하여 신주발행일로부터 6개월 이내에 소만으로 그 무효를 주장할 수 있다(상 제429조). 그 밖의 소의 절차에 관하여는 회사의 설립무효의 소에 관한 규정이 준용된다(상 제430조, 제186조~제189조, 제191조, 제192조). 제소주주의 담보제공의무에 관해서는 주주총회결의취소의 소에 관한 규정이 준용된다(상 제430조, 제377조).

### 4. 신주발행무효판결의 효력

신주발행무효의 판결은 당사자 이외의 제3자에게도 효력이 미친다(상 제430조, 제190조 본문).

이 판결로 신주는 장래에 대하여 그 효력을 상실한다(상 제431조 1항). 신주발행이 유효함을 전제로 하여 행하여진 이익 또는 이자의 배당, 의결권의 행사, 주식의 양도·입질 등의 행위는 무효판결의 영향을 받지 않지만 회사는 신주의 주주에 대하여 이미 납입한 주금액을 반환하여야 하며(상 제412조 1항),신주무효의 뜻을 공고하여 주권회수절차를 밟아야 한다(상 제431조 2항).

그리고 반환하는 납입금액이 회사의 재산상태에 비해 현저하게 부당한 경우 법원은 회사 또는 신주주의 청구에 의하여 그 증감을 명할 수 있다(상 제432조 2항).

## 제6절 사 채

### Ⅰ. 사채(社債)의 의의

#### 1. 의 의

사채란 주식회사가 장기에 걸쳐 거액의 자금을 조달하기 위해 채권발행의 방법으로 직접 또는 간접으로 일반투자자에 대하여 부담하는 채무를 말한다.

#### 2. 사채와 주식의 비교

(1) 차이점

① 권리의 성질(출자자의 지위)

사채는 사채권자의 입장에서 보면 일종의 금전채권임에 반하여, 주식은 사단구성원으로서의 지위를 뜻하는 사원권이다.

② 출자자의 반대급부(출자의 과실)

사채권자는 이익의 유무에 관계없이 일정한 이자를 받지만, 주식은 배당가능한 이익이 있어야만 배당할 수 있다.

③ 자본금의 구성

사채는 타인자본금으로 회사의 채무일 뿐이지만, 주식은 자기자본금을 구성하므로 회사의 자본금이 증가한다.

④ 액면금액 및 액면미달발행

사채는 액면가로 세분화되어 있으며 액면미달발행이 허용되지만, 액면주식은 100원 이상으로 균일하며 액면미달발행이 원칙적으로 인정되지 않는다.

⑤ 납입의 방법

사채의 경우에는 분할납입이 가능하나 주식의 경우에는 전액납입주의에 의한다.

**사채와 주식의 차이점**

| 구 분 | 사 채 | 주 식 |
|---|---|---|
| 권리의 성질 | 회사의 채권자인 제3자의 금전채권 | 회사의 사원인 주주의 사원권 |
| 출자자의 반대급부 | 회사의 수익 여부에 관계없이 이자지급 | 회사의 배당가능이익이 있을 때 이익배당 |
| 자본금의 구성 | 타인자본금, 회사의 채무 | 자기자본금, 회사의 자본금의 증가 |
| 액면미달발행 | 가능함 | 원칙적으로 제한됨 |
| 납입의 방법 | 분할납입 가능함 | 전액납입 |
| 자기증권의 취득 | 자기사채의 취득이 가능함 | 자기주식의 취득이 예외적으로 제한됨 |
| 출자의 회수(상환) | 기한이 도래하면 상환받으며, 양도 가능함. 해산의 경우 주주에 우선하여 변제받음 | 반환청구가 인정되지 아니하며, 양도 가능함. 해산의 경우 잔여재산의 분배청구 가능함 |
| 경영참가 | 의결권이 없으므로 경영참가 못함 | 의결권행사를 통해 경영참가 가능함 |

⑥ 자기증권의 취득

사채는 자기사채취득이 언제나 가능하지만, 주식은 자기주식의 취득이 예외적으로 제한되는 경우가 있다.

⑦ 출자의 회수(상환)

사채권자는 기한이 도래하면 상환을 받을 수 있으며 해산의 경우 주주에 우선하여 회사재산에서 변제를 받지만, 주주는 회사에 대하여 투자의 반환을 청구할 수 없고 다만 회사가 해산한 경우에 잔여재산의 분배를 받을 수 있을 뿐이다.

⑧ 경영참가

사채권자는 의결권이 없으므로 회사의 경영에 참가할 수 없지만, 주주는 의결권 등을 행사함으로써 회사의 경영에 참가할 수 있다.

### (2) 공통점

사채와 주식은 어느 것이나 경제적으로 주식회사가 공중으로부터 대량의 자금을 조달하는 수단이다. 이로 말미암아 사채와 주식은 모두 발행의 결정·증권의 발행과 유통 등이 법정되어 있다.

(3) 상호접근

비참가적·누적적 우선주식, 의결권 없는 주식, 상환주식 등은 사채화되어 가고 있고, 반면 전환사채와 신주인수권부사채는 주식화되어 가고 있다.

이렇듯 주식과 사채는 서로 특색을 흡수하여 비슷해지고 있으나, 자본단체인 주식회사의 본질상 주식의 사채로의 전환은 인정할 수 없으므로 주식의 사채화 현상에는 넘을 수 없는 한계가 있다.

## Ⅱ. 사채의 발행

### 1. 사채의 발행방법

(1) 총액인수

사채발행회사가 특정인과의 계약에 의하여 사채의 총액을 일괄적으로 인수시키는 사채모집방법을 사채총액인수라고 한다. 사채의 총액을 인수한 자는 그 후에 공모 등의 방법으로 그 사채를 처분하여 그 차액을 이익으로 취득하게 된다. 사채청약서의 작성을 요하지 않는다(상 제475조)

(2) 공모발행

① 직접모집

사채발행회사가 일반인으로부터 직접 사채를 모집하는 방법으로서 발행회사가 사채발행에 관한 모든 사무를 직접 수행한다. 현행 상법도 이 방법을 중심으로 규정하고 있다. 이 방법은 사채발행비용을 절약할 수 있다는 장점은 있으나 전문화되고 복잡한 발행절차에 많은 인력이 소모되기 때문에 거의 활용되고 있지 않다.

② 위탁모집

위탁모집은 사채발행회사가 직접 발행하지 않고 사채관리회사가 자기의 명의와 위탁회사의 계산으로 사채모집에 관한 절차를 대행하는 방법이다(상 제476조 2항). 사채관리회사는 은행, 신탁회사 및 증권회사가 담당한다(상법부칙 제6조).

③ 도급모집

도급모집은 수급인인 사채관리회사(인수모집자)가 사채를 모집한 결과 응모액이 사채총액에 미달하는 경우에 그 부족액을 인수하는 방법이다. 이를 인수모집이라고도 한다. 이 경우 사채관리회사가 사채의 상환을 담보하는 것이 보통이며, 사채관리회사에 의해 담보된 사채가 보증사채이다.

④ 매출발행

매출발행은 사채총액을 확정하지 않고 일정한 기간 내에 수시로 사채권을 대중에게 매출하는 방법이다. 채권은 사채전액의 납입이 완료된 후가 아니면 사채재모집의 제한을 받으므로 이 방법은 일반 주식회사에는 허용되지 않고(상 제478조 1항), 특별법에 의한 특수한 은행에 대해서만 인정된다(예: 주택채권, 산업금융채권).

## 2. 사채의 발행절차

### (1) 이사회의 결의

사채의 발행은 이사회의 결의에 의해 발행할 수 있다(상 제469조). 이 결의에서 사채의 총액, 각 사채의 금액, 이율, 발행가액, 상환방법, 발행방법, 기한 등 사채의 주요한 내용을 정한다. 다만, 정관으로 정하는 바에 따라 이사회는 대표이사에게 사채의 금액 및 종류를 정하여 1년을 초과하지 아니하는 기간 내에 사채를 발행할 것을 위임할 수 있다(상 제469조 4항).

### (2) 사채계약의 성립

사채모집에 응하려면 사채청약서 2통에 사채의 수와 주소를 기재하고, 기명날인 또는 서명하여야 한다(상 제474조). 사채청약서에 의하지 아니한 청약은 효력이 없다. 다만 계약에 의하여 사채의 총액을 인수하는 경우에는 예외가 인정된다(상 제475조).

사채발행회사 또는 사채관리회사가 사채청약에 대하여 사채를 배정함으로써 사채계약이 성립한다.

### (3) 사채의 납입

사채의 모집이 완료되면 사채발행회사의 이사 또는 사채관리회사는 사채인수인에 대하여 각 사채금액의 전액 또는 제1회의 납입을 시켜야 한다(제476조 1항·2항). 사채의 납입에 있어서는 분할납입이 가능하고 회사에 대한 채권과 상계도 인정된다.

## Ⅲ. 사채의 유통

### 1. 채권(債券)

사채의 유통을 원할히 하기 위하여 채권이 발행되며, 채권이란 사채계약상의 권리를 나타낸 유가증권으로서 사채권이라고도 한다. 사채는 사채계약에 근거하여 전액 납입하여야 발행하며, 채권에는 법정사항을 기재하고 대표이사가 기명날인 또는 서명하여야 한다(상 제478조 2항).

채권에는 기명식과 무기명식이 있는데 두 가지 방법을 병행하는 때에는 상호전환권이 인정된다. 따라서 사채권자는 언제든지 무기명식을 기명식으로 또는 기명식을 무기명식으로 양자간의 전환을 청구할 수 있다(상 제480조).

그러나 어느 하나의 방식으로 정한 때에는 전환권이 인정되지 아니한다. 일반적으로 무기명식이 많이 이용된다.

### 2. 사채원부

사채원부는 기명사채의 사채권자 및 채권에 관한 사항을 기재한 장부이다. 이사는 법정사항(상 제488조)을 기재한 사채원부를 작성하여 본점 또는 명의개서대리인의 영업소에 비치하고 주주나 회사채권자가 영업시간에는 언제든지 열람할 수 있도록 하여야 한다(상 제396조). 사채원부는 기명사채의 이전에 대한 대항요건(상 제479조)을 갖추기 위해 필요하고, 사채권자에 대한 통지와 최고(제489조 1항, 제353조), 신탁의 공시(신탁 제3조 2항)등에 있어서 중요한 의의가 있다.

### 3. 사채의 양도와 입질

사채의 양도와 입질은 자유이며, 자기사채의 취득도 인정된다.

#### (1) 기명사채

기명사채는 지명채권으로 볼 수 있으므로 기명사채의 양도는 사채양도의 의사표시와 사채권의 교부로써 효력이 발생하며, 회사 기타 제3자에 대해 대항하기 위해서는 취득자의 성명과 주소를 사채원부에 기재하고 그 성명을 채권에 기재하여야 한다(상 제479조 1항).

기명사채의 입질의 경우에는 당사자간의 의사표시와 사채권의 교부로써 효력이 발생하고(민 제346조, 제347조), 회사에 대한 통지 또는 회사의 승낙이 있어야 회사에 대항할 수 있다(민 제349조).

(2) 무기명사채

무기명사채의 양도와 입질에 관해서는 상법상의 규정이 없으므로 민법을 적용하여 양수인이나 질권자에게 사채권을 교부함으로써 그 효력이 발생하고(민 제523조, 제351조), 점유함으로써 회사 기타 제3자에게 대항할 수 있다.

## Ⅳ. 사채의 이자지급과 상환

### 1. 이자의 지급

사채의 이자, 지급기한, 지급방법 등의 사항은 사채계약에서 정한 바에 따르며, 이러한 내용은 사채청약서, 채권, 사채원부 등에 기재하여야 한다(상 제474조 2항, 제478조 2항, 제488조).

기명사채의 경우는 사채원부에 기재된 사채권자에게 이자를 지급하면 되고, 무기명사채의 경우는 이권(利券, coupon)과 상환하여 지급한다. 여기서 이권이란 무기명사채에서 이자지급기한이 도래한 때에 사채의 이자지급청구권을 나타낸 유가증권을 말하며, 이는 채권과 별개로 유통된다.

### 2. 사채의 상환

(1) 상환의 의의 및 금액

사채의 상환이란 사채발행회사가 사채권자에게 채무를 변제하여 사채의 법률관계를 종료시키는 것을 말한다.

사채의 상환금액은 일반적으로 권면액으로 하지만 회사는 권면액을 초과하는 할증상환을 약정할 수도 있다. 이권이 있는 무기명사채를 상환하는 경우에 이권이 흠결된 때에는 그 이권에 상당하는 금액을 상환금액으로부터 공제하고 지급한다(상 제486조 1항). 이 때 이권소지인은 언제든지 이권과 상환하여 그 금액의 지급을 청구할 수 있다(상 제486조 2항).

(2) 상환방법

사채상환의 시기와 방법은 사채계약에서 정해지며, 일정기간 후 일시상환의 방법과 일정기간 거치 후 분할상환하는 방법이 있다.

사채는 자기사채의 취득이 가능하기 때문에 회사는 자기사채를 취득하여 이를 소멸시킬 수 있는데 이를 매입소각이라 한다. 회사는 사채의 시세가 하락했을 경우 매입소각을 하면 만기상환보다 유리하게 된다.

#### (3) 사채관리회사의 권한

사채관리회사는 사채권자를 위하여 사채에 관한 채권을 변제받거나 채권의 실현을 보전하기 위하여 필요한 재판상 및 재판외의 모든 권한을 가진다(상 제484조 1항).

사채관리회사가 사채의 변제를 받은 때에는 지체없이 그 뜻을 공고하고, 알고 있는 사채권자에게는 개별적으로 통지를 하여야 하며, 사채권자는 사채관리회사에 사채상환액 및 이자 지급을 청구할 수 있다(상 제484조 2항·3항).

#### (4) 사채상환청구권의 소멸시효

사채의 상환청구권, 사채관리회사에 대한 상환금액지급청구권이 소멸시효는 10년이며, 사채의 이자, 이권의 이자지급청구권의 소멸시효는 5년이다(상 제487조).

## Ⅴ. 사채권자집회

### 1. 의 의

사채권자집회란 동일한 종류의 사채권자로 구성되어 사채권자의 이해관계에 영향을 미치는 사항을 결의하는 임시적 의결기관이다. 주주총회와 달리 주식회사의 기관은 아니나, 사채권자들은 이 기관을 통해서 사채권자 전체의 의사를 결정한다.

### 2. 소 집

사채권자집회는 발행회사 또는 사채관리회사가 소집권을 가진다(상 제491조 1항). 사채총액의 10분의 1 이상에 해당하는 소수사채권자도 회사 또는 사채관리회사에 대하여 서면 또는 전자문서로 사채권자집회의 소집을 청구할 수 있으며, 소수사채권자의 청구에 의하여 사채권자집회가 소집되지 아니하면 법원의 허가를 얻어 직접 사채권자집회를 소집할 수 있다(상 제491조 2항·3항, 제366조 2항).

### 3. 권 한

사채권자집회는 상법에서 규정하고 있는 사항과 법원의 허가를 얻은 사항에 한하여 결의할 수 있다. 이러한 점이 주주총회와 구별된다. 대표적인 것으로는 사채권자집회의 대표자 및 결의집행자의 선임과 해임, 사채관리회사의 사임동의 및 해임청구 등이 있다(상 제500조, 제501조, 제504조, 제481조, 제482조).

### 4. 결 의

#### (1) 의결권

각 사채권자는 사채의 최저액마다 1개의 의결권을 행사할 수 있다(상 제492조 1항). 무기명식의 사채권자는 회일로부터 1주 전에 채권을 공탁하지 아니하면 그 의결권을 행사할 수 없다(상 제492조 2항).

#### (2) 결의방법

사채권자집회의 결의방법은 원칙적으로 주주총회의 특별결의와 같은 방법으로 한다. 따라서 출석한 사채권자의 의결권의 3분의 2 이상의 수와 총사채권의 3분의 1 이상의 수로써 하여야 한다(상 제495조 1항, 제434조).

#### (3) 결의의 효력

사채권자집회의 결의는 결의일로부터 1주일 이내에 법원에 결의의 인가를 청구하여야 하며(상 제496조), 법원의 인가를 얻음으로써 모든 사채권자에 대하여 그 효력이 미친다(상 제498조).

그리고 결의된 내용의 집행은 사채권자집회에서 선임한 집행자, 사채관리회사, 집회의 대표자 등이 하며(상 제500조, 제501조, 제503조), 대표자나 집행자가 여러 명인 경우는 공동으로 그 권한을 행사한다(상 제502조).

## Ⅵ. 특수한 사채

### 1. 전환사채(CB: Convertible Bonds)

#### (1) 의의 및 성질

전환사채란 사채권자에게 일정한 조건에 따라 사채발행회사의 주식으로 전환할 수 있는 전환권이 인정된 사채를 말한다. 이는 회사의 영업상태가 부실한 때에는 확정이자를 지급받다가 회사의 영업상태가 호전되면 이익배당을 받는 주식으로 전환할 수 있다(상 제515조).

전환사채는 발행 이후 전환권을 행사하기 전까지는 일반사채와 같이 채권적 유가증권이나 전환권을 행사하면 주식으로 변환되어 사원권적 유가증권이 된다.

#### (2) 발행결의

전환사채의 발행에 관한 구체적인 사항의 결정은 주주에게 발행하는 경우 정관의 규정이 없거나 주주총회에서 결정하기로 규정한 경우를 제외하고는 이사회의 결의에 의한다(상 제513조 2항). 주주 이외의 자에게 발행하는 경우는 정관 또는 주주총회 특별결의에 의한다(상 제513조 3항). 이 경우는 신기술 도입·재무구조의 개선 등 회사의 경영목적을 달성하기 위하여 필요한 경우에 한한다(상 제418조 2항, 제513조 3항).

#### (3) 전환사채의 등기

전환사채의 전액 또는 제1회의 납입이 완료된 날로부터 본점소재지에서 2주간 내에 전환사채의 등기를 하여야 한다(상 제514조의 2).

### 2. 신주인수권부사채(BW: Bonds with Warrants)

#### (1) 의의 및 종류

신주인수권부사채란 사채권자에게 사채발행회사에 대한 신주인수권이 부여된 사채를 말한다. 사채발행회사가 신주를 발행하는 경우 사채권자는 신주인수권을 행사함으로써 신주의 주주가 되며, 사채권자가 신주를 인수하더라도 사채는 그대로 존속하지만 신주인수에 따른 납입의무가 발생한다는 점에서 전환사채와 구별된다.

신주인수권부사채에는 분리형과 비분리형이 있다. 이는 양도시 사채권과 신주인수권의 분리 여부에 따른 구별이다.

#### (2) 발행결의

신주인수권부사채 발행에 관한 구체적인 사항의 결정은 주주에게 발행하는 경우 정관의 규정이 없거나 주주총회에서 결정하기로 규정한 경우를 제외하고는 이사회의 결의에 의한다(상 제516조의 2 제2항). 그러나 주주 이외의 제3자에게 신주인수권부사채의 인수권을 부여하는 경우에는 신주인수권부사채의 액, 신주인수권의 내용과 신주인수권을 행사할 수 있는 기간에 관하여 정관에 규정이 없으면 주주총회의 특별결의로 정하여야 한다(상 제516조의 2 제4항, 제418조 2항).

#### (3) 신주인수권의 행사

신주인수권을 행사하기 위해서는 신주인수청구서를 2통을 작성하여 일정한 기간 내에 회사에 제출하여야 하며, 이 청구서에는 인수할 주식의 종류 및 수와 주소를 기재하고 기명날인 또는 서명하여야 한다(상 제516조의 9 제4항, 제302조 1항). 이 경우 신주인수권증권이 발행된 경우(분리형)는 이를 신청서에 첨부하고, 발행되지 아니한 경우(비분리형)는 채권을 제시하여야 한다(상 제516조의 9 제2항).

신주인수권을 행사한 자가 신주의 발행가액의 전액을 납입한 때에 신주발행의 효력이 발생하고 그 사채권자는 주주로 된다(상 제516조의 10).

### 3. 담보부사채(MB : Mortgage Bond)

담보부사채는 사채권을 담보하기 위하여 물적담보가 제공된 사채를 말한다. 이 때 물적담보는 동산질, 증서가 있는 채권질, 주식질, 부동산저당 기타 법령이 인정한 각종 저당에 한정된다. 다만 주식을 물상담보의 목적으로 하려면 금융위원회의 인가를 받아야 한다.

사채를 발행하는 경우에 사채권자의 수는 많고 그 변동이 빈번한데 각 사채권자에 대하여 개별적으로 물적담보권을 설정한다는 것은 사실상 불가능하다.

따라서 사채발행회사와 사채권자와의 사이에 신탁회사를 개입시켜 신탁계약을 체결하게 하고, 그 신탁계약에 따라서 수탁회사는 물적담보권을 취득하고 이것을 모든 사채권자를 위하여 보존하고 실행할 의무를 부담하며, 모든 사채권자는 수익자로서 각자의 채권액에 따라 평등하게 담보의 이익을 향수하도록 한 것을 담보부사채라고 한다. 이에 대해서는 담보부사채신탁법에서 규정하고 있다.

**전환사채와 신주인수권부사채의 비교**

| 구 분 | 전환사채(CB) | 신주인수권부사채(BW) |
|---|---|---|
| 의 의 | 사채로 발행되나 일정한 기간이 경과한 후 사채권자의 청구가 있을 때 일정한 조건에 따라 발행회사의 주식으로 전환할 수 있는 사채 | 사채권자에게 일정한 기간이 경과한 후 정해진 가격으로 발행회사의 일정 수의 신주를 인수할 수 있는 신주인수권이 부여된 사채 |
| 주식을 취득하는 권리의 내용 | 사채를 발행회사의 신주로 전환하는 권리 | 사채발행회사의 신주를 인수하는 권리 |
| 신주취득의 한도 | 사채금액과 같은 금액 | 사채금액의 범위 내에서 취득 |
| 주식대금 납입금 | 사채금액으로 대체 | 회사가 정하는 금액을 납입 |
| 권리행사 후 사채존속 | 사채권이 소멸됨 | 사채권이 원칙적으로 존속함 |
| 발행금리 | 보통사채나 신주인수권부사채보다 낮음 | 보통사채와 전환사채의 중간형태 |
| 장 점 | (1) 발행회사<br>· 보통사채보다 저렴한 비용으로 자금조달이 용이함<br>· 주식으로 전환될 경우 상환부담이 줄어 재무구조개선의 효과가 있음<br>(2) 투자자<br>· 안정성과 수익성을 겸비<br>· 장기보유 도중 현금화할 수 있는 투자수단 | (1) 발행회사<br>· 신주인수권을 행사하더라도 사채는 존속하면서 추가자금이 납입되어 새로운 자금조달을 도모함<br>· 사채시장 악화시에도 사채발행이 용이함<br>(2) 투자자<br>· 사채의 이자소득과 주식의 배당소득을 동시에 추구함<br>· 보통주주에 우선하여 투자자금을 회수할 수 있음 |
| 단 점 | (1) 발행회사<br>· 지분변동으로 경영권이 위협될 수 있음<br>(2) 투자자<br>· 주가하락시 전환권행사를 못할 가능성이 있음 | (1) 발행회사<br>· 대주주지분율이 하락되어 경영권이 위협을 받을 수 있음<br>(2) 투자자<br>· 주가하락시 신주인수권행사를 못할 가능성이 있음 |

### 4. 이익참가부사채(PB: Participating Bond)

이익참가부사채는 사채권자가 일정한 원리금을 받을 수 있는 권리뿐만 아니라 이익배당에도 참가할 수 있는 권리가 부여된 사채(상 제469조 제2항 제1호)로서 이는 회사의 영업실적에 따라 사채권자가 이익배당에도 참가할 수 있기 때문에 기존의 주주가 이익배당에 있어 손해를 볼 염려가 있다.

따라서 이익참가부사채의 발행은 주권상장법인에 대해서만 허용되고 엄격한 절차를 요구하고 있다(자본시장법 제165조의 11 제1항, 동법 시행령 제176조의 12).

### 5. 교환사채(EB: Exchangeable Bond)

교환사채는 사채발행회사가 소유하고 있는 주식이나 그 밖의 다른 유가증권으로 교환 또는 상환할 수 있는 사채(상 제469조 제2항 제2호)로서 주권상장법인에 한하여 이사회의 결의로 발행할 수 있도록 하고 있다(자본시장법 제165조의 11 제1항, 동법시행령 제176조의 13).

교환사채는 주식으로 교환할 수 있다는 점에서는 전환사채와 유사하지만 전환사채의 경우는 전환의 청구가 있으면 신주를 발행하여 교부하는 데 비해 교환사채는 채권자의 교환청구가 있으면 기존의 발행주식을 교부한다는 점에서 구별된다.

## 제7절 정관의 변경

### Ⅰ. 주식회사 정관변경의 의의

정관의 변경이란 회사의 조직과 활동에 관한 근본규칙(실질적 의의의 정관)을 변경하는 것을 말한다. 따라서 형식적 의의의 정관인 정관기재의 서면을 변경하는 것은 포함되지 않는다. 그러나 정관변경이 있을 때에는 반드시 정관서면의 변경을 수반한다.

회사는 강행법규 또는 주식회사의 본질에 반하거나 주주의 고유권을 침해하지 않는 한 경제사정이나 영업상황 등의 변화에 따라 자유롭게 정관을 변경할 수 있다. 비록 원시정관에 정관의 변경금지를 정한 경우라도 정관변경의 절차에 의하여 변경할 수 있다.

## Ⅱ. 주식회사 정관변경의 절차

### 1. 주주총회의 특별결의

정관의 변경은 주주총회의 특별결의가 필요하다. 이를 위한 주주총회소집통지와 공고에는 의안의 요령을 기재하여야 한다(상 제433조 1항·2항, 상 제434조). 그러나 정관의 기재사항 중 본점소재지와 같이 사실에 기초를 둔 것은 사실의 변경에 따라 당연히 변경되므로 주주총회의 결의를 요하지 않는다. 한편 정관변경은 주주총회의 전속사항이므로, 이를 다른 기관에 위임할 수 없다.

### 2. 종류주주총회의 결의

회사가 종류주식을 발행한 경우에, 정관의 변경이 어느 종류의 주주에게 손해를 줄 수 있는 경우에는 주주총회의 결의 외에 그 종류의 주주총회의 특별결의가 있어야 하는데, 이는 출석한 종류주주의 의결권의 3분의 2 이상의 수와 그 종류의 발행주식 총수의 3분의 1 이상의 수로 의결하여야 한다(상 제435조 1항·2항).

### 3. 등　　기

정관의 변경 그 자체는 등기를 요하지 아니하나, 등기사항인 정관의 규정을 변경하는 때에는 변경등기를 하여야 한다.

## Ⅲ. 주식회사 정관변경의 효력

정관의 변경은 원칙적으로 주주총회결의가 있었던 때에 즉시 그 효력이 발생한다. 정관변경의 소급효는 허용되지 않으며, 정관변경의 효력의 발생을 조건부 또는 기한부로 하는 것은 허용된다고 본다.

## Ⅳ. 발행예정주식 총수의 변경

발행예정주식 총수는 정관의 절대적 기재사항이므로(상 제289조 1항), 이것을 변경하려면 정관변경절차를 밟아야 하는데, 그 증가의 폭에는 아무런 제한이 없다. 발행예정주식 총수의 변경은 변경등기를 하여야 한다(상 제317조 2항, 제183조).

# 제8절 자본금의 감소

## Ⅰ. 자본금감소의 의의

자본금의 감소란 회사의 자본금을 일정한 방법에 의하여 감소하는 것을 말한다. 자본금의 감소에는 실질상의 자본금감소와 계산상의 자본금감소가 있다. 실질상의 자본금감소는 회사의 자본금규모를 줄이고 이익배당률을 높이기 위하여 법률상 자본금을 감소함에 따라 실질적으로 회사의 재산도 그만큼 감소하는 것을 말하고, 계산상의 감소는 회사재산액과 자본금액을 일치시키기 위하여 이미 감소된 회사의 재산에 맞추어 법률상 형식적으로 자본금감소절차를 밟는 경우를 말하며, 명목상의 자본금감소라고도 한다.

주식회사의 자본금감소는 주주나 회사채권자에게 손해를 입힐 수 있다. 따라서 이들의 이익보호가 고려되어야 한다.

## Ⅱ. 자본금감소의 방법

### 1. 주금액의 감소

주식의 액면금액을 감소시키는 방법은 삭감과 환급의 두 가지가 있는데, 삭감이란 이미 납입된 주금액의 일부를 주주의 손실로 하여 삭제하는 방법이고, 환급이란 납입된 주금액의 일부를 주주에게 반환하는 방법이다.

### 2. 주식수의 감소

#### (1) 주식의 소각

주식의 소각은 특정한 주식을 소멸시키는 방법인데 주주의 승낙 여부에 따라 임의소각과 강제소각으로 나뉘고, 주주에게 대가의 지급 여부에 따라 유상소각과 무상소각으로 나뉜다.

#### (2) 주식의 병합

주식의 병합이란 수개의 주식을 합쳐서 그보다 소수의 주식으로 하는 방법을 말한다.

## Ⅲ. 자본금감소의 절차

### 1. 감자결의

자본금감소는 주주총회의 특별결의에 의해서만 할 수 있으며(상 제438조 1항), 이 결의에서 자본금감소의 뜻과 감소하는 자본금의 액수 및 감소방법 등을 결정하여야 한다(상 제439조 1항). 그러나 자본금감소에 대한 요강을 총회에서 결정한 이상 그 실행방법의 세부적인 내용은 이사회에 위임할 수 있다.

### 2. 채권자보호절차

#### (1) 공고 및 최고

회사는 주주총회의 감자결의가 있은 날로부터 2주간 내에 1개월 이상의 기간을 정하여 회사채권자에 대하여 일정한 기간 내에 자본금감소에 대한 이의를 제출해 줄 것을 공고하고, 회사가 알고 있는 채권자에 대해서는 개별적으로 최고하여야 한다(상 제439조 2항, 제232조 1항). 채권자가 이의기간 내에 이의를 제출하지 아니한 때에는 자본금감소를 승인한 것으로 본다.

#### (2) 담보제공

자본금감소결의에 대하여 이의를 제출한 자에 대하여 회사는 그 채무를 변제하거나 상당한 담보의 제공 또는 이를 목적으로 상당한 재산을 신탁회사에 신탁하여야 한다(상 제439조 2항, 제232조 3항). 다만, 결손의 보전을 위하여 자본금을 감소하는 경우에는 그러하지 아니하다(상 제439조 2항).

#### (3) 사채권자집회

사채권자가 자본금감소에 대한 이의를 제출하는 경우에는 사채권자집회의 결의가 있어야 하는데, 이 경우 법원은 이해관계인의 청구에 의하여 사채권자를 위하여 이의제기기간을 연장할 수 있다(상 제439조 3항).

### 3. 자본금감소의 등기

자본금감소로 인하여 등기사항에 변동이 생기므로(상 제317조 2항) 변경등기를 하여야 한다(상 제317조 3항, 제183조). 그러나 이 등기가 자본금감소의 효력발생요건은 아니다.

## Ⅳ. 자본금감소의 효력 및 무효

### 1. 자본금감소의 효력발생시기

채권자보호절차와 자본금감소의 실행절차가 종료하면 즉시 자본금감소의 효력이 발생한다. 따라서 주식의 소각이나 병합의 경우에는 주권제출기간이 만료되었다 하더라도 채권자보호절차가 종료하지 아니한 때에는 그 절차가 종료한 때에 효력이 발생한다(상 제441조). 임의소각의 경우는 회사가 소각을 위하여 취득한 주식을 소멸시킨 때, 그리고 주금액감소의 경우에는 회사의 의사표시가 모든 주주에게 도달한 때 효력이 생긴다고 본다.

### 2. 자본금감소의 무효

#### (1) 자본금감소무효의 의의

자본금감소는 주주, 회사채권자 및 기타 이해관계인에게 중대한 영향을 미치므로 그 내용이나 절차에 하자가 있으면 당연히 무효로 될 것이지만 상법은 법률관계의 획일적 확정을 위하여 소로써만 자본금감소의 무효를 주장할 수 있도록 하고 있다(상 제445조).

#### (2) 자본금감소무효의 원인

자본금감소의 절차 또는 내용에 하자가 있는 경우이다. 예컨대 자본금감소에 관한 주주총회의 결의에 무효 또는 취소의 원인이 있는 경우, 채권자보호절차를 거치지 아니하였거나 법정기간을 준수하지 아니한 경우, 자본금감소의 방법이 주주평등의 원칙에 반하는 경우 등이다.

#### (3) 자본금감소무효의 소

자본금감소의 무효의 소는 주주, 이사, 감사, 청산인, 파산관재인 또는 자본금감소를 승인하지 아니한 회사의 채권자에 한하여 감소에 대한 변경등기가 있은 날로부터 6월 내에 제기할 수 있다(상 제445조). 이 소의 피고는 회사이다.

소의 관할 · 소제기의 공고 · 소의 병합심리 · 하자의 보완 등과 법원의 재량기각권, 패소원고의 책임, 무효판결의 등기 등에 관해서는 신주발행무효의 소에서와 같다(상 제446조). 제소자의 담보제공의무에 관해서는 주주총회결의취소의 소에 관한 규정을 준용한다(상 제446조, 제377조).

(4) 자본금감소무효판결의 효력

자본금감소무효판결이 원고의 승소로 확정되면 그 효력은 당사자뿐만 아니라 제3자에게도 미치며, 자본금감소는 소급하여 무효로 된다(상 제446조, 제190조 본문). 따라서 자본금감소에 의하여 감축 또는 소멸된 주주의 권리는 원상태로 회복된다.

원고패소로 확정되면 원고에게 악의 또는 중과실이 있는 경우에 한하여 원고는 회사에 대하여 연대하여 손해배상책임을 부담한다(상 제446조, 제191조).

## 제9절 주식회사의 회계

### Ⅰ. 주식회사 회계의 중요성

주식회사는 영리단체인 동시에 자본금단체인 까닭으로 회사의 손익계산관계나 재산의 처리방법에 관하여는 진실·적정·명료하게 할 필요가 있다. 따라서 상법은 강제규정으로써 회사의 채권자를 보호하고 일반주주의 이익과 회사 자체의 건전한 발전을 도모하고 있다. 한편 개정상법은 회사의 회계는 상법과 대통령령으로 규정한 것을 제외하고는 일반적으로 공정하고 타당한 회계관행에 따른다(상 제446조의 2)는 회계원칙을 규정하고 있다.

### Ⅱ. 재무제표

#### 1. 재무제표의 의의

상법상 재무제표란 주식회사의 결산을 위해 작성하고 주주총회의 승인을 받아 확정되는 회계서류를 말한다.

재무제표로는 대차대조표, 손익계산서, 그 밖에 회사의 재무상태와 경영성과를 표시하는 것으로서 대통령령으로 정하는 서류 등을 들 수 있다(상 제447조 1항). 한편 대통령령으로 정하는 회사의 이사는 연결재무제표를 작성하여 이사회의 승인을 받아야 한다(상 제447조 2항). 영업보고서는 전 영업연도의 영업의 경과나 상황의 설명서로서 재무제표는 아니고 주주총회에 보고할 서류이다(상 제447조의 2, 제449조 2항). 기업회계기준상의 재무제표에는 현금흐름표도 포함되지만 상법에서는 제외된다.

### 2. 재무제표의 승인절차

#### (1) 작성 · 제출

이사는 결산기마다 재무제표 등의 계산서를 작성하여 이사회의 승인을 얻어 정기주주총회 회일의 6주 전에 감사에게 제출하여야 한다(상 제447조, 제447조의 2 제1항, 제447조의 3).

#### (2) 감 사

감사는 이사로부터 재무제표 등의 서류를 받은 날로부터 4주 내에 법정기재사항을 기재한 감사보고서를 이사에게 제출하여야 한다(상 제447조의 4 제1항).

#### (3) 공 시

이사는 정기주주총회 회일의 1주 전부터 대차대조표, 영업보고서, 감사보고서를 본점에 5년간, 그 등본을 지점에 3년간 비치하여야 하며, 주주와 회사채권자는 영업시간 내에는 언제든지 그 비치된 서류의 열람 및 등본이나 초본의 교부를 청구할 수 있다(상 제448조 1항 · 2항).

#### (4) 승 인

재무제표의 승인은 정기주주총회의 보통결의로 하는데 그 효과는 그 연도의 재무제표의 확정, 2년 내에 다른 결의가 없으면 이사와 감사의 책임의 해제를 의제(상 제450조), 구체적인 배당금지급청구권의 발생 등이다.

## Ⅲ. 준 비 금

### 1. 준비금의 의의

준비금은 자본금액을 초과하는 회사의 순재산액을 주주에게 배당하지 않고 일정한 목적을 위하여 보유하여 두는 금액으로서 적립금이라고도 한다.

## 2. 준비금의 종류

### (1) 법정준비금

법정준비금은 자본금의 결손전보를 하기 위하여 법률에 의하여 그 적립이 강제되는 준비금으로서 회사와 영업거래에서 발생한 이익의 10분의 1 이상을 자본금의 2분의 1에 달할 때까지 적립해야 하는 이익준비금(상 제458조)과 자본거래에서 발생한 잉여금을 대통령령으로 정하는 바에 따라 적립하는 자본준비금(상 제459조)이 있다.

### (2) 임의준비금

임의준비금은 회사의 정관 또는 주주총회의 결의에 의하여 적립하는 준비금으로서 일반적으로 장래의 사업확장, 배당의 평준화, 사채의 상환, 손실의 전보, 주식의 소각 등에 대비하여 법정준비금을 공제한 잔여이익에서 적립하게 된다.

## 3. 준비금의 용도

법정준비금은 자본금의 결손보전에 충당하는 경우 외에는 처분하지 못하는 것이 원칙이고(상 제460조), 임의준비금의 용도는 정관의 규정 또는 주주총회의 결의로 정할 수 있다.

### (1) 자본금의 결손보전

자본금의 결손보전이란 회사의 순자산액이 법정준비금의 합계액에 미달되는 경우에 회계처리상 대차대조표상의 부채계정에서 법정준비금액을 감하고 그 대신에 자산의 계정에서 손실액을 감하는 것을 말한다.

### (2) 법정준비금의 자본금전입

① 의 의

법정준비금의 자본금전입이란 회사의 회계처리상 준비금계정에 속하는 금액을 자본금계정으로 이체하는 것이다. 즉 준비금의 자본금화를 의미한다.

자본준비금의 적립한도에 대해서는 제한이 없으므로(상 제459조), 자본금과 준비금간의 대단한 불균형이 발생할 수 있는데, 이 때 준비금을 자본금으로 전입함으로써 자본금구성의 균형을 유지하려는 데 준비금을 자본금전입하는 목적이 있다.

② 자본금전입의 결정

준비금의 전부 또는 일부의 자본금전입의 결정은 주주총회의 결의에 의한다는 정관규정이 없는 한 이사회의 결의로 한다(상 제461조 1항). 이사회에서 신주배정일을 정한 때에는 이를 공고하여야 한다(상 제461조 3항).

③ 자본금전입의 시기 · 효력

이사회 또는 주주총회는 언제든지 자본금전입의 결의를 할 수 있으며, 영업연도의 중간이라도 상관이 없다.

자본금전입의 효력은 이사회에서 정한 신주배정일이나 주주총회의 결의가 있은 때에 발생하는 것이 원칙이다(상 제461조 3항 · 4항). 다만 그 결의에 조건이나 기한을 붙인 경우는 그 조건이 성취되거나 기한이 도래한 때에 효력이 발생한다.

종전의 주식의 질권자는 질권설정주주가 받을 신주와 단주의 처분에 의한 매득금에 대하여 물상대위권을 행사할 수 있다(상 제461조 7항, 제339조).

④ 자본금전입에 관한 통지 · 공고 및 등기

이사는 자본금전입에 관한 결의가 있으면 지체없이 신주를 받을 주주와 주주명부에 기재된 질권자에 대하여 그 주주가 받을 신주의 종류와 수를 통지하고, 무기명주권을 발행한 경우는 이사회 또는 주주총회결의의 내용을 공고하여야 한다(상 제461조 5항), 또 준비금의 자본금전입에 의하여 자본금액과 발행주식의 총수가 증가하므로, 소정의 변경등기를 하여야 한다.

### 4. 준비금의 감소

회사는 적립된 자본준비금 및 이익준비금의 총액이 자본금의 1.5배를 초과하는 경우에 주주총회의 결의에 따라 그 초과한 금액 범위에서 자본준비금과 이익준비금을 감액할 수 있다(상 제461조의 2).

## Ⅳ. 이익배당

### 1. 이익배당의 의의

회사의 영업으로 발생한 이익을 주주총회의 결의로 주주에게 분배하는 것을 이익배당이라고 한다. 이는 청산절차를 거쳐 잔여재산을 분배하는 방법에 의할 수도 있으나, 정기적으로 결산을 행하여 당기의 이익을 분배하는 방법이 일반적이다.

### 2. 이익배당의 요건

이익배당을 하려면 실질적으로 배당할 수 있는 이익이 존재하여야 한다(상 제462조 1항). 여기서 배당가능한 이익이란 대차대조표상의 순자산액으로부터 자본금의 액, 그 결산기까지 적립된 자본준비금과 이익준비금의 합계액, 그 결산기에 적립해야 할 이익준비금의 액, 대통령령으로 정하는 미실현이익을 공제하고 남은 금액을 말한다.

자본금의 결손 또는 대차대조표상의 손실이 있는 때에는 이익배당을 할 수 없다.

### 3. 이익배당의 결정

이익배당을 위해서는 주주총회의 승인결의가 있어야 한다. 결산기에 이익배당을 위한 주주총회에서 재무제표 승인결의가 있으면(상 제449조 1항), 각 주주는 구체적으로 배당금지급청구권을 취득한다. 다만 재무제표를 이사회가 승인하는 경우에는 이사회의 결의로 정한다(상 제462조 2항).

### 4. 이익배당의 방법

#### (1) 기　준

주주총회의 배당결의시를 기준으로 그 당시 주주명부상에 기재되어 있는 주주를 대상으로 각 주주가 가진 주식의 수에 따라 평등하게 이익을 배당하여야 한다(상 제464조). 그러나 배당내용이 다른 종류주식을 발행한 경우에는 차등을 둘 수 있다(상 제464조 단서).

신주가 발행된 경우에는 주주총회의 결의에 따라 신주의 효력발생일로부터 결산기까지의 일수에 비례하여 이익배당을 하는 이른바 일할배당이 관행으로 되어 있다.

#### (2) 배당금과 그 지급시기

이익배당은 영업연도 말의 대차대조표상의 발생이익만으로 하여야 하며, 정기주주총회에서 재무제표를 승인하면서 배당금의 지급시기를 정한 경우에는 그 지급시기에 지급하여야 하고, 그렇지 않은 경우는 정기주주총회가 재무제표를 승인하는 결의가 있은 날로부터 1월 이내에 배당금을 지급하여야 한다(상 제464조의 2 제1항). 주주의 배당금지급청구권은 5년간 행사하지 아니하면 소멸시효가 완성한다(상 제464조의 2 제2항).

### 5. 위법배당의 효과

이익배당의 요건, 기준, 절차 등에 있어서 하자가 있어 그 배당이 위법한 경우에는 당연무효이다. 따라서 주주는 위법배당액을 부당이득으로서 회사에 반환할 의무를 부담한다. 뿐만 아니라 회사 또는 회사채권자는 위법한 배당을 받은 주주에 대하여 부당이득반환을 청구할 수 있다(상 제462조 3항, 민 제741조).

## Ⅴ. 주식배당

### 1. 주식배당의 의의 및 기능

주식배당이란 이익배당을 금전에 갈음하여 새로이 발행하는 주식으로 분배하는 경우를 말한다(상 제462조의 2 제1항). 주식배당은 현금을 지출하는 것이 아니므로 배당할 현금을 사내에 유보하는 기능을 가진다.

### 2. 주식배당의 요건

회사가 주식으로 이익배당을 하고자 하는 경우는 주주총회의 보통결의가 있어야 한다(상 제462조의 2 제1항). 또한 주식배당은 사실상 이익배당의 일종이므로 실질적으로 배당가능한 이익이 있어야만 그에 대한 새로운 주식을 발행하여 배당할 수 있다.

주가가 액면가에 미치지 못하는 경우 회사가 주식배당을 악용함으로써 주주에게 손해를 입힐 수 있기 때문에 상법은 이익배당 총액의 2분의 1을 초과하지 않는 범위 내에서만 주식배당을 허용하고 있다(상 제462조의 2 제1항).

주식배당은 주주에게 새로운 주식을 발행하는 것이므로 회사가 주식배당을 하는 경우에는 발행예정주식 중에 주식배당으로 발행할 주식의 수가 남아 있어야 한다.

## 3. 주식배당의 절차

### (1) 통지 및 공고

주식배당에 관한 주주총회결의가 있는 때에는 이사는 지체없이 주식배당을 받을 주주와 주주명부에 기재된 질권자에게 그 주주가 받을 주식의 종류와 수를 통지하고, 무기명주권을 발행한 경우에는 주주총회의 주식배당에 관한 결의의 내용을 공고하여야 한다(상 제462조의 2 제5항).

### (2) 신주의 발행가액

신주의 발행가액은 주식의 권면액으로 하며, 회사가 종류주식을 발행한 경우는 각각 그와 같은 종류의 주식으로 할 수 있다(상 제462조의 2 제2항).

### (3) 단주의 처리

주식으로 배당할 이익의 금액 중 주식의 권면액에 미달하는 단주가 있는 때에는 그 단주를 경매하거나 또는 거래소의 시세가 있는 주식은 거래소를 통하여 매각하고, 그리고 거래소의 시세 없는 주식은 법원의 허가를 받아 경매 외의 방법으로 매각하여 각 단주에 따라 주주에게 그 대금을 지급한다(상 제462조의 2 제3항, 제443조1항).

## 4. 주식배당의 효과

### (1) 효력발생시기

주식배당을 받은 주주는 주식배당결의가 있는 주주총회가 종결한 때에 신주의 주주가 된다(상 제462조의 2 제4항). 그러나 이익이나 이자의 배당에 관하여는 정관의 규정으로 직전 영업연도 말에 발행된 것으로 볼 수 있다.

### (2) 주권의 발행

회사는 신주발행의 효력발생 후 지체없이 주권을 발행하여 주주에게 교부하여야 하며(상 제355조), 질권자에게는 주주가 받을 신주에도 질권을 가진다(상 제462조의 2 제6항).

### (3) 무효 및 유지청구권

위법한 주식배당에 대하여는 신주발행의 무효를 주장할 수 있고(상 제429조), 주식을 배당하기 전에는 신주발행의 유지청구가 가능하다(상 제424조).

### (4) 손해배상 및 처벌

이사와 감사의 위법한 주식배당에 관한 손해배상책임 및 처벌에 관한 내용은 이익배당의 경우와 같다(상 제399조, 제414조, 제625조 제3호).

## Ⅵ. 중간배당

### 1. 중간배당의 의의와 취지

이익의 배당은 매결산기에 대차대조표상에 이익이 발생한 때 1회로 하는 것이 원칙이지만 이사회의 결의가 있는 경우에는 영업연도 중에 1회에 한하여 주주에게 이익을 배당할 수 있는데 이를 중간배당이라 한다(상 제462조의 3 제1항). 이 제도는 투자자를 보호하고 재무정책을 지원하기 위한 것이다.

### 2. 중간배당의 요건

#### (1) 중간배당이 가능한 이익의 존재

중간배당을 하기 위해서는 실질적으로 중간배당을 할 수 있는 이익이 존재하여야 한다(상 제462조의 3 제2항). 여기서 중간배당가능이익이란 직전 결산기의 대차대조표상의 순자산액으로부터 직전 결산기의 자본금의 액, 직전 결산기까지 적립된 자본준비금과 이익준비금의 합계액, 직전 결산기의 정기총회에서 이익으로 배당하거나 또는 지급하기로 정한 금액, 중간배당에 따라 당해 결산기에 적립하여야 할 이익준비금을 공제하고 남은 금액을 말한다.

그러나 위와 같은 한도액의 범위에 해당하더라도 당해 결산기의 이익배당이 불가능하게 될 우려가 있는 경우에는 중간배당을 할 수 없다(상 제402조의 3 제3항).

#### (2) 정관의 규정과 이사회결의

중간배당을 위해서는 정관에 중간배당을 허용하는 규정이 있어야 하고, 또한 이사회의 중간배당에 관한 결의가 있어야 한다(상 제462조의 3 제1항).

### 3. 중간배당의 방법

#### (1) 기 준

중간배당은 정관의 규정에 따라 이사회가 정한 날을 기준으로 당시의 주주명부에 기재된 주주를 대상으로 각 주주가 가진 주식수의 비율에 따라 평등하게 배당하여야 한다. 그러나 종류주식을 발행한 경우에는 차등을 둘 수 있다(상 제402조의 3 제1항 · 제5항, 제464조).

#### (2) 중간배당금과 그 지급시기

중간배당은 영업연도 중 1회에 한하여 금전으로만 할 수 있으며(상 제462조의 3 제1항), 중간배당에 관한 이사회결의가 있은 날로부터 1월 이내에 지급하여야 하나 이사회에서 그 지급시기를 따로 정한 경우에는 그에 의한다(상 제464조, 제464조의 2 제1항).

### 4. 위법한 중간배당의 효과

중간배당이 한도액을 초과한 배당의 경우 이익배당과 마찬가지로 회사의 채권자는 위법한 중간배당으로 받은 금액을 회사에 반환할 것을 청구할 수 있다. 그리고 이사 · 감사는 법령 · 정관의 위반으로 인한 임무해태로 인하여 위법한 중간배당에 따른 회사의 손해가 있는 때에는 연대하여 손해배상책임을 진다.

## Ⅶ. 현물배당

### 1. 현물배당의 의의와 취지

현물배당이란 금전과 주식배당 이외의 경제적 가치가 있는 재산으로 배당을 하는 것이다(상 제462조의 4). 이 제도는 회사로 하여금 배당의 대상을 폭넓게 선택할 수 있게 하기 위한 것이다.

### 2. 현물배당의 요건

현물배당을 하려면 정관에 근거규정이 있어야 한다(상 제462조의 4 제1항). 금전 이외의 재산에는 물품 등의 동산, 자기주식 또는 회사채 등의 유가증권이 모두 포함될 것이다.

### 3. 현물배당의 방법

현물배당을 하는 경우 주주평등의 원칙을 따라야 하며, 주주에게 동일한 종류의 현물로 배당하여야 한다. 그러나 주주가 금전지급을 청구하는 경우와 배당금이 현물의 최소단위에 미달하는 경우에는 회사는 금전지급을 정할 수 있다(상 제462조의 4 제2항).

## Ⅷ. 주주의 경리검사권

### 1. 재무제표 등의 열람권

주주는 누구나 회사의 업무와 재무상태를 정확히 파악하기 위하여 이사가 정기주주총회회일의 1주일 전부터 본점·지점에 비치하는 재무제표와 그 부속명세서, 영업보고서 및 감사보고서를 영업시간 내에는 언제든지 열람할 수 있고 그 등본이나 초본의 교부를 청구할 수 있다(상 제448조 1항·2항). 이러한 주주의 권리는 고유권으로서 정관으로도 제한하거나 박탈할 수 없다.

### 2. 회계장부열람권

발행주식 총수의 100분의 3 이상의 주식을 소유한 소수주주는 회사에 대하여 서면에 의하여 회계장부와 영수증, 계약서 등의 서류에 대한 열람 및 등사를 청구할 수 있으며, 회사는 주주의 청구가 부당함을 증명하지 아니하면 이를 거부하지 못한다(상 제466조 1항·2항).

### 3. 검사인의 선임청구권

회사의 업무집행에 관하여 부정행위 또는 법령이나 정관에 위반한 중대한 사실이 있다고 의심할 만한 사유가 있는 때에는 발행주식 총수의 100분의 3 이상에 해당하는 주식을 가진 주주는 회사의 업무 및 재산상태를 조사하게 하기 위하여 법원에 검사인의 선임을 청구할 수 있다(상 제467조 1항). 이렇게 선임된 검사인의 검사 결과에 따라 주주는 이사를 해임하거나 손해배상을 청구하는 등 적절한 대책을 강구하여 그 권익을 보호할 수 있다.

## Ⅸ. 이익공여의 금지

### 1. 이익공여금지의 의의

주주의 권리행사 여부나 그 행사방법에 관하여 이익을 제공하여 주주의 발언을 방해하거나 주주총회를 교란시키는 폐단을 방지하기 위하여 회사는 누구에게든지 주주의 권리행사와 관련하여 재산상의 이익을 공여하지 못한다(상 제467조의 2 제1항). 여기서 이익공여자는 회사에 한하며, 이익공여의 상대방은 제한이 없고, 반드시 주주에 한하지 않는다.

### 2. 이익공여의 추정

회사가 특정의 주주에 대하여 무상으로 재산상의 이익을 공여한 것은 물론 유상으로 재산상의 이익을 공여한 경우라도 회사가 얻은 이익이 공여한 이익에 비하여 현저하게 적은 때에는 주주의 권리행사와 관련한 이익의 공여로 추정된다(상 제467조의 2 제2항).

### 3. 이익공여의 반환의무

이익공여금지규정을 위반하여 회사로부터 재산상의 이익을 공여받은 자는 그 이익을 회사에 반환하여야 하며, 이 경우 회사에 대하여 대가를 지급한 것이 있는 때에는 그 반환을 받을 수 있다(상 제467의 2 제3항). 반환청구는 회사가 대표이사를 통하여 스스로 할 수도 있으나, 소수주주의 대표소송도 인정된다(상 제467조의 2 제4항, 제403조~제406조).

### 4. 이익공여금지 위반의 효과

회사의 이사, 집행임원, 감사위원회 위원, 감사, 감사의 직무대행자, 지배인 기타 사용인이 주주의 권리행사와 관련하여 회사의 계산으로 재산상의 이익을 공여한 때에는 회사에 대하여 손해배상책임과 더불어 형벌의 제재를 받으며, 이러한 재산상의 이익을 받거나 제3자에게 이를 공여하게 한 자도 함께 형사책임을 진다(상 제634조의 2 제1항 · 제2항).

## X. 사용인의 우선변제권

신원보증금의 반환을 받을 채권 기타 회사와 사용인간의 고용관계로 인한 채권자는 회사의 총재산에 대하여 우선변제를 받을 권리를 인정하였다. 그러나 질권·저당권이나 동산·채권 등의 담보 등에 관한 법률에 따른 담보권에 우선하지 못한다(상 제468조).

CHAPTER

# 03 합명회사

## Ⅰ. 합명회사의 의의

합명회사는 2인 이상의 무한책임사원만으로 구성되고 사원들 간의 신뢰관계를 극히 중요시하는 사단법인으로서 전형적인 인적회사이다.

합명회사는 출자재산보다는 구성원들의 신뢰관계와 개성을 중요시하는 회사로서 사원과 별개의 독립된 법인격이 인정되지만 회사의 재산으로서 회사의 채무를 완전히 변제하지 못하는 경우는 그 사원들이 개별적으로 직접·연대·무한의 책임을 진다. 따라서 서로 신뢰할 수 있는 가족·친족이나 지인들 간에 조직되는 회사의 형태이다.

## Ⅱ. 합명회사의 설립

### 1. 합명회사의 정관작성

합명회사의 설립에는 2인 이상의 사원이 공동으로 정관을 작성하여야 한다(상 제178조). 이 경우 사원은 자연인에 한하고 모두 무한책임사원이어야 한다.

정관에는 절대적 기재사항으로서 목적, 상호, 사원의 성명·주민등록번호·주소, 사원의 출자의 목적과 그 가격 또는 평가표준, 본점소재지, 정관의 작성연월일을 기재하고, 총사원이 기명날인 또는 서명을 하여야 한다(상 제179조).

상대적 기재사항으로는 일부사원의 업무집행권제한(상 제200조 1항), 대표사원의 특정(상 제207조), 공동대표의 지정(상 제208조), 사원의 퇴사사유(상 제218조), 퇴사사원의 지분환급제한(상 제222조 단서), 회사의 존립기간 및 해산사유(상 제227조) 등이 있다.

### 2. 합명회사의 설립등기

합명회사는 정관을 작성하고 본점소재지에서 등기사항을 등기함으로써

(상 제180조), 법인격을 취득한다(상 제172조).

### 3. 합명회사 설립의 무효와 취소

#### (1) 의 의

합명회사의 설립과정에 일정한 하자가 있는 경우에는 이해관계인은 회사성립의 날로부터 2년 이내에 소로써만 설립무효 또는 설립취소를 주장할 수 있다(상 제184조 1항).

#### (2) 제소권자

합명회사의 설립무효의 소를 제기할 수 있는 자는 사원에 한하고(상 제184조 1항), 설립취소의 소에 있어서는 무능력자 또는 하자 있는 의사표시를 한 자와 대리인 또는 승계인이 제소할 수 있으며(상 제184조 2항, 민 제140조), 사해설립의 경우는 그 사원의 채권자도 소를 제기할 수 있다(상 제185조).

#### (3) 원 인

① 무효원인

합명회사의 무효원인으로는 정관의 절대적 기재사항의 흠결, 설립목적이 반사회적이거나 불법적인 경우 등의 객관적인 하자 외에 사원의 의사무능력, 비진의의사표시, 통정허위표시 등 주관적 사정에 의한 하자를 들 수 있다.

② 취소원인

합명회사의 취소원인으로는 사원의 행위무능력이나 착오, 사기·강박 등 하자 있는 의사표시에 의해 일정한 사원이 그 채권자를 해할 목적으로 강제집행을 면하거나 재산을 은닉하기 위한 수단으로 회사를 설립(채권자사해설립)한 경우 등을 들 수 있다.

#### (4) 설립의 무효·취소와 회사의 계속

설립무효 또는 취소의 판결이 확정된 경우에 설립무효 또는 취소의 원인이 특정한 사원에 한한 것인 때에는 다른 사원 전원의 동의로써 회사를 계속할 수 있다(상 제194조 1항).

무효 및 취소판결의 효과는 당사자뿐만 아니라 제3자에 대하여도 유효하다. 그러나 소급효는 인정되지 않는다(상 제190조). 이 경우 해산의 경우에 준하여 청산절차에 들어간다.

설립무효 및 취소의 소를 제기한 자가 패소한 경우에 악의 또는 중대한 과실이 있는 때에는 회사에 대하여 연대하여 손해배상책임을 부담한다(상 제191조).

## Ⅲ. 합명회사의 내부관계

### 1. 사원의 출자의무 및 지분

#### (1) 사원의 출자의무

합명회사의 모든 사원은 회사에 대하여 출자를 할 의무를 지는데, 이 의무는 회사의 성립 또는 입사에 의하여 발생한다. 출자에는 재산출자와 노무출자 및 신용출자가 있다(상 제222조).

사원이 출자의무를 위반하면 강제집행 등 채무불이행에 대한 일반적인 효과 이외에 제명될 수도 있으며, 또한 업무집행권 및 대표권의 상실사유가 된다(상 제220조 1항, 제205조, 제216조).

#### (2) 출자의 방법

사원의 출자는 일시에 전부 출자하는 것이 원칙이고, 분할출자의 특약도 할 수 있다.

사원의 출자의무의 이행시기 및 방법은 정관으로 정하는 것이 일반적이며, 정관에 이에 대한 정함이 없는 경우는 회사의 일반적인 업무집행방법에 의한다.

### 2. 사원의 지분

#### (1) 사원의 지분의 의의

합명회사의 사원의 지분에는 두 가지 뜻이 있다. 그 하나는 사원권을 뜻하며, 다른 하나는 회사해산 또는 퇴사의 경우 사원이 사원자격에 기하여 회사에 대하여 청구하거나 지급할 계산상의 수액을 뜻한다.

#### (2) 지분의 양도

지분의 양도란 사원권을 계약에 의하여 이전하는 것을 말한다. 이 때 자신의 지분을 양도하고자 하는 사원은 다른 사원 전체의 동의를 얻어야 한다(상 제197조). 또한 지분양도의 효력을 제3자에게 대항하기 위해서는 정관변경의 등기를 하여야 한다.

### (3) 지분의 입질과 압류

합명회사의 사원의 지분도 다른 사원 전체의 동의를 얻으면 권리질의 목적이 될 수 있다고 본다.

그리고 사원의 채권자는 사원의 지분을 압류할 수 있는데, 이 경우에 장래의 이익배당과 지분환급청구권에 대하여도 압류의 효력이 미친다(상 제223조). 또한 사원의 지분을 압류한 채권자는 회사와 그 사원에게 6개월 전에 예고하여 영업연도 말에 그 사원을 퇴사시킬 수 있다(상 제224조 1항). 그러나 사원이 채무를 변제하거나 상당한 담보를 제공한 때에는 퇴사시키지 못한다(상 제224조 2항).

### (4) 지분의 상속

사원의 사망은 퇴사원인이 되므로 그 상속권자는 지분환급청구권을 상속하게 된다. 그러나 정관으로 지분의 상속을 정한 경우는 상속개시일로부터 3월 내에 상속인이 회사에 대하여 피상속인의 권리·의무의 승계 또는 포기의 통지를 발송하여야 하며, 통지 없이 3월을 경과한 때에는 지분상속권을 포기한 것으로 본다(상 제219조 1항·2항).

## 3. 업무집행

### (1) 업무집행기관

합명회사의 각 사원은 모두가 무한책임사원으로 원칙적으로 회사의 업무집행권과 대표권을 가진다(상 제200조 1항). 그러나 정관으로 특정사원만이 업무집행권을 가질 수 있도록 정할 수 있으며(상 제201조 1항), 업무집행사원이 수인인 경우는 그 중에서 정관의 규정이나 총사원의 동의로 대표집행사원을 정할 수 있다(상 제207조 단서). 업무집행사원은 회사와 위임관계가 성립하므로 선관주의의무를 부담한다(상 제195조, 민 제681조).

### (2) 감시기관과 지배인

업무집행권이 없는 각 사원도 무한책임을 지므로 업무집행사원의 업무집행 및 재산상태를 언제든지 검사할 수 있는 감시권을 가진다.

지배인의 선임과 해임에 대해서는 정관으로 정하는 것이 일반적이나, 정관에 다른 정함이 없으면 업무집행사원이 있는 경우에도 총사원의 과반수결의에 의하여야 한다(상 제203조).

### (3) 업무집행방법

각 사원이나 수인의 선임된 업무집행사원이 단독으로 회사의 업무를 집행하는 경우에, 그 집행행위에 대하여 다른 사원이나 다른 업무집행사원의 이의가 있으면 즉시 그 행위를 중지하고 총사원의 과반수 또는 업무집행사원의 과반수결의에 의하여 다시 결정하여야 한다(상 제200조 2항, 제201조 2항).

사원의 의결권은 정관에 다른 규정이 없는 한 1인1표주의에 의하고, 정관으로 공동업무집행사원을 정한 때에는 지체할 염려가 없는 한 그 전원의 동의로 업무를 집행하여야 한다(상 제202조).

## 4. 사원의 경업피지의무와 자기거래의 제한

사원은 다른 사원의 동의가 없으면 자기 또는 제3자의 계산으로 회사의 영업부류에 속하는 거래를 하지 못하며 동종영업을 목적으로 하는 다른 회사의 무한책임사원이나 이사가 되지 못하는 경업피지의무를 부담한다(상 제198조 1항). 이를 위반한 경우 회사는 다른 사원의 과반수결의로 개입권과 손해배상청구권을 행사할 수 있다(상 제198조 2항~4항). 또한 회사는 다른 사원의 과반수의 결의로써 위반행위를 한 사원의 제명, 업무집행권 또는 대표권상실의 선고를 법원에 청구할 수 있다.

그리고 사원이 회사와 거래를 하고자 하는 경우는 다른 사원의 과반수결의가 있는 때에 한하여 할 수 있으며(상 제199조),사원이 이를 위반하는 경우 손해배상책임, 제명, 업무집행권·대표권상실선고청구의 원인이 된다.

## 5. 손익의 분배

합명회사의 손익분배는 정관이나 총사원의 동의로써 자유롭게 결정할 수 있으며, 일반적으로 결산기에 발생한 이익을 배당하거나 손실을 분담시킨다. 그러나 손익의 분배에 관하여 정관에 다른 정함이 없는 경우는 민법의 조합에 관한 규정에 따라 출자액에 비례하여 정하는 것이 원칙이고, 이익 또는 손실에 대한 분배비율을 한쪽에 정한 때에는 그 비율이 이익분배와 손실분담에 공통한 것이라고 추정된다(상 제195조, 민 제711조).

### 6. 정관의 변경

선량한 풍속 기타 사회질서 및 강행규정에 반하지 않는 한 회사의 설립목적, 상호, 출자 등 모든 사항에 대하여 정관변경이 인정된다. 정관을 변경함에는 총사원의 동의가 있어야 한다(상 제204조). 합명회사에는 사원총회라는 기관이 없으므로 동의는 각 사원의 개별적인 동의로도 무방하고, 반드시 회의를 하여야 하는 것은 아니다. 또 동의는 구두로 하여도 무방하다. 그러나 사원의 사망, 제명에 의한 퇴사 등의 경우에는 정관변경의 절차 없이 당연히 정관이 변경된다.

## Ⅳ. 합명회사의 외부관계

### 1. 회사대표

#### (1) 대표기관

합명회사에 있어서는 정관으로 업무집행사원을 정하지 아니한 때에는 각 사원이 회사를 대표하나(상 제207조 1항), 정관으로 사원의 1인 또는 수인을 업무집행사원으로 정하면 업무집행사원이 회사를 대표할 권한을 가진다(상 제207조 2항).

회사를 대표하는 사원은 회사의 영업에 관하여 재판상 또는 재판외의 모든 행위를 할 권한이 있으며, 회사가 이 대표권한을 제한하더라도 선의의 제3자에게는 대항하지 못한다(상 제209조 1항·2항).

회사가 공동대표사원을 정한 경우 제3자는 공동대표사원 1인에 대하여 의사표시를 함으로써 회사에 대항할 수 있다(상 제208조 2항).

#### (2) 회사와 사원간의 소에 관한 특칙

회사와 사원간의 소송에 있어서 회사를 대표할 사원이 없는 때에는 다른 사원의 과반수결의로 대표사원을 정하여야 한다(상 제211조).

각 사원이 대표권을 가지는 경우를 제외하고 정관이나 총사원의 동의로 대표사원을 정하였거나 공동대표사원을 정한 경우는 그 내용을 등기하여야 한다.

#### (3) 대표기관의 가해행위

대표사원이 그의 업무집행으로 인하여 타인에게 손해를 가한 때에는 회사는 그 사원과 연대하여 배상책임을 진다(상 제210조). 이것은 회사 외에 사원 개인에게도 불법행위의 책임을 지운 것이다.

### 2. 사원의 책임

#### (1) 책임의 내용

회사의 재산으로 회사의 채무를 완전히 변제할 수 없거나 회사재산에 대한 강제집행이 주효하지 못한 때에는 사원 전원이 연대하여 회사의 채무를 변제하여야 하는데, 이 때 회사에 변제의 자력이 있으며 집행이 용이하다는 것을 증명한 때에는 사원은 책임이행을 거부할 수 있다(상 제212조 1항·2항·3항).

회사성립 후에 가입한 신입사원과 자칭사원도 그가 가입하기 전에 발생한 회사채무에 대하여 다른 사원과 동일한 책임을 지며(상 제213조, 제215조), 퇴사한 사원과 지분을 양도한 사원은 퇴사등기 또는 정관변경등기 전에 발생한 회사의 채무에 대하여 등기 후 2년 내에는 다른 사원과 동일한 책임을 진다(상 제225조 1항·2항).

#### (2) 사원의 항변

사원이 회사채무에 관하여 변제의 청구를 받은 때에는 회사가 주장할 수 있는 항변으로 채권자에게 대항할 수 있으며, 회사가 그 채권자에게 대하여 상계, 취소 또는 해제할 권리가 있는 경우에는 사원은 채권자에게 변제를 거부할 수 있다(상 제214조 1항·2항).

#### (3) 사원의 책임이행효과

책임을 이행한 사원은 회사에 대하여 구상권을 취득하고(민 제481조), 다른 사원에 대하여도 각자의 부담부분에 대하여 구상권을 갖는다. 또한 회사채권자에 대위할 수도 있다.

## V. 합명회사 사원의 퇴사

### 1. 의 의

회사의 존속 중 특정한 사원이 일정한 원인에 따라 절대적으로 사원자격을 상실하는 것을 말한다. 따라서 지분의 전부양도에 의한 특정사원의 자격상실(상 제225 2항), 즉 탈퇴와 구별된다. 또 회사해산 후에는 사원의 퇴사가 인정되지 않는다.

## 2. 퇴사의 원인

### (1) 사원의 임의퇴사

정관으로 회사의 존립기간을 정하지 아니하였거나 어느 사원의 종신까지 존속할 것을 정한 때에는 사원은 6개월 전에 예고함으로써 영업연도 말에 한하여 자유롭게 퇴사할 수 있다(상 제217조 1항). 또한 부득이한 사유가 있는 경우 사원은 언제든지 퇴사할 수 있다(상 제217조 2항).

### (2) 지분압류채권자에 의한 퇴사

사원의 지분을 압류한 채권자는 자신의 채권확보를 위하여 회사와 그 사원에 대하여 6개월 전에 예고하여 영업연도 말에 그 사원을 퇴사시켜 그 사원의 지분을 환급받을 수 있다(상 제224조 1항). 이 제도는 채권자를 보호하기 위한 제도이므로 정관으로도 이를 배제하지 못한다. 그러나 퇴사대상 사원이 채권자의 채권을 변제하거나 상당한 담보를 제공한 때에는 그 예고는 효력을 상실한다.

### (3) 법률상 당연한 퇴사

정관에 정한 사유의 발생, 총사원의 동의, 사망, 금치산, 파산, 제명, 회사계속에 대한 부동의, 회사의 설립무효 또는 취소판결의 원인 있는 사원을 제외한 사원의 동의로 회사를 계속하는 경우 등 상법이 규정한 퇴사원인에 의하여 당연히 퇴사한다(상 제194조 1항 · 2항, 제218조, 제229조 1항 단서).

## 3. 퇴사의 효과

사원의 퇴사는 등기사항이며 퇴사등기 후 2년이 경과되어야 등기 전에 발생한 회사의 채무에 대한 책임을 면한다(상 제225조).

퇴사한 사원은 지분의 환급을 청구할 수 있는데 노무 또는 신용을 출자한 경우도 정관에 다른 정함이 없으면 금전으로 지분을 환급받을 수 있다(상 제222조).

제명된 사원과 회사와의 계산은 제명의 소가 제기된 당시의 회사재산의 상태에 따라서 하며 그 때부터 법정이자를 붙여야 한다(상 제221조).

CHAPTER

# 04 합자회사

## Ⅰ. 합자회사의 의의

합자회사란 대외적으로 직접·연대·무한의 책임을 지는 무한책임사원과 직접·연대·유한의 책임을 지는 유한책임사원으로 구성된 2원적 조직의 회사를 말한다(상 제269조). 합자회사는 설립절차, 법적 성질, 지배인의 선임 및 해임, 적용법규 등에 있어서는 합명회사와 매우 비슷한 회사형태이다. 따라서 합자회사에 대하여 상법상의 규정이 없으면 합명회사에 관한 규정을 준용하도록 하고 있다(상 제269조).

## Ⅱ. 합자회사의 설립

### 1. 정관의 작성

합자회사도 2인 이상의 사원이 정관을 작성하고 설립등기를 하여야 하며, 대부분 합명회사의 설립절차와 동일하다. 그러나 합자회사의 정관에는 합명회사의 정관에 요구되는 절대적 기재사항(상 제179조) 외에도 각 사원의 무한책임 또는 유한책임인 것을 정관에 반드시 기재하여야 한다(상 제270조).

### 2. 설립등기

합자회사도 합명회사와 마찬가지로 정관을 작성하고 설립등기를 마쳐야 법인격을 취득하고, 정상적인 법률행위를 할 수 있다. 합자회사의 등기에는 정관의 작성과 같이 합명회사의 등기사항(상 제180조) 이외에 각 사원의 무한책임 또는 유한책임인 것을 분명히 등기하여야 한다(상 제271조).

## Ⅲ. 합자회사의 내부관계

### 1. 출자 및 지분의 양도

#### (1) 사원의 출자

무한책임사원은 합명회사의 사원과 같이 재산출자, 노무출자 또는 신용출자도 인정되나, 유한책임사원은 재산만 출자할 수 있고 노무나 신용은 출자할 수 없다(상 제272조). 한편 유한책임사원은 회사 기타 법인도 될 수 있다.

#### (2) 지분의 양도

무한책임사원은 자신의 지분을 타인에게 양도하기 위해서 다른 무한책임사원과 유한책임사원 전원의 동의를 얻어야 하지만, 유한책임사원의 지분은 무한책임사원 전원의 동의만 얻으면 양도할 수 있다(상 제276조).

### 2. 업무집행

합자회사의 업무집행권 및 의무는 원칙적으로 각 무한책임사원에게 있다(상 제273조). 다만 지배인의 선임과 해임은 업무집행사원이 있는 경우에도 무한책임사원 과반수의 결의에 의하여야 한다(상 제274조).

### 3. 경업피지의무와 자기거래의 제한

합자회사의 무한책임사원은 합명회사의 무한책임사원과 마찬가지로 경업피지의무를 부담하고, 회사와의 자기거래도 제한된다(상 제269조, 제198조, 제199조).

그러나 유한책임사원은 원칙적으로 업무집행권을 가지지 못하므로 경업피지의무가 없다(상 제275조). 단 유한책임사원도 원칙적으로 자기거래는 금지된다고 본다(상 제269조, 제199조).

### 4. 유한책임사원의 감시권

유한책임사원은 원칙적으로 업무집행권이 인정되지 않는다(상 제278조). 그러나 유한책임사원에게 일정한 감시권이 인정된다. 즉 유한책임사원은 영업연도 말에 영업시간 내에 한하여 회사의 회계장부, 대차대조표 기타의 서류를 열람할 수 있고 회사의 업무와 재산상태를 검사할 수 있다(상 제277조 1항).

## Ⅳ. 합자회사의 외부관계

### 1. 회사대표

합자회사의 대표권은 각 무한책임사원이 가지며, 유한책임사원은 대표행위를 하지 못한다(상 제287조). 그러나 정관 또는 총사원의 동의에 의하여 특정무한책임사원에게만 대표권을 한정할 수도 있다. 또한 정관이나 총사원의 동의가 있어도 유한책임사원에게는 대표권을 부여할 수 없으나, 지배인으로 선임함으로써 비슷한 목적을 달성할 수 있다.

### 2. 사원의 책임

#### (1) 무한책임사원의 책임

합자회사의 무한책임사원은 회사의 재산으로 회사채무를 완전히 변제하지 못하는 경우에 직접·연대·무한책임을 부담하며, 이 책임은 퇴사등기를 한 날로부터 2년이 경과되면 면책된다(상 제225조 1항). 이외에도 합자회사의 무한책임사원은 합명회사의 무한책임사원의 책임과 동일한 책임을 부담한다.

#### (2) 유한책임사원의 책임

① 일반적인 책임

합명회사의 유한책임사원은 자신이 출자한 재산의 범위 내에서만 회사의 채무에 대한 연대책임을 지며, 이미 이행한 부분이 있는 경우는 이를 공제한 가액의 한도 내에서만 회사의 채무를 변제할 책임이 있다(상 제279조 1항). 그리고 회사에 이익이 없음에도 불구하고 유한책임사원이 배당을 받은 때에는 변제책임을 정함에 있어서 이를 가산하여야 한다(상 제279조 2항).

② 출자를 감소한 경우의 책임

유한책임사원이 자신의 출자를 감소한 경우 출자의 감소 후 본점등기소에서 그에 대한 등기를 하기 전에 발생한 회사채무에 대해서 등기 후 2년이 경과될 때까지는 변제책임을 진다(상 제280조).

#### (3) 자칭무한책임사원의 책임

유한책임사원이 타인에게 자기를 무한책임사원이라고 오인시키거나 책임의 한도를 오인시키는 행위를 한 때에는 그 오인으로 인하여 회사와 거래를 한 자에 대하여 무한책임사원과 동일한 책임을 부담케 하여야 한다(상 제281조 1항·2항).

## V. 합자회사 사원의 퇴사

합자회사의 경우 사원의 퇴사에 관한 내용은 합명회사의 경우와 대체로 같다. 다만 유한책임사원에 대하여 특칙이 있다. 즉 유한책임사원의 사망이나 금치산은 퇴사원인에 해당하지 않으며, 사망한 경우에는 상속인이 사원이 된다(상 제283조, 제234조).

CHAPTER

# 05 유한책임회사

## Ⅰ. 유한책임회사의 의의

유한책임회사란 주식회사나 유한회사와 같이 유한책임사원만으로 구성되는 회사이지만, 타인기관의 구성을 필요로 하지 않고, 회사의 설립이나 운영 등의 면에서 사적자치가 폭넓게 인정되는 형태의 회사이다. 즉 내부적으로는 조합의 실체를 가지면서 외부적으로는 모든 사원들이 회사에 대하여 출자금을 한도로 하는 유한책임만을 지는 회사이다.

유한책임회사는 투자자본의 회수가 주식회사에 비해 간편하고 고도의 기술을 보유하고 있지만 초기 상용화에 어려움을 겪는 청년 벤처 창업에 적합하다고 하겠다.

## Ⅱ. 유한책임회사의 설립

### 1. 정관의 작성

유한책임회사를 설립할 때에는 사원은 정관을 작성하여야 한다(상 제287조의 2). 사원의 수에는 1인 이상 제한이 없다. 정관에는 절대적 기재사항인 목적, 상호, 사원의 성명·주민등록번호 및 주소, 본점의 소재지, 정관작성연월일, 사원의 출자의 목적 및 가액, 자본금의 액, 업무집행자의 성명(법인의 경우에는 명칭) 및 주소를 적고 각 사원이 기명날인하거나 서명하여야 한다(상 제287조의 3).

### 2. 출자의 이행

유한책임회사의 사원은 신용이나 노무를 출자의 목적으로 하지 못하므로(상 제287조의 4 제1항) 금전등 재산의 출자만이 가능하다. 사원은 정관의 작성 후 설립등기를 하는 때까지 금전이나 그 밖의 재산의 출자를 전부 이행하여야 한다(상 제287조의

4 제2항). 현물출자를 하는 사원은 납입기일에 지체없이 유한책임회사에 출자의 목적인 재산을 인도하고, 등기, 등록, 그 밖의 권리의 설정 또는 이전이 필요한 경우에는 이에 관한 서류를 모두 갖추어 교부하여야 한다(상 제287조의 4 제3항).

### 3. 설립의 등기

사원의 출자의 이행이 완료되면 유한책임회사는 본점의 소재지에서 등기사항을 등기함으로써 성립한다(상 제287조의 5 제1항). 등기기간에는 제한이 없다.

### 4. 설립의 하자

유한책임회사의 설립의 무효와 취소에 관하여는 합명회사의 설립무효와 취소에 관한 규정을 준용한다(상 제287조의 6). 다만 설립무효의 소를 제기할 수 있는 자에는 사원 외에 업무집행자도 포함된다.

## Ⅲ. 유한책임회사의 내부관계

### 1. 사원의 책임

사원의 책임은 상법에 다른 규정이 있는 경우 외에는 그 출자금액을 한도로 한다(상 제287조의 7).

### 2. 지분의 양도와 상속

사원은 다른 사원의 동의를 얻어야 그 지분의 전부 또는 일부를 타인에게 양도할 수 있다(상 제287조의 8 제1항). 다만 업무집행을 하지 않은 사원은 업무집행사원 전원의 동의가 있어야 지분의 전부 또는 일부를 양도할 수 있다(상 제287조의 8 제2항). 이에 대해서는 정관으로 달리 정할 수 있다(상 제287조의 8 제3항). 한편 유한책임회사는 그 지분의 전부 또는 일부를 양수할 수 없으며, 지분취득의 경우에 그 지분은 취득한 때에 소멸한다(상 제287조의 9).

또한 사원의 사망은 퇴사의 사유에 해당하므로 사원의 지분은 원칙적으로 상속이 인정되지 않으나(상 제287조의 25, 제218조), 정관에 정함이 있는 때에는 상속이 가능하다(상 제287조의 26, 제219조).

### 3. 업무집행

유한책임회사는 정관으로 사원 또는 사원이 아닌 자를 업무집행자로 정하여야 한다(상 제287조의 12 제1항). 1명 또는 둘 이상의 업무집행자를 정한 경우에는 업무집행자 각자가 회사의 업무를 집행할 권리와 의무가 있다(상 제287조의 12 제2항 제1문). 그러나, 각 사원의 업무집행에 관한 행위에 대하여 다른 업무집행사원의 이의가 있는 때에는 곧 행위를 중지하고 업무집행사원 과반수의 결의에 의하여야 한다(상 제287조의 12 제2항 제2문). 정관으로 둘 이상을 공동업무집행자로 정한 경우에는 그 전원의 동의가 있어야 업무집행에 관한 행위를 할 수 있다(상 제287조의 12 제3항). 업무집행자가 아닌 사원은 감시권이 있다(상 제287조의 14). 한편 법인이 업무집행자인 경우에는 그 법인은 해당 업무집행자의 직무를 행할 자를 선임하고, 그 자의 성명과 주소를 다른 사원에게 통지하여야 한다(상 제287조의 15 제1항).

### 4. 합명회사에 관한 규정의 준용

유한책임회사의 내부관계에 관하여는 정관이나 상법에 다른 규정이 없으면 합명회사에 관한 규정을 준용한다(상 제287조의 18).

## Ⅳ. 유한책임회사의 외부관계

### 1. 회사의 대표권

업무집행자는 회사를 대표한다(상 제287조의 19 제1항). 업무집행자가 둘 이상인 경우 정관 또는 총사원의 동의로 대표업무집행자를 정할 수 있으며(상 제287조의 19 제2항), 정관 또는 총사원의 동의로 둘 이상의 업무집행자가 공동으로 회사를 대표할 것을 정할 수 있다(상 제287조의 19 제3항).

### 2. 대표업무집행자의 손해배상책임

유한책임회사를 대표하는 업무집행자가 그 업무집행으로 타인에게 손해를 입힌 경우에는 회사는 그 업무집행자와 연대하여 배상할 책임이 있다(상 제287조의 20).

### 3. 유한책임회사와 사원 간의 소송

유한책임회사가 사원에 대하여 또는 사원이 유한책임회사에 대하여 소를 제기하는 경우에 유한책임회사를 대표할 사원이 없을 때에는 다른 사원 과반수의 결의로 대표할 사원을 선정하여야 한다(상 제287조의 21).

## Ⅴ. 사원의 가입 및 탈퇴

### 1. 사원의 가입

유한책임회사는 정관을 변경함으로써 새로운 사원을 가입시킬 수 있다(상 제287조의 23 제1항). 가입은 정관을 변경한 때에 그 효력이 발생하며, 해당 가입자가 출자의 미이행상태인 경우에는 이행을 마친 때에 사원이 된다(상 제287조의 23 제2항).

### 2. 사원의 탈퇴

유한책임회사 사원의 퇴사에 관하여는 합명회사 사원의 퇴사에 관한 규정이 준용된다(상 제287조의 24 내지 제287조의 27, 제287조의 29). 퇴사한 사원의 성명이 유한책임회사의 상호 중에 사용된 경우에는 그 사원은 유한책임회사에 대하여 그 사용의 폐지를 청구할 수 있다(상 제287조의 31).

## Ⅵ. 유한책임회사의 회계

유한책임회사의 회계도 상법과 대통령령으로 규정한 것 외에는 일반적으로 공정하고 타당한 회계관행에 따른다(상 제287조의 32). 업무집행자는 결산기마다 대차대조표, 손익계산서, 그 밖에 유한책임회사의 재무상태와 경영성과를 표시하는 것으로서 대통령령으로 정하는 서류를 작성하여야 한다(상 제287조의 33). 또한 업무집행자는 이 서류들을 본점에 5년간 갖추어 두어야 하고, 그 등본을 지점에 3년간 갖추어 두어야 한다(상 제287조의 34 제1항). 한편 유한책임회사는 대차대조표상의 순자산액으로부터 자본금의 액을 뺀 액을 한도로 하여 잉여금을 분배할 수 있다(상 제287조의 37 제1항). 이 경우 정관에 다른 규정이 없으면 각 사원이 출자한 가액에 비례하여 분배한다(상 제287조의 37 제4항).

CHAPTER

# 06 유한회사

## Ⅰ. 유한회사의 의의

유한회사란 다수의 균등액의 출자로써 성립하는 자본금을 가지고(상 제546조), 사원은 회사에 대하여 출자의무를 부담할 뿐(상 제553조) 회사채권자에 대하여는 아무런 책임을 지지 않는 회사이다.

## Ⅱ. 유한회사의 특성

유한회사는 물적회사와 인적회사의 양요소가 유기적으로 결합된 중간형태의 회사이다. 유한책임제도를 활용하되, 한정된 소수인이 비교적 자유롭게 조직하여 활동할 수 있는 중소기업에 적합한 회사형태이다.

## Ⅲ. 유한회사의 설립

### 1. 유한회사의 설립절차

#### (1) 정관의 작성

유한회사를 설립하기 위해서는 사원이 정관을 작성하고 그 사원 전원이 기명날인 또는 서명하여야 하며, 이는 공증인의 인증을 받아야 효력이 생긴다(상 제543조).

유한회사의 정관에는 목적, 상호, 사원의 성명과 주민등록번호 및 주소, 본점의 소재지, 자본금의 총액, 출자 1좌의 금액, 각 사원의 출자좌수, 본점의 소재지 등을 반드시 기재하여야 한다(상 제543조 2항). 상호에는 유한회사의 문자를 사용하여야 한다(상 제19조).

출자 1좌의 금액은 100원 이상으로 균일하게 하여야 한다(상 제546조).

**유한회사와 주식회사의 비교**

| 구 분 | 유한회사 | 주식회사 |
|---|---|---|
| 설립방법 | 단순설립 | 발기설립 또는 모집설립 |
| 최초의 이사 | 정관규정 또는 사원총회에서 선임 | 창립총회 또는 주식인수인에 의한 선임 |
| 설립시 법원의 감독 | 불 요 | 필 요 |
| 설립취소제도 | 인 정 | 불인정 |
| 지분의 증권화 | 불인정 | 인 정 |
| 지분의 양도, 입질 | 제 한 | 자 유 |
| 사원의 자본충실책임 | 인 정 | 불인정 |
| 이사의 임기 | 무제한 | 3년 |
| 이사의 원수 | 무제한 | 3인 이상 |
| 이사회제도 | 불인정 | 인 정 |
| 감 사 | 임의기관 | 필요기관 |
| 감사의 총회소집권 | 인 정 | 인 정 |
| 사원총회의 서면결의 | 인 정 | 인 정 |
| 자본증감 | 정관변경 | 정관변경 불요 |
| 사채발행 | 불인정 | 인 정 |
| 대차대조표 공고 | 불 요 | 필 요 |
| 회사정리제도 | 불인정 | 인 정 |

유한회사의 상대적 기재사항으로는 현물출자, 재산인수, 설립비용 등의 변태설립사항(상 제544조), 감사의 설치(상 제568조 1항), 이익배당의 차별(상 제580조) 등이 있다.

이 밖에 유한회사의 본질이나 선량한 풍속 기타 사회질서나 강행법규에 반하지 않는 한 회사의 조직과 운영에 관한 기타의 사항도 임의적 기재사항으로 정관에 기재할 수 있다.

### (2) 이사 · 감사의 선임

이사를 정관으로 직접 지정하지 아니한 경우에는 각 사원이 회사 성립 전에 사원총회를 소집하여 이사를 선임하여야 하며, 감사는 임의기관으로서 정관에서 지정하지 아니한 때에는 이사와 같은 방법으로 선임한다(상 제547조 1항, 제568조). 이 때 사원총회는 각 사원이 소집할 수 있다(상 제547조 2항).

유한회사의 이사와 감사는 임기가 없다.

### (3) 출자의 이행

이사는 사원으로 하여금 출자 전액의 납입 또는 현물출자의 목적인 재산 전부의 급여를 시켜야 한다(상 제548조 1항). 납입의 강제는 보통의 강제방법에 의한다.

### (4) 설립등기

회사는 출자 전액의 납입 또는 현물출자의 이행이 있은 날로부터 2주 내에 설립등기를 하여야 한다(상 제549조 1항). 설립등기의 사항은 법정되어 있다(상 제549조 2항).

## 2. 유한회사 설립의 무효와 취소

유한회사의 설립에 하자가 있는 경우에 관해서는 설립취소의 소를 제기할 수 있는 점을 제외하고는 주식회사의 경우와 거의 같다(상 제552조 1항). 또한 유한회사의 설립무효 또는 취소의 소에 있어서는 합명회사에 관한 규정이 준용된다(상 제552조 2항, 제184조 2항, 제185조~제193조).

## 3. 유한회사 설립관여자의 책임

### (1) 사원의 재산실가 전보책임

현물출자 또는 재산인수의 목적인 재산에 대한 설립 당시의 실가가 정관상의 가격에 현저하게 부족한 때에는 회사 성립 당시의 사원은 회사에 대하여 그 부족액을 연대하여 지급할 책임이 있다(상 제550조 1항). 이 책임은 무과실책임이며, 절대적인 것으로 면제하지 못한다(상 제550조 2항).

### (2) 사원 · 이사 및 감사의 출자미필액 전보책임

출자금액의 납입 또는 현물출자의 이행이 완료되지 아니하였다는 사실이 회사 성립 후에 발견된 때에는 회사 성립 당시의 사원은 이사 및 감사와 함께 회사에 대하여 그 미납금액 또는 이행미필현물의 가액을 연대하여 지급할 책임을 진다(상 제551조 1항). 이 책임도 무과실책임이며, 이사 및 감사의 책임은 총사원의 동의로 면제할 수 있으나 사원의 책임을 면제하지 못한다(상 제551조 2항 · 3항).

## Ⅳ. 유한회사 사원의 지위

### 1. 사원의 수와 자격

유한회사의 사원의 수는 1인 이상 제한이 없으며, 그 자격에 대해서도 일정한 제한이 없으므로 자연인과 법인이 모두 사원이 될 수 있다.

### 2. 사원의 권리 · 의무

#### (1) 사원의 권리

유한회사의 사원의 자익권으로는 이익배당청구권(상 제580조), 출자인수권(상 제588조), 잔여재산분배청구권(상 제612조) 등이 있으며, 공익권으로는 의결권(상 제575조). 서류열람청구권(상 제566조, 제579조의3 제2항, 제448조), 각종의 소 제기권(상 제552조, 제578조, 제595조, 제597조, 제603조, 제613조) 등의 단독사원권과 사원총회소집청구권(상 제572조), 이사해임청구권(상 제567조, 제385조), 회계장부열람권(상 제581조), 업무 및 재산상태감독권(상 제582조), 청산인해임청구권(상 제613조 2항, 제539조), 이사의 위법행위유지청구권(상 제564조의 2) 등 소수사원권이 인정된다.

#### (2) 사원의 의무

유한회사의 사원은 원칙적으로 회사에 대한 출자의무를 부담할 뿐 별도의 의무는 부담하지 않고 자신의 출자금의 한도 내에서만 회사채무에 대하여 간접적으로 책임을 진다(상 제553조). 다만 예외적으로 회사 성립 당시의 사원, 증자결의에 동의한 사원 및 조직변경결의 당시의 사원은 자본금전보책임(상 제550조, 제551조, 제593조)을 지는 경우가 있다.

### 3. 사원의 지분

#### (1) 지분의 의의

유한회사의 사원이 회사에 대하여 권리·의무의 총체 또는 법률상의 지위를 지분이라 한다. 유한회사의 각 사원은 그 출자좌수에 따라 그에 상당한 지분을 가지게 된다(상 제554조). 그러나 유한회사의 폐쇄성 때문에 기명식의 지분증권은 발행할 수 있어도 지시식 또는 무기명식의 유가증권은 발행하지 못한다(상 제555조). 유한회사 사원은 지분을 공유할 수 있다(상 제558조).

#### (2) 지분의 양도 및 상속

사원은 그 지분의 전부 또는 일부를 양도하거나 상속할 수 있다. 다만, 정관으로 지분의 양도를 제한할 수 있다(상 제556조).

지분의 이전에 대하여 회사와 제3자에게 대항하려면 취득자의 성명·주소와 그 목적이 되는 출자좌수를 사원명부에 기재하여야 한다(상 제557조).

자기지분취득과 지분의 소각 등에 관하여는 주식회사의 규정을 준용한다(상 제560조 1항, 제341조, 제341조의2, 제342조, 제343조 1항).

#### (3) 지분의 입질

유한회사의 사원의 지분은 질권의 목적으로 할 수 있다(상 제559조 1항). 자기지분을 질권의 목적으로 받은 경우에는 총발행출자좌수의 20분의 1을 초과하지 못한다(상 제560조, 제341조의 3). 입질의 제한과 대항요건에 관하여는 지분양도의 경우와 같고(상 제559조, 제556조, 제557조), 질권의 효력은 주식의 등록질과 같다(상 제560조 1항, 제339조, 제340조 1항·2항).

## Ⅴ. 유한회사의 관리

### 1. 의 의

상법은 유한회사의 관리와 관련하여 기관과 회계를 같은 절에 규정하고 있다. 유한회사에서는 이사회제도가 인정되지 않고 있으므로 이사가 업무집행기관이 되며 감사는 임의기관이라는 점에서 주식회사의 경우와는 다르다.

유한회사는 주식회사의 축소형태로서 물적회사의 요소를 가지기 때문에 주식회사의 회계처리관계규정을 대부분 준용하고 있다.

### 2. 사원총회

#### (1) 사원총회의 의의

사원총회는 회사의 의사를 결정하는 최고·만능의 필요적 기관으로서 총사원으로 구성된다. 대체로 주주총회와 비슷하여 많은 규정이 준용되나, 소집 및 결의방법이 간이하고 그 권한이 포괄적인 점에서 주주총회와 구별된다.

#### (2) 사원총회의 소집

사원총회는 정기총회와 임시총회를 가리지 않고 원칙적으로 이사가 소집하며, 임시총회는 감사도 소집할 수 있다(상 제571조 1항). 그리고 소수사원의 소집청구권도 인정되는데, 이는 주주총회의 경우와 같다(상 제572조 1항·3항). 그러나 이 경우 주주총회의 경우와 달리 정관의 규정으로 달리 정할 수 있다(상 제572조 2항). 예컨대 소집청구권을 각 사원에게 부여할 수도 있다.

사원총회를 소집함에는 총회 회일 1주일 전에 각 사원에게 서면으로 통지를 발송하거나 각 사원의 동의를 받아 전자문서로 통지서를 발송하여야 한다(상 제571조 2항). 또한 총사원의 동의가 있으면 소집절차 없이도 총회를 개최할 수 있다(상 제573조).

### (3) 의결권

원칙적으로는 출자 1좌마다 1개의 의결권이 인정되지만 정관으로 다른 정함을 할 수 있다(상 제575조). 그리고 의결권의 대리행사(상 제368조 3항), 특별이해관계인의 의결권제한(상 제368조 4항, 제371조 2항), 회사의 자기지분에 대한 의결권휴지(상 제369조 2항) 등에 관해서는 주주총회의 경우와 같다(상 제578조).

### (4) 의사 및 결의

사원총회의 의사진행(상 제372조)과 의사록의 작성(상 제373조)에 관해서는 주주총회의 경우와 동일하고(상 제578조), 결의방법은 의결정족수에 따라 보통결의, 특별결의, 총사원의 일치에 의한 결의로 구별된다.

#### ① 보통결의

보통결의는 총사원의 의결권의 과반수의 출석과 그 의결권의 과반수로 결의하며, 정관으로 이와 다른 결의요건을 정할 수도 있다(상 제574조). 이익배당의 결의, 이사와 감사의 선임 등이 있다.

#### ② 특별결의

특별결의는 출자좌수와 상관없이 총사원의 과반수와 의결권의 4분의 3 이상의 동의로 결의하며(상 제585조), 지분의 양도, 정관변경, 영업양도 등과 사후설립, 회사의 해산 등이 특별결의를 요하는 사항이다.

#### ③ 총사원의 일치에 의한 결의

총사원의 일치에 의한 총회의 결의는 유한회사를 주식회사로 조직변경하는 경우에 필요하다(상 제607조 1항). 총회의 결의에 의할 필요는 없지만, 총사원의 동의를 요하는 사항으로서 이사와 감사의 책임면제가 있다(상 제551조 3항, 제607조 4항).

④ 서면결의

서면결의는 총사원의 동의가 있는 경우 서면에 의한 사원의 찬부의 의사표시를 집계하는 결의방법으로서(상 제577조 1항) 주식회사에서는 허용되지 않는 방법이다. 이것은 소규모적인 유한회사의 운영을 간편하게 하기 위한 조치이다.

## 3. 이 사

### (1) 이사의 의의

유한회사의 이사는 회사의 업무를 집행하고 회사를 대표하는 필요적 상설기관이다. 유한회사의 이사는 이사회제도를 채택한 주식회사의 이사의 법적 지위와 달라서 각 이사가 독립된 업무집행기관이다. 그러나 주식회사의 이사에 관한 규정이 대부분 이에 준용된다.

### (2) 이사의 선임 및 종임

이사는 사원총회에서 선임하나(상 제567조, 제382조 1항), 초대이사는 정관으로 정할 수도 있다(상 제547조). 이사의 임기, 자격, 인원수 등에 관해서는 제한이 없다. 이사는 언제든지 사원총회의 특별결의에 의하여 해임될 수 있다. 이 밖에 이사의 해임 및 결원의 경우 등의 조치에 관해서는 주식회사의 이사에 관한 규정을 준용한다.

### (3) 이사의 권한

① 업무집행권

이사는 업무집행기관이므로 각자가 업무를 단독으로 집행한다. 그러나 이사가 수인인 경우에는 회사의 업무집행과 지배인의 선임 또는 해임, 지점의 설치나 이전 및 폐지는 정관에 달리 정함이 없는 한 그 과반수의 결의에 의하여야 한다(상 제564조 1항). 그러나 이에 불구하고 사원총회는 지배인의 선임 또는 해임을 결의할 수 있다(상 제564조 2항).

② 대표권

이사가 1인인 경우는 그 이사가 회사를 대표한다. 그러나 이사가 수인인 경우는 정관에 다른 정함이 없는 한 사원총회에서 회사를 대표할 이사를 선정하여야 한다(상 제562조 2항). 또한 정관 또는 사원총회는 공동대표이사를 정할 수도 있다(상 제562조 3항). 이사와 회사간의 소송이 제기되면 사원총회는 그 소에 관하여 회사를 대표할 자를 선정하여야 한다(상 제563조).

### (4) 이사의 의무와 책임

이사는 주식회사의 이사와 같이 회사에 대하여 선관주의의무, 경업피지의무, 자기거래금지의무 등을 부담한다(상 제567조). 그러나 자기거래에 대한 승인기관이 주식회사는 이사회이지만 유한회사는 감사이고, 감사가 없는 경우에는 사원총회의 승인을 얻어야 한다(상 제564조 3항). 또 경업의 승인 및 개입권의 행사기관은 사원총회이다(상 제567조).

기타 회사 및 제3자에 대한 이사의 손해배상책임, 대표소송 및 위법행위유지청구권 등에 관해서는 주식회사의 경우와 같다(상 제565조, 제567조).

## 4. 감사 및 검사인

유한회사의 감사는 임의기관으로서 정관의 규정으로 1인 또는 수인의 감사를 둘 수 있다(상 제568조 1항). 정관규정에 의하여 사원총회에서 선임된 감사는 회사의 업무감사와 회계감사에 관한 권한을 가지며, 주식회사의 감사에 관한 규정이 준용된다(상 제570조). 감사의 해임은 사원총회의 특별결의에 의하여 언제든지 할 수 있다(상 제570조, 제385조 1항).

소수사원에 의한 감사해임의 소는 인정되지 않으며, 임기에 대한 제한도 없고 자본충실책임을 부담하는 점 등에서 주식회사의 경우와 구별된다.

검사인은 회사의 업무와 재산상태를 조사하는 임시적 임의기관으로서, 사원총회와 법원이 선임할 수 있음은 주식회사의 경우와 같으나, 설립경과의 조사임무가 없는 점이 다르다.

## 5. 유한회사의 회계

유한회사의 합리적인 관리를 위하여 상법은 유한회사의 계산에 관하여 주식회사의 계산규정을 대부분 준용하고 있다(상 제583조 1항). 다만 유한회사는 폐쇄적 기업형태이므로 다음과 같은 특색을 가진다.

주식회사의 대차대조표의 공고의무(상 제449조 3항), 자본금전입에 관한 규정 등에 관한 규정은 준용되지 않는다.

또한 유한회사의 경우는 원칙적으로 소수사원에게 부여된 회계장부와 서류의 열람권을 정관으로 각 사원에게 부여할 수 있으며(상 제581조 2항), 이익배당에 있어서도 그 기준은 각 사원의 출자좌수에 따르는 것이 원칙이나 정관으로 다른 기준을 둘 수도 있다(상 제580조).

이 밖에 유한회사의 성질상 주식회사에 특유한 주식배당제도(상 제462조의 2)와 사채모집(상 제469조 이하)은 인정되지 않는다.

## Ⅵ. 유한회사 정관의 변경

### 1. 정관변경의 방법

유한회사의 정관변경은 사원총회의 특별결의에 의하여 할 수 있다(상 제584조, 제585조). 그런데 주식회사의 경우와는 달리 자본금이 정관의 절대적 기재사항이므로(상 제543조 2항 제2호), 자본금의 증감은 정관변경의 사유가 된다. 따라서 유한회사에 관한 자본의 증감은 정관변경과 동일한 단원에서 규정하고 있다.

### 2. 자본금의 증가

#### (1) 자본금증가의 방법

유한회사에서는 사채를 발행할 수 없으므로, 자금의 조달방법으로는 개별적인 소비대차에 의하든가 자본금을 증가하는 수밖에 없다. 자본금의 증가방법으로는 출자좌수의 증가, 출자 1좌의 금액의 증가, 출자좌수와 1좌의 금액을 함께 증가하는 등의 방법이 있는데, 출자 1좌의 금액을 증가하는 데는 유한책임의 원칙의 예외에 속하므로 증가결의 이외에 총사원의 동의가 필요하다.

#### (2) 자본금증가의 절차

① 사원총회의 결의

자본금의 증가는 정관변경의 한 경우이므로 사원총회의 특별결의가 있어야 한다(상 제585조). 이 결의에서는 현물출자, 재산인수 및 증자부분의 출자인수권에 관한 사항을 정할 수 있다(상 제586조).

② 출자의 인수

사원은 증가자본금에 대하여 그 지분에 따라 출자인수권을 갖는다(상 제588조). 그러나 예외적으로 정관 또는 증자결의에 의하여 지정인에게 인수권을 부여한 경우(상 제586조 3호)와 사원총회의 특별결의에 의하여 특정인에게 장래에 출자인수권을 부여할 것을 약속하는 경우(상 제587조)에는 사원의 출자인수권은 제한된다.

주식회사의 경우와 다른 점은 제3자의 인수권에 관하여 정관에 미리 규정하지 않아도 되는 점, 인수인의 공모가 금지된 점(상 제589조 2항), 증자액에 대한 전부의 출자좌수를 인수해야 하는 점 등이다.

인수는 요식행위이므로 출자의 인수를 하고자 하는 자는 인수를 증명하는 서면에 인수할 출자의 좌수와 주소를 기재하고 기명날인 또는 서명하여야 한다(상 제589조 1항).

③ 출자의 이행

출자의 인수가 끝나면 이사는 인수인으로 하여금 출자 전액의 납입 또는 현물출자의 목적재산 전부의 급여를 시켜야 한다(상 제596조, 제548조).

④ 자본금증가의 등기

출자의 이행이 끝나면 회사는 2주 내에 본점소재지에서 자본금증가로 인한 변경등기를 하여야 하는데(상 제591조), 자본금증가의 효력은 증자등기를 한 때에 발생한다(상 제592조). 다만 출자자는 출자이행기일로부터 이익배당에 관하여 사원과 동일한 권리를 가진다(상 제590조).

### (3) 자본금증가에 관한 책임

① 사원의 증자재산실가 전보책임

현물출자와 재산인수의 목적인 재산의 증자결의 당시의 실제가액이 증자결의에 의하여 정한 가격에 현저하게 부족한 때에는 그 결의에 동의한 사원은 회사에 대하여 그 부족액을 연대하여 지급할 책임을 진다(상 제593조 1항). 이 책임은 무과실책임이며, 총사원의 동의로도 면제할 수 없다(상 제593조 2항, 제550조 2항).

② 이사 · 감사의 증자미필액 전보책임

이사와 감사는 증자 후 등기사항과 실제가 다를 경우에는 인수·납입 및 현물출자의 이행에 대한 담보책임을 진다(상 제594조 1항·2항). 이 책임도 무과실책임이며, 총사원의 동의가 있으면 면제할 수 있다(상 제594조 3항).

### (4) 사후증자

증자에 관한 규제가 엄격하여 탈법적 행위가 이루어질 수 있으므로, 사후증자에 관하여도 규정을 두고 있다. 즉, 회사가 증자 후 2년 내에 증자 전부터 존재하는 재산으로서 영업을 위하여 계속 사용할 것을 자본금의 20분의 1 이상에 상당한 대가로 취득하는 계약을 체결하는 경우에는 사원총회의 특별결의가 있어야 한다(상 제596조, 제576조 2항).

### 3. 자본금의 감소

자본금을 감소하려면 사원총회의 특별결의, 채권자보호절차, 감자의 실행절차 등을 거쳐(상 제597조, 제439조 1항·2항), 감자등기(상 제549조 4항, 제183조)를 하여야 한다. 그러나 이 경우의 등기는 효력발생요건은 아니므로 자본금감소의 효력은 감자의 실행절차가 종료된 때에 발생한다.

주식회사에서의 단주의 처리(상 제443조) 및 감자무효의 소(상 제445조, 제446조)에 관한 규정은 유한회사의 단지분의 처리 및 감자무효의 소에 준용한다(상 제597조).

### 4. 증자 및 감자의 무효

증자 및 감자의 무효에 관하여는 대부분 주식회사의 경우와 거의 같다. 다만, 증자 및 감자의 무효의 소에 있어서 제소기간이 변경등기를 한 날로부터 6월인 점이 다르다(상 제595조, 제597조).

# 3 편

# 보 험 법


**제1장** 보험법 일반

**제2장** 보험계약

**제3장** 손해보험

**제4장** 인 보 험

CHAPTER

# 01 보험법 일반

## Ⅰ. 보험의 의의

보험이란 동일한 우발적 사고발생의 위험하에 있는 다수인이 단체를 구성하여, 그 사고로 인한 경제적 수요의 충족을 위하여 일정률의 금액을 미리 준비하여 공동자금을 마련해 두고 사고가 발생한 경우 그 자금으로부터 재산적 급부를 지급받는 경제제도이다.

## Ⅱ. 보험의 종류

### 1. 공보험 · 사보험

공보험은 국가 기타의 공법인이 공동경제적 목적으로 경영하는 보험을 말하며 산업재해보상보험, 군인보험, 선원보험 , 국민연금보험, 고용보험, 실업보험 등의 사회보험과 수출보험과 같은 산업보험이 있다.

사보험은 개인 또는 사법인이 사경제적 목적으로 운영하는 보험을 말하며 영리성의 유무에 따라 영리보험과 상호보험으로 구분된다.

### 2. 영리보험 · 상호보험

영리보험은 보험업자가 보험자로 되어 영리를 목적으로 제3자와 보험계약을 체결하는 보험이다.

상호보험은 가입자 상호간의 이익을 목적으로 하는 비영리조직에 의한 보험으로서 보험자인 단체의 구성원이 동시에 피보험자이며 보험계약자가 되어 사원관계와 보험관계가 병존한다.

### 3. 물건보험 · 인보험

물건보험이란 물건에 관하여 발생하는 사고에 대한 보험으로서 재산보험이라고도 하며, 화재보험, 선박보험, 자동차보험, 도난보험, 운송보험 등이 있다.

인보험은 사람의 생명·신체에 발생하는 사고에 대한 보험으로서 생명보험, 상해보험, 암보험, 질병보험 등이 있다.

### 4. 손해보험 · 생명보험

손해보험은 보험자가 우연한 보험사고로 인하여 생길 피보험자의 실제상의 재산상 손해를 보상할 목적으로 하는 부정액보험을 말하며 화재보험, 운송보험, 해상보험, 책임보험, 자동차보험, 신용보험, 수해보험, 보증보험 등이 있다.

생명보험은 손해의 유무·다소를 불문하고 사람의 생존 또는 사망에 관하여 일정한 금액의 지급, 기타의 급여를 목적으로 하는 정액보험을 말하며 사망보험, 생존보험, 양로보험 등이 있다.

### 5. 육상보험 · 해상보험 · 항공보험

육상보험은 육상에서의 각종 위험을 보험사고로 하는 보험을 말하며 생명보험, 화재보험, 운송보험, 자동차보험 등이 있다.

해상보험은 해상사고에 대한 보험을 말하며 선박보험, 적하보험 등이 있다.

항공보험은 항공에 의한 각종 위험을 보험사고로 하는 보험을 말하며 기체보험, 여객배상책임보험 등이 있다.

### 6. 원보험 · 재보험

원보험은 제1의 보험자가 계약자로부터 인수한 위험의 일부 또는 전부를 다시 제2의 보험자가 인수한 경우에 제1의 보험을 말하며, 제2의 보험을 재보험이라 한다.

### 7. 기업보험 · 가계보험

기업보험은 기업자가 그의 기업경영활동의 불안정에 대비하여 이용하는 보험을 말하며 해상보험, 운송보험, 재보험 등이 있다.

가계보험은 가계경제의 불안정에 대비하여 이용하는 보험을 말하며 생명보험, 상해보험, 자동차보험, 주택의 화재보험 등이 있다.

#### 8. 강제보험 · 임의보험

강제보험은 특별법에 의하여 보험가입이 강제되는 보험을 말하며 산업재해보상법에 따른 산업재해보상보험, 자동차손해배상보장법에 따른 자동차손해배상책임보험 등이 있다.

임의보험은 보험의 가입 여부를 가입자가 임의로 결정할 수 있는 보험을 말하며 영리보험은 대부분이 임의보험이다.

### Ⅲ. 보험법의 개념

#### 1. 보험법의 의의

형식적 보험법은 상법 제4편 보험의 규정을 말하고, 실질적 보험법은 기업법의 일부분으로서 영리를 목적으로 하는 영리보험관계를 규율하는 법을 말한다.

#### 2. 보험법의 특성

##### (1) 윤리성 · 선의성

보험계약은 사행계약적 성질이 있어 투기 등의 목적으로 이용될 때 도덕적 위험성이 있다. 따라서 건전한 보험을 보호하기 위하여 보험계약당사자에게 고도의 윤리성과 선의성이 요구된다. 상법이 고지의무 위반의 주관적 요건(상 제651조), 고의로 인한 보험사고에 대한 보험자의 면책(상 제659조 1항), 사기로 인한 초과보험의 무효(상 제669조 4항) 등을 규정하고 있는 것은 이러한 취지를 반영하는 것이다.

##### (2) 기술성

보험제도는 특정한 우발적 사고의 위협을 받는 다수인이 집단을 형성하여 과학적 기초에 의하여 산출된 보험료를 징수함으로써 위험을 분산하는 것이다. 이처럼 보험제도는 수리적 계산에 의한 기술적인 구조를 토대로 한다.

##### (3) 단체성

보험은 동질의 위험하에 있는 다수인에게 위험을 분산시키기 위한 하나의 보험단체에 관한 제도이므로 보험계약법은 단체법적 성격을 띠게 된다. 단체성이 반영된 상법 규정으로는 보험단체 전체를 위한 고지의무(상 제651조), 위험변경증가에 따른 통지와 계약해지(상 제652조·제653조), 사고발생 전의 보험계약자의 임의해지(상 제649조) 등이 있다.

### (4) 사회성 · 공공성

보험자(보험회사)는 국민경제적으로 중요한 역할을 하고 있으며, 보험계약은 일방적인 약관에 의하여 체결되는 것이 보통이므로 보험의 이용자인 일반대중을 보호하기 위한 법규제가 필요하다. 따라서 보험법은 사회성과 공공성을 띠게 되며, 보험사업의 인가제도, 약관의 인가제도 등이 이에 해당한다.

### (5) 편면적 강행법규성

보험계약법은 원래 기업거래법으로서 임의법규성을 가지나 사회성과 공공성을 실현하기 위하여 보험업법은 보험업자의 자격을 제한하고, 경제적 약자의 지위에 서는 보험계약자 또는 피보험자나 보험수익자에게 불이익이 되는 내용으로 변경하는 특약을 금지하고 있다(상 제663조). 이를 보험계약자 등의 불이익변경금지의 원칙이라 한다. 그러나 기업보험에 속하는 재보험이나 해상보험, 기타 이와 유사한 보험의 경우에는 대등한 지위에서 보험계약을 체결하므로 이러한 원칙을 확장할 필요는 없다(상 제663조 단서).

## 3. 보험약관

보험계약은 정형적인 거래가 대량으로 이루어지므로 계약의 체결과 내용을 정형화할 필요가 있다. 따라서 이러한 필요성에 의해 정형화된 약관이 보험약관이다. 일반보험계약에 공통된 표준적 사항을 보험자가 미리 정한 것으로 반대의 의사표시가 없는 한 계약당사자의 쌍방을 구속하는 계약상의 법원으로서 중요한 의미를 갖는다.

CHAPTER

# 02 보험계약

## Ⅰ. 보험계약의 의의

보험계약은 당사자 일방이 약정한 보험료를 지급하고 상대방이 재산 또는 생명이나 신체에 관하여 불확정한 사고가 생길 경우에 일정한 보험금액 기타의 급여를 지급할 것을 약정함으로써 효력이 생기는 유상계약이다(상 제638조).

## Ⅱ. 보험계약의 요소

### 1. 보험계약관계자

(1) 보험계약당사자

① 보험자

보험자란 보험사고가 발생한 경우에 보험수익자 또는 피보험자에게 일정한 보험금 기타의 급여의무를 부담하는 자를 말한다. 보험은 공공성이 농후하고 또 그 사회성에 의하여 사회 일반에 커다란 영향을 미치기 때문에 보험사업에 대한 감독을 목적으로 보험자의 자격을 제한하고 있다.

② 보험계약자

보험계약자란 보험자와 자기명의로 보험계약을 체결하는 보험계약당사자로서 보험료의 지급의무를 부담한다. 그 자격에는 아무런 제한이 없다.

(2) 보험계약당사자 이외의 관계자

① 피보험자

손해보험에 있어서 피보험자는 피보험이익의 주체가 되는 자를 가리키고, 인보험에 있어서는 보험의 목적으로서 생명 또는 신체에 관하여 보험에 부쳐진 자연인을 말한다. 자기를 위한 손해보험에 있어서는 보험계약자와 피보험자가 같다.

② 보험수익자

보험수익자는 인보험계약에 있어서 보험사고 발생시 보험자로부터 보험금을 받을 자로 지정된 자로서 그 자격에 대한 아무런 제한이 없다.

손해보험에서는 보험수익자에 해당하는 자가 피보험자이며, 별도로 보험수익자란 용어를 사용하지 아니한다.

(3) 보험자의 보조자

① 보험대리상

보험대리상은 일정한 보험사업자를 위하여 계속적으로 그 영업부류에 해당하는 보험계약의 체결을 대리 또는 중개하는 것을 영업으로 하는 독립된 상인을 말한다.

② 보험중개인

보험중개인은 보험자의 사용인이나 대리인이 아닌 자로서 보험자와 보험계약자 사이의 보험계약의 성립을 위하여 중개하는 것을 영업으로 하는 독립된 상인을 말한다.

③ 보험설계사

보험설계사는 특정보험자에게 종속되어 보험자를 위하여 보험계약의 체결을 중개하는 자로서 보험모집인이라고도 한다.

④ 보험의

보험의는 생명보험계약에서 피보험자의 신체검사를 맡아 위험측정자료를 수집하고 전문가로서의 소견을 보험자에게 제공하여 주는 것을 직무로 하는 의사로서 진단의라고도 한다.

## 2. 보험사고

(1) 보험사고의 의의

보험사고란 보험자가 급여의무를 부담하게 되는 원인인 사실을 말한다.

(2) 보험사고의 특성

① 우연성

보험사고는 보험계약에서 보험자의 책임을 구체화시키는 우연한 사고를 대상으로 한다. 따라서 그 발생 여부 · 시기 · 정도는 불확정적이어야 한다. 보험계약 당시에 객관적으로 보험사고가 이미 발생하였거나 또는 발생할 수 없다는 것을 당사자의 일방이나 피보험자가 안 때에는 보험계약을 무효로 한다(상 제644조). 그러나 이미 보험사고가 발생하였지만 보험자와 보험계약자 및 피보험자가 이를 알지 못하고 체결한 보험계약은 유효하다(상 제644조 단서).

② 발생가능성

보험사고는 발생가능성이 있어야 하며, 발생이 불가능한 사고에 대한 보험계약은 무효이다(상 제644조). 그러나 계약성립 당시에는 발생가능하였으나 그 후에 발생이 불가능하게 되더라도 보험계약은 유효하다.

③ 적법성

보험사고의 기초가 되는 내용은 적법한 것이어야 한다.

④ 특정성

보험사고는 일정한 목적에 대하여 일정한 기간 내에 발생하는 사고로 제한을 받는다. 즉 보험의 목적, 기간, 사고의 범위 등이 특정되어야 한다.

### 3. 보험의 목적

보험의 목적은 보험사고발생의 객체가 되는 피보험자의 재화 또는 피보험자의 생명 · 신체를 말하며, 손해보험계약의 목적인 피보험이익과는 구별된다.

### 4. 보험료와 보험금

#### (1) 보험료

보험료란 보험계약에서 보험자가 보험금지급책임을 부담하는 대가로 보험계약자가 보험자에게 지급해야 하는 금액을 말한다. 제1회 보험료(최초보험료)의 지급은 보험계약 성립 후 보험자의 책임개시 시기가 된다.

#### (2) 보험금액 · 보험금

보험금액은 보험사고가 발생한 경우에 보험자가 지급하기로 보험계약에서 정한 금액을 의미한다.

보험금은 보험사고가 발생하였을 때 보험자가 피보험자나 보험수익자에게 지급하는 금액을 말한다. 이는 현금으로 지급하는 것이 원칙이지만 현물급여 또는 그 밖의 급여의 방법으로도 할 수 있다. 또한 보험금은 일시에 지급되기도 하고, 분할지급도 가능하다.

보험금액은 부정액보험(예: 화재보험, 상해보험 등)에서는 보험자의 책임의 최고한도액이 되고, 정액보험(예: 생명보험)에서는 보험금과 일치하게 된다.

### 5. 보험기간과 보험료기간

#### (1) 보험기간

보험기간은 보험자의 책임이 시작되어 종료하는 기간을 말하며, 책임기간 또는 위험기간이라고도 한다. 다른 약정이 없는 한 최초의 보험료를 받은 때로부터 그 종료일까지이다(상 제656조). 따라서 보험기간 전이나 보험기간 이후에 발생한 사고에 대해서는 보험자가 책임지지 않는다. 그러나 보험기간 내에 발생한 사고로 인한 손해가 보험기간이 종료된 후에 발생하더라도 보험자가 그 책임을 져야 한다.

#### (2) 보험료기간

보험료기간은 보험료 산출의 기초가 되는 기간을 말하며, 위험측정의 단위가 되는 기간이다. 실제에서는 일반적으로 1년을 단위로 정하고 있다. 이는 보험기간과 일치하는 경우도 있고 일치하지 않는 경우도 있다. 보험료기간의 보험료는 관념상 하나로 보아야 하는 데 이를 보험료불가분의 원칙이라 한다. 예를 들어 보험료기간이 1년인 경우 중도에 계약이 해지·실효되더라도 보험자는 1년이란 보험료기간의 보험료를 전부 취득하게 된다.

## Ⅲ. 보험계약의 체결과 효과

### 1. 보험계약의 체결

#### (1) 보험계약의 의의

보험계약은 불요식·낙성계약이지만, 보험계약청약서에 의한 청약이 일반적이다. 당사자 간의 청약과 그에 대한 승낙이 있으면 계약이 성립되는데, 실제 거래계에서는 보험대리점 또는 보험설계사의 권유에 따라 계약자가 청약을 하고 일정한 기간 내에 보험자의 승낙이 있어야 보험계약이 체결된다.

### (2) 보험자의 승낙여부통지의무(낙부통지의무)

보험자가 계약자로부터 보험계약의 청약과 함께 보험료 상당액의 전부 또는 일부를 지급을 받은 때에는 다른 약정이 없으면 30일내에 그 상대방에 대하여 승낙여부의 통지를 하여야 하고 이 기간 내에 승낙여부의 통지를 해태한 때에는 승낙한 것으로 본다(상 제638조의 2 제1항·제2항).

그러나 인보험 계약의 피보험자가 신체검사를 받아야 하는 경우에는 신체검사를 받은 날부터 30일 이내에 승낙여부통지를 하여야 한다(상 제638조의 2 제1항 단서).

### (3) 계약의 성립시기

보험자의 책임은 당사자간에 다른 약정이 없으면 최초의 보험료의 지급을 받은 때로부터 개시된다(상 제656조). 실제 거래계에서는 생명보험의 경우를 제외하고는 계약과 동시에 보험료를 지급하고 보험증권을 교부하고 있어 계약의 성립시기와 보험자의 책임발생시기가 일치하는 경우가 일반적이다.

### (4) 승낙 전 사고에 대한 보험자의 책임

보험자가 보험계약자로부터 보험계약의 청약과 함께 보험료 상당액의 전부 또는 일부를 받은 경우에는 그 청약을 승낙하기 전에 보험계약에서 정한 보험사고가 발생하면 그 청약을 거절할 사유가 없는 한 보험자는 보험계약상의 책임을 진다(상 제638조의 2 제3항). 그러나 인보험계약의 피보험자가 신체검사를 받지 아니한 때에는 그러하지 아니하다(상 제638조의 2 제3항 단서).

## 2. 고지의무

### (1) 고지의무의 의의

고지의무란 보험계약의 체결 당시에 보험계약자 또는 피보험자가 보험자에게 중요한 사항을 고지하여야 하며 부실고지하지 아니할 의무를 말한다. 이것은 보험계약자측의 불이익으로 변경할 수 없는 편면적 강행규정이다(상 제663조).

고지의무는 계약성립 전에 지는 의무이므로, 계약체결 후에 지는 위험증가통지의무(상 제652조)나 손해발생통지의무(상 제657조)와 구별되는 개념이다.

### (2) 고지의무의 내용

고지의무의 내용이 되는 중요한 사항이란 보험자가 보험의 인수여부 및 보험료액을 결정함에 있어서 합리적인 판단에 영향을 미칠만한 사실로서 보험자가 그 사실을 알았다면 보험계약을 체결하지 않았을 것이라고 생각되는 사실을 말한다. 보험계약자나 피보험자가 중요한 사실여부를 판단하는 것은 쉬운 일이 아니다. 따라서 실무상으로는 보험청약서의 보험계약자나 피보험자가 질문표를 이용하고 있다.

#### (3) 고지의무 위반의 요건

중요한 사실을 알고 있으면서 고지하지 아니하거나 또는 사실과 달리 부실하게 고지하는 것은 고지의무 위반의 객관적 요건이고, 주관적 요건으로는 고지사항의 불고지 또는 부실고지가 고지의무자의 고의 또는 중과실에 의한 것이어야 한다.

고지의무 위반의 요건에 대한 입증책임은 그것을 이유로 계약을 해지하려는 보험자측에 있다.

#### (4) 고지의무 위반의 효과

고지의무를 위반한 경우에 보험자는 그 사실을 안 날로부터 1월 내에, 계약을 체결한 날로부터 3년 내에 한하여 계약을 해지할 수 있다(상 제651조). 그러나 보험자가 계약 당시에 그 사실을 알았거나 중대한 과실로 인하여 알지 못한 때에는 그러하지 아니하다(상 제651조 단서).

계약해지가 되면, 그 효력은 장래에 대하여만 생기므로 보험자는 장래에 대하여 보험금지급의무를 면하고, 보험계약자도 장래에 대하여만 보험료지급의무를 면한다.

### 3. 보험약관의 교부 및 명시의무

보험계약의 체결시 보험자는 보험약관을 교부하고 중요한 약관의 내용을 알려 주어야 한다(상 제638조의 3 제1항).

보험약관의 교부·명시의무의 대상은 중요한 약관의 내용으로서 보험계약자의 보험계약청약의 결정에 중요한 영향을 미칠 수 있는 내용으로서 보험금과 그 지급방법, 보험기간, 보험사고의 내용, 해지사유 또는 보험자의 면책약관 등에 관한 사항이다.

보험자가 보험약관의 교부·명시를 하지 아니한 때에는 보험계약자는 계약의 성립일로부터 1월 이내에 그 계약을 취소할 수 있다. 그러나 1월 이내에 취소권을 행사하지 않았다고 하여 보험자는 보험약관의 효력을 주장할 수 없다.

## 4. 보험계약의 효과

### (1) 보험자의 의무

#### ① 보험증권 교부의무

보험증권이란 보험계약의 성립과 내용을 증명하기 위하여 보험자가 소정의 사항을 기재하고 기명날인 또는 서명하여 보험계약자에게 교부하는 증권이다. 보험계약이 성립한 때에는 보험자는 지체없이 보험증권을 작성하여 보험계약자에게 교부하여야 한다(상 제640조 1항 본문). 다만 보험계약자가 보험료의 전부 또는 최초의 보험료를 지급하지 않은 경우는 보험증권의 교부의무가 없다(상 제640조 1항 단서). 기존의 보험계약을 연장하거나 변경한 경우에는 보험증권에 그 사실을 기재함으로써 보험증권의 교부에 갈음할 수 있다(상 제640조 2항).

보험증권을 멸실·훼손한 때에는 보험자에 대하여 재교부를 청구할 수 있다(상 제642조).

#### ② 보험금지급의무

**(i) 보험금지급의무의 발생 및 보험금지급시기:** 보험자는 보험사고가 보험기간 내에 발생하면 피보험자 또는 보험수익자에게 보험금을 지급하여야 한다(상 제638조). 보험금의 지급은 약정기간이 있으면 그 기간 내에 하고, 그 약정이 없으면 지체없이 보험금을 정하고 그 정한 날로부터 10일 이내에 지급하여야 한다(상 제658조).

**(ii) 시효기간:** 보험금지급의무는 2년의 소멸시효기간 경과로 소멸한다(상 제662조). 시효의 기산점은 보험금지급시기가 정해져 있는 경우는 그날부터이나 특정한 약정이 없으면 보험사고 발생통지 후 보험금액을 정한 후 보험금지급 유예기간인 10일이 경과한 다음날부터 기산한다.

**(iii) 보험자의 면책사유:** 보험계약자 등이 고의나 중과실로 보험사고의 발생을 유발한 경우(상 제659조), 전쟁 기타의 변란에 의해 발생한 보험사고(상 제660조), 보험계약자 등의 의무위반을 이유로 보험자가 보험계약을 해지한 경우(상 제651조·제653조)는 보험자의 보험금지급의무가 면책된다.

**(iv) 약관에 의한 면책사유:** 자동차보험표준약관에서는 지진, 분화, 태

풍, 홍수, 해일 등의 천재지변에 의한 사고로 생긴 손해를 면책사유로 정하고 있다.

③ 보험료반환의무

보험계약의 일부 또는 전부가 무효인 경우에 보험계약자 등이 선의이고 중과실이 없는 한 보험자는 보험료의 전부 또는 일부를 보험계약자에게 반환하여야 한다(상 제648조). 또한 보험계약자가 보험사고발생 전에 보험계약을 해지한 경우에 보험자는 다른 약정이 없으면 미경과보험료를 반환하여 줄 의무가 있다(상 제649조).

(2) 보험계약자 · 피보험자 · 보험수익자의 의무

① 보험료지급의무

(i) **보험료의 지급:** 보험계약자는 계약에 따라 보험자에게 보험료를 지급하여야 하며, 이는 보험자의 책임발생의 전제가 된다. 타인을 위한 보험계약의 경우 보험계약자의 파산 또는 보험료의 지급지체가 있는 경우는 피보험자 또는 보험수익자가 그가 그 권리를 포기하지 않는 한 보험료를 지급하여야 한다(상 제639조3항 단서). 보험료지급채무는 1년의 소멸시효기간 경과로 소멸한다(상 제662조).

(ii) **보험료부지급의 효과:** 보험계약자가 계약체결 후 지체없이 보험료의 전부 또는 제1회보험료를 지급하지 아니한 때에는 다른 약정이 없으면 계약성립 후 2월이 경과하면 그 계약은 해제된 것으로 본다(상 제650조 1항).

그리고 계속보험료가 약정된 시기에 지급이 없는 경우에는 보험자는 상당한 기간을 정하여 보험계약자에게 최고하고 그 기간 내에 보험료의 지급이 없으면 그 계약을 해지할 수 있다(상 제650조 2항).

특정한 타인을 위한 보험의 경우 보험계약자가 보험료의 지급을 지체한 때에는 그 타인에게도 상당한 기간을 정하여 보험료의 지급을 최고한 후가 아니면 그 계약을 해제 또는 해지하지 못한다(상 제650조 3항).

② 통지의무

(i) **보험사고발생의 통지의무:** 보험계약자 등이 보험사고의 발생을 안 때에는 지체없이 보험자에게 그 통지를 발송하여야 한다(상 제657조). 보험자는 보험계약자 등으로부터 이 통지를 받기 전까지는 보험금을 지급하지 않더라도 이행지체가 성립되지 않는다. 따라서 통지의 해태로 인해 손해가 증가되더라도 보험자는 그 증가된 손해를 보상할 책임이 없다(상 제657조 2항).

**(ii) 위험변경 · 증가의 통지의무:** 보험계약자 등이 보험기간 중에 사고발생의 위험이 현저하게 변경 또는 증가된 사실을 안 때에는 지체없이 보험자에게 그 통지를 하여야 한다(상 제652조 1항). 위험의 현저한 변경 또는 증가라 함은 계약체결 당시 이러한 위험이 존재하였다면 계약체결을 하지 아니할 것으로 생각되는 정도를 의미한다. 이에 대하여 보험자는 그 통지를 받은 날로부터 1개월 내에 그 계약을 해지하거나 보험료의 증액을 청구할 수 있다(상 제652조 1항 제2문, 제652조 3항).

보험자는 계약을 해지한 경우에도 이전의 보험료의 지급을 청구할 수 있으며 이미 발생한 보험사고가 위험의 변경 또는 증가사실과 관련된 경우는 보험금의 지급책임이 없다(상 제655조).

③ 위험유지의무

보험기간 중에 보험계약자, 피보험자 또는 보험수익자의 고의 또는 중대한 과실로 인하여 사고발생의 위험이 현저하게 변경 또는 증가된 때에는 보험자는 그 사실을 안 날로부터 1월 내에 보험료의 증액을 청구하거나 계약을 해지할 수 있다(상 제653조). 이는 보험계약자 등에게 보험기간 동안 위험을 계약체결시의 상태대로 유지해야 할 의무를 부과한 것이라고 할 수 있다.

## IV. 보험계약의 무효 · 소멸 · 부활

### 1. 보험계약의 무효

#### (1) 보험사고발생 후의 보험계약

보험계약 당시에 이미 보험사고가 발생하였거나 전혀 발생할 수 없는 경우 보험사고가 객관적으로 확정되어 그 보험계약은 무효가 된다(상 제644조 본문).

그러나 보험계약 당시 계약당사자 및 피보험자가 보험사고가 이미 발생한 사정 등을 알지 못한 경우는 유효하다(상 제644조 단서).

보험계약의 전부 또는 일부가 무효인 경우에 보험계약자, 피보험자 및 보험수익자 등이 선의이며, 중대한 과실이 없는 한 이미 지급한 보험료를 반환청구할 수 있다(상 제648조).

#### (2) 사기로 인한 보험계약

보험계약자의 사기로 인한 초과보험(상 제669조) 또는 중복보험(상 제672조)은 당연히 무효로 된다. 그러나, 보험자는 그 사실을 안 때까지의 보험료를 청구할 수 있다(상 제669조 4항, 제672조 3항).

### (3) 만 15세 미만자 등의 사망을 보험사고로 하는 생명보험계약

만 15세 미만자, 심신박약자 및 심신상실자는 생명보험의 피보험자가 될 수 없다. 따라서 이들의 사망을 보험사고로 하는 생명보험계약은 무효가 된다(상 제732조).

## 2. 보험계약의 소멸

### (1) 소멸사유

#### ① 보험료부지급으로 인한 계약의 해제

보험계약이 성립되면 보험계약자는 지체없이 보험료를 지급하여야 하는데, 다른 약정이 없는 한 보험계약자가 계약이 성립된 후 2월이 경과하도록 보험료의 전부 또는 제1회보험료를 지급하지 않은 경우는 그 계약은 해제된 것으로 본다(상 제650조 1항).

#### ② 보험기간의 만료

보험자는 보험계약에서 정한 보험기간 내에 발생한 보험사고에 대해서만 보험금지급책임을 진다. 따라서 보험계약에서 정한 보험사고가 발생하지 아니하고 보험기간이 만료되면 그 계약은 소멸하게 된다.

#### ③ 위험의 감소 · 변경 · 증가

위험이 감소된 경우는 원칙적으로 보험관계에 영향을 미치지 않는다. 다만 당사자가 전쟁위험이나 폭발위험과 같은 특별한 위험을 예상하여 비싼 보험료를 정한 경우에는 보험기간 중에 그 특별위험이 소멸하면 보험계약자는 장래에 대하여 보험료의 감액을 청구할 수 있다(상 제647조).

그러나 반대로 위험이 현저하게 변경 또는 증가한 경우 보험계약자 및 피보험자는 그 사실을 안 때에는 지체없이 보험자에게 통지하여야 하고, 보험자가 그 통지를 받은 때에는 1월 이내에 보험계약을 해지하거나 보험료의 증액을 청구할 수 있다(상 제652조 1항 · 2항).

그리고 보험계약자 및 보험수익자나 피보험자의 고의 또는 중대한 과실로 위험이 현저하게 변경 또는 증가한 때에는 보험자는 그 사실을 안 날로부터 1월내에 보험계약을 해지하거나 보험료의 증액을 청구할 수 있다(상 제653조).

④ 보험사고의 발생

보험기간 중에 보험사고가 발생하여 보험금이 지급되면 원칙적으로 보험의 목적이 달성되었기 때문에 보험계약은 소멸한다.

예외적으로 보험사고의 발생으로 보험금액을 지급하여도 보험금액이 감액되지 않는 보험(예: 책임보험)의 경우는 그 성질상 보험사고가 발생하였다고 하여 보험계약이 소멸하는 것이 아니다. 또한 화재보험 등의 경우에는 일부손해가 발생한 경우에 당사자의 약정에 의하여 그 보험계약을 계속 유지할 수 있다.

⑤ 보험목적의 멸실

보험의 목적이 멸실된 경우(예: 화재보험의 목적인 건물이 홍수로 인해 멸실)는 당연히 보험계약이 소멸하게 된다.

⑥ 보험자의 파산 등

보험자가 파산선고를 받은 후 보험계약을 해지하지 않으면 파산선고 후 3월이 경과했을 때, 자동적으로 보험계약은 효력을 상실한다(상 제654조 2항).

또한 선박보험에서 선박을 양도한 때, 선박의 선급을 변경한 때 및 선박을 새로운 관리로 옮긴 때에는 보험자의 동의가 없는 한 보험관계는 종료한다(상 제703조의 2).

(2) 당사자의 계약해지

① 보험계약자에 의한 계약해지

보험계약자는 보험사고가 발생하기 전에 언제든지 보험계약의 전부 또는 일부를 해지할 수 있으며(상 제649조 1항 전문), 보험사고의 발생으로 보험금을 지급한 때에도 보험금액이 감액되지 아니하는 책임보험의 경우는 보험사고의 발생 후에도 언제든지 계약을 해지할 수 있다(상 제649조 2항).

다만, 타인을 위한 보험계약의 경우는 그 타인의 동의를 얻지 아니하거나 보험증권을 소지하지 않으면 해지할 수 없다(상 제649조 1항 단서). 보험사고발생 전에 계약을 해지하는 경우는 당사자간의 다른 약정이 없으면 계약자는 미경과보험료의 반환을 청구할 수 있다(상 제649조 2항).

보험자가 파산선고를 받은 경우도 계약자는 그 계약을 해지할 수 있다(상 제654조 1항).

② 보험자에 의한 계약해지

보험자는 보험계약자 등이 고지의무를 위반한 경우(상 제651조), 계속보험료의 부지급(상 제650조 2항), 보험기간 중에 객관적 위험의 변경·증가(상 제652조 1항·2항) 또는 주관적 위험의 변경·증가(상 제653조), 약관에 규정한 사유 등을 이유로 계약을 해지할 수 있다.

### 3. 보험계약의 부활

#### (1) 의 의

보험계약의 부활이란 보험계약자가 제2회 이후의 계속보험료를 지급하지 아니함으로 인하여 보험계약이 해지되었으나 해지환급금이 지급되지 아니한 경우에 보험계약자가 일정한 기간 내에 연체보험료와 약정이자를 보험자에게 지급하여 그 계약의 부활을 청구하고 보험자가 이를 승낙함으로써 종전의 보험계약을 존속시키는 것을 말한다(상 제650조의 2). 이 때 보험계약자의 청구에 의해 체결되는 계약을 부활계약이라 하고 그 성질은 종래의 보험계약과 동일성을 유지하며 존속할 것을 목적으로 하는 특수한 계약으로 본다.

#### (2) 요건 · 절차

보험계약의 부활을 위해서는 계속보험료의 부지급으로 보험계약이 해지되고, 해약환급금이 지급되지 아니한 상태이어야 한다. 보험계약자의 청약시에는 일정한 기간 내에 연체보험료에 약정이자를 붙여 보험자에게 지급하여야 한다.

그리고, 보험자가 보험계약자로부터 계약의 부활청약을 받은 때에는 30일 내에 상대방에 대하여 승낙 여부의 통지를 발송하여야 하며, 이 통지가 없으면 보험자가 승낙한 것으로 본다(상 제638조의 2).

#### (3) 효 과

보험계약의 부활은 해지 또는 실효된 보험계약이 해지 또는 실효되기 전의 상태로 회복하는 효과를 가져온다. 따라서 종전의 계약의 해지·무효 등의 사유가 존재하는 경우에는 부활 후에도 이를 주장할 수 있다. 다만, 해지 또는 실효된 보험계약에 대한 고지의무 위반에 대하여는 불고지 또는 부실고지를 이유로 부활계약의 해지를 할 수 없다.

## V. 타인을 위한 보험계약

### 1. 타인을 위한 보험계약의 의의

보험계약자가 타인을 보험수익자로 하여 체결하는 보험계약을 타인을 위한 보험계약이라 한다(639조). 손해보험의 경우는 피보험자가 보험수익자가 되고, 인보험에서는 보험계약자가 지정한 타인이 보험수익자가 된다.

타인을 위한 보험계약은 민법상의 제3자를 위한 계약의 일종이라고 할 수 있다.

### 2. 타인을 위한 보험계약체결의 요건

#### (1) 타인을 위한다는 의사표시

타인을 위한 보험계약을 체결하려면 계약당사자간에 타인을 위한다는 의사표시가 있어야 한다. 이러한 합의는 명시적이든 묵시적이든 관계없으며, 타인을 위한다는 의사표시가 분명하지 않은 경우는 보험계약자 자신을 위한 보험계약으로 추정한다.

#### (2) 제3자의 특정 여부

타인을 위한 보험계약에서 보험수익자인 제3자를 특정하여야 하는데, 그 시기는 계약성립 후 보험사고가 발생하기 전이면 된다. 그러나 제3자는 손해보험사고발생시에 피보험이익의 주체가 되는 자를 피보험자로 하거나 생명보험에서 피보험자나 보험계약자의 상속인을 보험수익자로 하는 등 불특정의 타인을 위한 보험도 가능하다.

#### (3) 타인의 위임 여부

타인을 위한 보험계약은 보험계약자와 보험자의 청약과 승낙에 의해 성립되며, 타인의 위임이 요건은 아니다.

손해보험계약의 경우에 그 타인의 위임이 없는 경우 보험계약자는 이를 보험자에게 고지하여야 하고, 그 고지가 없는 때에는 타인이 그 보험계약이 체결되었다는 사실을 알지 못하였다는 사유로 보험자에게 대항하지 못한다(상 제639조 1항 단서).

### 3. 타인을 위한 보험계약의 효과

#### (1) 보험계약자의 지위

① 권 리

보험계약자는 보험자에 대하여 보험계약상의 여러 가지 권리를 가진다.

보험계약의 당사자로서 보험증권교부청구권(상 제640조), 보험료감액청구권(상 제647조), 보험료반환청구권(상 제648조), 보험계약해지권(상 제649 1항 본문), 인보험의 경우에는 보험수익자의 지정·변경권(상 제733조 1항) 등을 가진다.

② 의 무

보험계약자는 보험자에 대하여 보험계약상의 여러 가지 의무를 부담한다.

보험계약의 당사자로서 보험료지급의무(상 제639조 3항 본문), 위험변경증가통지의무(상 제652조), 보험사고발생통지의무(상 제657조), 위험유지의무(상 제653조), 손해보험에 있어서의 손해방지의무(상 제680조) 등을 부담한다.

#### (2) 피보험자 · 보험수익자의 지위

① 권 리

피보험자 또는 보험수익자는 수익의 의사표시를 하지 않더라도 당연히 계약상의 이익을 받으므로(상 제639조 2항) 보험사고가 발생하면 직접 보험자에게 보험금 및 그 밖의 급여를 청구할 수 있다.

② 의 무

피보험자 또는 보험수익자는 보험계약의 당사자는 아니므로 원칙적으로는 보험료지급의무를 부담하지 않으나, 보험계약자의 파산이나 보험료지급지체의 경우는 예외적으로 그 계약상의 권리를 포기하지 않는 한 보험료지급의무를 부담한다(상 제639 3항 단서). 이 외에도 법정의무로서 위험변경증가, 보험사고발생 등 각종 통지의무(상 제652조), 위험유지의무(상 제653조) 등을 부담하고 손해보험계약에서의 피보험자는 타인을 위한 보험계약의 체결시 보험계약의 체결사실을 알고 있는 경우 고지의무(상 제651조)를 부담한다.

## Ⅵ. 보험자의 대위

### 1. 보험자대위의 의의와 인정범위

#### (1) 보험자대위의 의의

보험자대위란 보험자가 보험금을 지급한 경우 보험의 목적 또는 제3자에 대하여 가지는 피보험자 또는 보험계약자의 권리를 법률상 취득하는 것을 말하다. 이는 손해보험의 목적이 보상에 있고 다중이득을 방지하기 위한 것이다. 이와 유사한 제도로 민법상의 손해배상자대위(민 제339조) 제도가 있다.

#### (2) 보험자대위의 인정범위

보험자대위는 원칙적으로 손해보험에서만 인정되고, 인보험에서는 보험자대위가 허용되지 않는다(상 제729조 본문). 다만, 인보험 중 상해보험의 경우는 당사자간의 약정이 있는 때에는 피보험자의 권리를 해하지 않는 범위에서 보험자의 대위가 인정된다(상 제729조 단서).

### 2. 보험목적에 대한 보험자대위(잔존물대위)

#### (1) 보험목적에 대한 보험자대위의 의의

보험목적의 전부가 멸실한 경우에 보험금액의 전액을 지급한 보험자는 그 목적에 관한 피보험자의 권리를 취득한다(상 제681조 본문). 즉 보험사고가 발생한 후 보험자가 보험의 목적으로부터 생긴 잔존물에 대한 권리를 취득하게 되는 것을 보험목적에 대한 보험자대위 또는 잔존물대위라고 한다.

#### (2) 권리취득의 요건

① 보험목적의 전부멸실

보험자의 잔존물대위가 인정되기 위해서는 보험의 목적이 전부 멸실되어야 한다. 즉 보험의 목적이 종래의 용법에 따른 경제적 가치를 상실하여야 한다. 따라서 보험의 목적이 파손되어 어느 정도의 금전적 가치를 보유하고 있더라도 종래의 용법에 따른 경제적 가치가 없는 경우는 전부멸실로 본다.

② 보험금의 전부지급

보험자의 잔존물대위가 인정되기 위해서는 보험자가 보험금액의 전부를 피보험자에게 지급하여야 한다. 여기서 보험금액이란 손해방지·경감비용(상 제680조)까지도 포함된다.

#### (3) 보험목적에 대한 보험자대위의 효과

##### ① 권리취득의 시기 및 방법

보험자는 피보험자에게 보험금액의 전부를 지급한 때에 보험의 목적에 관한 권리를 취득하게 된다. 이 권리는 법률에 의하여 당연히 취득하는 것이므로 별도의 이전절차나 대항요건의 구비를 요하지 않는다.

##### ② 취득하는 권리의 내용

보험자가 취득하는 권리는 보험의 목적에 대한 모든 권리이다.

##### ③ 일부보험의 경우

일부보험의 경우에는 보험자가 취득하는 권리는 보험금액의 보험가액에 대한 비율에 따라 피보험자의 보험목적에 대한 권리를 취득한다(상 제681조 단서).

### 3. 제3자에 대한 보험자대위(청구권대위)

#### (1) 제3자에 대한 보험자대위의 의의

제3자에 대한 보험자대위란 보험사고로 인한 손해가 제3자의 행위로 인하여 생긴 경우에 보험금액을 지급한 보험자는 그 지급한 보험금액의 한도에서 그 제3자에 대하여 보험계약자 또는 피보험자가 가지는 권리를 취득하는 것을 말한다(상 제682조). 이를 보험자의 청구권대위라고도 한다.

#### (2) 제3자에 대한 보험자대위의 요건

##### ① 제3자의 행위로 인한 보험사고의 발생

제3자에 대한 보험자대위가 성립하기 위해서는 제3자의 행위로 인하여 보험사고가 발생하고 또 이로 인하여 피보험자에게 손해가 발생하여야 한다. 여기서 제3자는 보험자, 보험계약자 또는 피보험자를 제외한 모든 자를 말한다.

제3자가 피보험자의 동거가족이고 그 가족의 과실로 인하여 손해가 발생한 경우는 보험자대위의 적용이 배제된다.

##### ② 보험금액의 지급

보험자가 피보험자에게 보험금액을 적법하게 지급하여야 한다. 보험금의 지급은 전액지급이 아니라도 상관없으며 이 점에서 잔존물대위와 구별된다.

보험금의 지급이 있기 전에는 피보험자 등은 제3자에 대한 권리를 행사하거나 처분할 수 있다.

(3) 제3자에 대한 보험자대위의 효과

① 제3자에 대한 권리취득

보험자가 보험금을 지급한 때에는 보험계약자 또는 피보험자가 제3자에 대하여 가지는 손해배상청구권 또는 공동해손분담청구권 등을 취득한다(상 제682조 본문). 이러한 권리는 법률에 의하여 당연히 취득하는 것이므로 당사자의 의사표시나 별도의 이전절차를 필요로 하지 않는다. 권리이전의 시기는 보험금지급시이다.

② 취득하는 권리의 범위

보험자는 지급한 보험금액의 한도에서만 피보험자 등이 제3자에 대하여 가지는 권리를 취득한다. 다만 보상할 보험금액의 일부를 지급한 때에는 보험자는 피보험자의 권리를 해하지 않는 범위 내에서 그 권리를 행사할 수 있다(상 제682조 단서).

CHAPTER

# 03 손해보험

## Ⅰ. 손해보험계약

### 1. 손해보험계약의 의의

손해보험계약이란 보험자가 보험사고로 인하여 발생할 재산상의 손해를 보상할 것을 약정하고, 그 상대방인 보험계약자가 그에 대한 보수로써 보험료를 지급하기로 약정함으로써 성립하는 계약을 말한다(상 제665조). 즉 손해보험계약은 보험료의 지급에 대한 손해의 보상을 목적으로 하는 유상계약이다.

### 2. 손해보험과 인보험의 차이

#### (1) 계약당사자

손해보험의 계약당사자는 보험자와 보험계약자이고, 보험계약관계자로서는 피보험자가 있다.

인보험의 계약당사자는 손해보험의 경우와 같지만 인보험에 있어서 피보험자란 보험의 목적이 되는 자로서 보험금지급청구권이 없고 보험수익자가 보험금을 지급받을 수 있다.

#### (2) 보험의 목적

손해보험의 목적은 피보험이익이 인정되는 한 모든 물건이 되며, 제한이 없다. 그 목적의 양도도 인정된다(상 제679조).

인보험의 목적은 자연인에 한정된다. 그러나 15세 미만자, 심신상실자 또는 심신박약자의 사망을 보험사고로 한 보험계약은 무효로 함으로써 그 목적이 제한된다(상 제732조).

### (3) 보험사고

손해보험의 보험사고는 보험자의 보상의무를 구체화시키는 사고로서 자연적인 사고에 한하지 않는다. 그러나 그 사고의 발생 여부·시기·방법 등은 우연성이 있는 불확정적인 사고이어야 한다.

인보험의 보험사고는 사람의 신체의 생명 또는 상해에 대한 사고이다.

### (4) 피보험이익과 보험가액

손해보험은 손해의 보상을 목적으로 하므로 피보험이익의 가액인 보험가액과 보험금액과의 관계에 따라 초과보험(상 제669조), 중복보험(상 제672조), 일부보험(상 제674조)의 문제가 생기게 된다.

인보험에서는 일반적으로 피보험이익이 인정되지 않으므로 보험가액도 존재하지 않는다. 따라서 보험금액과의 문제도 발생하지 않는다.

### (5) 보험금액

손해보험에서의 보험금액은 보험자가 지급해야 할 금액의 최고한도액을 말한다. 보험사고가 발생한 경우 그에 대한 구체적인 보상액은 보험가액 및 보험금액의 한도 내에서 실손해액을 기준으로 결정되는 부정액보험이다.

인보험에서는 보험사고가 발생하면 보험자는 이미 약정된 일정한 보험금액을 지급하는 정액보험이다. 다만 상해보험은 손해보험과 같이 상해의 정도에 따라 보험금액이 결정된다.

### (6) 보험기간

손해보험은 일반적으로 보험기간이 단기이므로 보험료 전액을 일시에 지급하는 경우가 많다.

인보험의 경우 특히 생명보험과 혼합보험은 보험기간이 장기이므로 보험료를 분할하여 지급하는 것이 일반적이다.

### (7) 보험자대위

손해보험의 경우는 보험자가 보험금액을 지급하면 보험의 목적에 대한 피보험자의 권리를 취득하거나 제3자에 대한 보험계약자 또는 피보험자의 권리를 취득하게 된다.

인보험의 경우는 원칙적으로 보험자대위가 금지되나 예외적으로 상해보험의 경우에 당사자간의 약정에 의하여 피보험자의 권리를 해하지 않는 범위 내에서 청구권대위권이 인정되고 있다(상 제729조).

## Ⅱ. 피보험이익

### 1. 피보험이익의 의의

피보험이익이란 손해보험에서 보험사고가 발생함으로써 피보험자가 손해를 입을 염려가 있는 경제적 이익을 말하며, 보험계약의 목적이라고도 한다. 피보험이익은 손해보험계약에서 특수한 것으로 필수불가결한 요소이며 계약의 성립요건이자 존속요건이다.

### 2. 피보험이익의 요건

#### (1) 금전산정가능성

피보험이익은 금전으로 산정할 수 있는 경제적 이익에 한한다(상 제668조). 따라서 정신적 이익 등 경제적 이익 외의 것은 피보험이익이 아니다. 다만 보험사고로 인하여 상실된 피보험자가 얻을 이익이나 보수는 당사자간에 다른 약정이 없으면 보험자가 보상할 손해액에 산입하지 않는다(상 제667조).

#### (2) 이익의 적법성

피보험이익은 법의 보호를 받을 수 있는 적법한 것이어야 한다. 따라서 법의 금지규정에 위반하거나 사회질서에 반하는 이익으로서 피보험이익이 될 수 없다.

#### (3) 확정가능성

피보험이익은 계약체결 당시 확정되어 있거나, 보험사고가 발생할 때까지는 이익의 종류 · 귀속이 확정될 수 있어야 한다. 이익은 확정할 수만 있다면 현재의 이익뿐만 아니라 장래의 이익 · 조건부이익 등을 보험계약의 목적으로 하여도 상관없다.

### 3. 피보험이익 개념의 효용

손해보험에 있어서 피보험이익의 개념은 ① 보험자의 책임범위를 확정하고, ② 중복보험이나 초과보험의 폐단을 방지하며, ③ 보험의 도박화를 방지하고, ④ 보험계약의 동일성을 판별하는 표준이 되는 점 등에서 법률상 중요한 효용을 갖는다.

## Ⅲ. 손해보험계약의 효과

### 1. 보험자의 손해보상의무

#### (1) 의 의

손해보험계약은 일종의 손해보상계약이므로 보험자는 보험사고로 인하여 생긴 피보험자의 재산상의 손해를 보상할 의무를 진다(상 제665조).

#### (2) 손해보상의 요건

① 보험사고의 발생

보험계약에서 정한 보험사고는 보험기간 내에 발생하여야 하며, 이에 대한 입증책임은 보험계약자가 부담한다. 이 때 보험사고가 보험기간 내에 발생한 이상 손해가 뒤에 확정되어도 그 책임을 지게 된다.

② 손해의 발생

보험사고의 발생으로 보험계약의 목적인 피보험이익에 관하여 재산상의 손해가 생겨야 하고, 그러한 손해와 보험사고와의 사이에 상당인과관계가 있어야 한다.

③ 면책사유

손해보험에 있어서는 보험목적의 성질·하자 또는 자연소모로 인한 손해는 보험자가 이를 보상할 책임이 없다(상 제678조).

### 2. 보험계약자와 피보험자의 손해방지의무

#### (1) 의 의

보험계약자와 피보험자는 보험사고가 발생한 경우에 손해의 방지와 경감을 위하여 노력하여야 하며, 이를 위하여 필요·유익한 비용은 이것과 보상액의 합계액이 보험금액을 초과하는 때에도 보험자가 부담한다(상 제680조).

(2) 손해방지의무 위반의 효과

손해방지의무를 해태한 경우에 그 효과에 관하여는 경과실로 인한 의무 위반이 있는 때에는 피보험자가 계약의 당사자는 아니지만 채무불이행에 관한 일반원칙에 따라서 보험자는 그로 인한 손해의 배상을 청구할 수 있으며, 또 보험금에서 손해액을 공제하고 지급하면 된다고 할 것이고, 고의 또는 중대한 과실에 의한 의무 위반의 경우에는 공익의 보호라는 입법취지에서 볼 때 보험자는 보상의무를 면한다고 할 것이다.

## Ⅳ. 손해보험계약의 변경·소멸

### 1. 보험관계의 변경 및 소멸

(1) 보험가액의 변경

보험금액이 보험가액을 현저하게 초과한 때나 보험기간 중에 물가의 변동 등으로 보험가액이 현저하게 감소된 때에는 보험자 또는 보험계약자는 보험금액 또는 보험료의 감액을 청구할 수 있다. 그러나 보험금의 감액은 장래에 대하여 효력이 있을 뿐이다(상 제669조).

(2) 피보험이익의 소멸

손해보험계약은 피보험이익이 소멸하면 존재할 수 없으므로 계약의 당사자 간에 다른 약정이 없으면 미경과보험료는 그 반환을 청구할 수 있다(상 제649조 3항).

### 2. 보험의 목적의 양도

(1) 보험의 목적의 양도의 의의

피보험자가 보험계약의 대상으로 되어 있는 목적물을 그 의사표시에 의하여 타인에게 양도하는 것을 보험의 목적의 양도라 한다.

(2) 권리·의무이전 추정의 요건

양수인이 보험계약상의 권리·의무를 승계한 것으로 추정하기 위하여는 ① 양도 당시에 보험관계가 유효하게 존속하고 있어야 하고, ② 보험의 목적은 물건임을 원칙으로 하며, ③ 보험의 목적에 대한 소유권이 물권변동에 의하여 양수인에게 이전되어야 한다.

### 3. 보험의 목적의 양도의 효과

보험의 목적을 양도하면 양수인은 보험계약상의 권리와 의무를 승계한 것으로 추정된다(상 제679조 1항). 그러므로 양수인은 별다른 반증이 없는 한, 보험계약상의 피보험자의 권리와 의무를 승계한다. 이 경우에 보험의 목적의 양도인 또는 양수인은 보험자에 대하여 지체없이 그 사실을 통지하여야 한다(상 제679조 2항).

## Ⅴ. 각종의 손해보험

### 1. 화재보험

#### (1) 화재보험의 의의

화재보험은 화재로 인한 손해를 보상하기 위한 보험을 말한다(상 제683조).

#### (2) 화재보험증권의 기재사항

화재보험증권에는 손해보험증권의 기재사항(상 제666조) 외에도 ① 건물이 보험목적인 경우는 그 소재지·구조와 용도, ② 동산이 보험목적인 경우는 그 존치장소의 상태와 용도, ③ 보험가액을 정한 경우는 그 가액 등을 기재하여야 한다(상 제685조).

#### (3) 보험의 목적

상법상의 화재보험목적은 건물과 동산이지만(상 제685조), 이에 한하지 않고 불에 탈 수 있는 유체물은 모두 보험의 목적이 될 수 있다.

집합된 물건을 일괄하여 보험의 목적으로 하는 집합보험의 경우는 피보험자의 가족이나 사용인의 물건도 보험의 목적에 포함되며(상 제687조), 집합보험의 목적에 속한 물건이 보험기간 중에 수시로 교체된 경우도 보험사고발생 당시의 현존물건은 보험의 목적에 포함되는데(상 제687조) 이를 총괄보험이라 한다.

#### (4) 보험자의 손해보상책임

보험자는 위험보편의 원칙에 따라 화재원인한정특약이 없는 한 원인 여하를 불문하고 화재로 인해 발생한 모든 손해를 보상하여야 한다(상 제683조). 보험자가 보상해야 할 손해의 범위는 화재와 상당한 인과관계가 있는 모든 손해로 보는 것이 일반적인 견해이다.

또한 화재의 소방 또는 손해의 감소에 필요한 조치로 인해 발생한 손해에 대해서도 보험자는 보상책임을 진다(상 제684조).

## 2. 운송보험

### (1) 운송보험의 의의

육상운송에 있어서 운송물에 관한 사고로 인하여 발생한 손해를 보상할 것을 목적으로 하는 보험을 운송보험이라 한다.

### (2) 운송보험증권의 기재사항

운송보험증권에는 손해보험증권의 기재사항 외에도 ① 운송의 노순과 방법, ② 운송인의 주소와 성명 또는 상호, ③ 운송물의 수령 및 인도장소, ④ 운송기간을 정한 때에는 그 기간, ⑤ 보험가액을 정한 때에는 그 가액 등을 기재하여야 한다(상 제690조).

### (3) 보험의 목적

운송보험의 목적은 운송물이다(상 제688조). 따라서 여객이나 운송수단 자체를 보험의 목적으로 하는 보험은 운송보험이 아니다. 한편 운송인이 자기소유의 물건을 자기를 위하여 운송하는 경우는 운송보험의 목적이 될 수 있다.

### (4) 보험사고

운송보험에 있어서 보험사고는 육상운송 중에 운송물에 생길 수 있는 모든 사고이다. 그러나 약관에 의하여 운송위험, 즉 보험사고의 범위를 특정하거나 특정사고를 보험사고에서 제외하는 것은 가능하다.

### (5) 보험기간

보험자는 다른 약정이 없으면 운송인이 운송물을 수령한 때로부터 수하인에게 운송물을 인도할 때까지 생길 손해를 보상하여야 한다(상 제688조). 따라서 운송보험의 경우는 실제로 운송에 소요되는 기간뿐만 아니라 운송인이 운송물을 수하인에게 인도할 때까지의 전기간이 보험기간으로 된다. 그러나 약관으로 달리 정할 수 있다.

(6) 보험가액

손해보험에서 보험가액은 사고발생시의 가액에 의하는 것이 원칙이지만(상 제670조, 671조) 운송보험에서는 당사자간의 약정이 없으면 운송물을 발송한 때와 곳의 운송물의 가액과 도착지까지의 운임 기타의 비용을 보험가액으로 하는데(상 제689조 1항). 이를 보험가액불변경주의라 한다. 희망이익은 당사자간에 약정이 있는 경우만 보험가액에 산입한다(상 제689조 2항). 여기서 희망이익이란 운송물의 도착으로 인하여 얻을 이익을 말한다.

(7) 보험자의 면책사유

운송보험에서는 보험계약자나 피보험자 등의 고의 또는 중과실로 인한 보험사고(일반면책사유)뿐만 아니라 송하인이나 수하인의 고의 또는 중과실로 인한 보험사고에 대해서도 보험자의 손해보상책임이 면책된다(상 제692조).

(8) 보험계약의 변경

운송보험의 경우는 해상보험과 달리 다른 약정이 없는 한 운송상의 필요에 따라 일시적으로 운송을 중지하거나 운송의 노순 또는 방법을 변경하더라도 계약상의 효력에는 영향을 미치지 아니한다(상 제691조). 그러나 운송조건의 변경 결과 사고발생의 위험이 현저하게 변경 또는 증가된 경우 보험자는 보험료 증액청구권이나 계약해지권을 행사할 수 있다.

### 3. 해상보험

(1) 해상보험의 의의

해상보험이란 해상사업에 관한 사고로 인하여 생기는 손해의 보상을 목적으로 하는 손해보험(상 제693조)으로서 선박보험, 적하보험, 희망이익보험 등이 있다.

(2) 해상보험증권의 기재사항

해상보험의 증권에는 손해보험증권의 기재사항(상 제666조) 외에 ① 선박보험의 경우는 그 선박의 명칭과 국적 및 항해의 범위, ② 적하보험의 경우는 선박의 명칭, 국적, 종류 및 선적항과 양륙항 그리고 출하지와 도착지를 정한 경우는 그 지명, ③ 보험가액을 정한 경우는 그 가액을 기재하여야 한다(상 제695조).

### (3) 보험의 목적

해상보험계약에 있어서의 보험의 목적은 해상사업에 관한 사고로 인하여 손해를 입게 될 모든 재산, 즉 선박·적하·희망이익·선비 등이다. 선박에는 영리선, 국공유선 및 건조 중인 선박도 포함되고, 적하는 운송물을 말하며 항해시의 소모품 등은 이에 포함되지 않는다.

### (4) 보험사고

해상보험의 보험사고는 해상사업에 관하여 생기는 모든 사고이다(상 제693조). 즉 선박의 침몰, 좌초, 충돌 등과 같은 항해 특유의 사고뿐만 아니라 화재, 도난, 폭발, 선원의 불법행위, 선박의 불안전 등의 일반적인 사고까지 해당된다.

### (5) 보험기간

보험기간은 당사자의 합의에 의하여 약관으로 정할 수 있으며, 보험기간에 관한 당사자간의 합의가 없는 경우에 대하여 상법은 보험의 종류에 따라 다음과 같이 규정하고 있다.

#### ① 선박보험의 경우

항해단위로 한 선박보험의 경우 보험기간은 하물 또는 저하의 선적에 착수한 때(상 제699조 1항), 하물 또는 저하의 선적에 착수한 후에 보험계약이 체결된 때에는 보험계약이 성립한 때에 각각 개시하고(상 제669조 3항), 도착항에서 하물 또는 저하를 양륙한 때에 종료하지만 불가항력으로 인하지 않고 양륙이 지연된 때에는 일반적으로 양륙이 종료될 수 있는 때에 종료된 것으로 본다(상 제700조). 그리고 보험자의 동의 없이 선박양도, 선박의 선급변경 및 선박을 새로운 관리로 옮긴 때에도 보험계약은 종료한다(상 제703조의 2).

#### ② 적하보험의 경우

적하를 보험에 부친 경우 보험기간은 그 하물의 선적이 시작된 때에 개시하나 당사자가 출하지를 따로 정한 경우에는 그곳에서 선적에 착수한 때에 개시하고(상 제699조 2항), 하물 또는 저하의 선적이 시작된 후 보험계약이 체결된 경우는 계약성립시에 보험기간이 개시한다(상 제699조 3항). 이 경우 보험기간은 도착항에서 하물 또는 저하를 양륙한 때에 종료하지만 불가항력으로 인하지 않고 양륙이 지연된 때에는 그 양육이 보통 종료될 때에 종료된 것으로 본다(상 제700조).

③ 희망이익보험

적하의 도착으로 인하여 얻을 이익 또는 보수를 보험에 붙인 경우인 희망이익보험은 적하보험과 함께 취급되므로 그 보험기간의 개시와 종료는 적하보험기간과 동일하다.

(6) 보험가액

선박보험의 경우는 보험자의 책임이 개시될 때의 선박가액을 보험가액으로 하고(상 제696조 1항), 적하보험의 경우는 선적한 때와 곳의 적하의 가액과 선적 및 보험에 관한 비용(상 제697조), 희망이익보험의 경우는 계약으로 보험가액을 정하지 아니한 때에는 보험금액을 각각 보험가액으로 한다(상 제698조).

(7) 보험자의 손해보상책임

① 손해보상의 범위

해상보험에 있어서 보험자는 해상사업에 관한 사고로 인하여 발생하는 모든 손해를 보상하는 것이 원칙이나(상 제693조), 다음과 같은 특별규정이 있다.

(i) **공동해손으로 인한 손해의 보상:** 공동해손으로 인한 손해에 대한 보험은 그 성질상 책임보험에 해당하므로(상 제719조 참조) 선박보험이나 적하보험에서 담보되어지는지가 불분명하다. 따라서 상법은 피보험자가 지급할 공동해손의 분담액은 보험가액을 초과하지 않는 범위 내에서 보험자가 보상하여야 한다고 명문으로 규정하고 있다(상 제694조). 이 경우에 보험자는 피보험자의 공동해손 분담청구권을 대위취득할 수 있다(상 제682조).

(ii) **충돌로 인한 손해의 보상:** 선박의 충돌로 인해 보험목적에 발생한 손해는 당연히 보험자가 보상하지만 간접손해인 타인에 대한 손해배상의무는 책임보험의 대상이므로 충돌약관이 없는 한 선박보험에서 당연히 담보되는 것은 아니다.

(iii) **해양사고구조료의 보상:** 보험자는 피보험자가 보험사고로 인하여 발생하는 손해를 방지하기 위해 지급할 구조료를 보험가액을 초과하지 않는 범위 내에서 보상할 책임이 있다(상 제694조 의 2).

(iv) **특별비용의 보상:** 보험자는 보험목적의 안전이나 보존을 위하여 지

급할 특별비용을 보험금액의 한도 내에서 보상할 책임이 있다(상 제694조의 3). 특별비용이란 적하를 보존하기 위하여 지출한 비용을 말한다.

② 면책사유

(i) **법정사유:** 보험자는 손해보험계약의 일반적 면책사유(상 제659조) 외에 감항능력의 결여로 인한 손해(상 제787조, 제706조 제1호), 용선자·송하인·수하인의 고의·중과실로 인한 손해(상 제706조 제2호), 도선료 기타 항해 중의 통상비용(상 제706조 제3호) 등에 관해서도 면책된다.

(ii) **약관에 의한 책임한정:** 항해에 관한 사고는 범위가 넓어 실제로는 약관에 의하여 보상책임의 범위를 한정(예: 전손만의 담보)하고 있다.

(8) 보험위부

보험위부란 보험의 목적이 전부 멸실한 것과 동일시할 수 있는 일정한 경우에 피보험자가 보험의 목적에 관한 자기의 모든 권리를 보험자에게 양도하고, 보험자에 대하여 보험금액의 전부를 청구하는 것을 말한다(상 제701조, 제708조).

해상보험에 있어서는 해상기업의 특수성으로 인하여 손해의 입증이 어려운 때, 손해의 발생사실의 증명이나 손해액의 산정절차를 생략함으로써 보험관계자간의 계산관계를 신속·간편하게 처리하게 하는 해상보험 특유의 제도이다.

## 4. 책임보험

(1) 책임보험계약의 의의

책임보험계약이란 피보험자가 보험기간 중의 사고로 인하여 제3자에게 배상할 책임을 진 경우 보험자가 피보험자의 책임이행으로 인하여 생길 손해를 보상할 것을 목적으로 하는 보험계약을 말한다(상 제719조).

(2) 보험의 목적

책임보험은 불특정의 전재산에 대한 간접적이고 무형의 손해를 보상하므로 피보험자의 전재산이 보험의 목적이 된다.

(3) 피보험이익

책임보험은 피보험자의 전재산을 보험의 목적으로 하기 때문에 피보험자가 가지게 될 재산의 현상유지에 관한 이익이 피보험이익이 된다.

### (4) 보험사고

책임보험에 있어서 보험사고는 계약에 정한 사실로 인하여 피보험자가 제3자에게 배상책임을 지는 것이다(상 제719조). 이 제3자에 대한 책임은 민사상의 책임에 한한다. 또 영업책임보험의 경우에는 피보험자의 대리인 또는 사업감독자의 제3자에 대한 책임도 이에 포함된다(상 제721조).

### (5) 보험자의 보상책임

#### ① 손해보상의 범위

보험자는 피보험자가 제3자에게 배상한 손해 외에 피보험자가 제3자의 청구를 방어하기 위하여 지출한 재판상 또는 재판외의 필요비용도 보상하여야 하며, 재판의 집행을 면하기 위한 담보제공 또는 공탁비용은 보험금액의 한도 내에서 보상할 책임이 있고, 피보험자의 방어행위와 담보제공·공탁행위가 보험자의 지시에 의한 것인 때에는 그 금액에 손해액을 가산한 금액이 보험금액을 초과하여도 이를 보상하여야 한다(상 제720조).

#### ② 손해보상기간

보험자는 원칙적으로 보험금액이 정해진 날로부터 10일 이내에 보험금액을 지급하여야 한다(상 제658조). 다만, 책임보험에 있어서는 특약이 없는 한 피보험자의 변제 등의 통지를 받은 날로부터 10일 내에 보험금을 지급하여야 한다(상 제723 2항).

보험자는 피보험자가 제3자에 대하여 배상을 하기 전에는 피보험자에게 보험금액을 지급하지 못한다(상 제724조 1항).

### (6) 피보험자의 의무

#### ① 통지의무

피보험자가 제3자로부터 손해배상의 청구를 받거나 변제·승인·화해 또는 재판으로 인한 채무가 확정된 때에는 지체없이 보험자에게 그 통지를 발송하여야 한다(상 제722조, 제723조 1항).

#### ② 협의의무

피보험자는 제3자에 대하여 변제·승인 또는 화해를 함에 있어서 보험자의 동의를 얻어야 한다(상 제723조 3항). 그러나 보험자의 동의가 없더라도 피보험자의 변제·승인 또는 화해행위가 현저하게 부당한 것이면 보험자는 보상책임을 면한다.

### (7) 보험자와 제3자와의 관계

#### ① 제3자의 직접청구권

책임보험은 자기를 위한 보험이므로 피해자인 제3자와 보험자간에는 보험관계상 아무런 법률관계가 없지만 제3자의 권리를 보호하기 위하여 제3자가 피보험자에 대하여 가지는 손해배상청구권을 보험자에게 직접 행사할 수 있도록 법정하고 있는데, 이 때 보험자는 피보험자가 제3자에 대하여 가지는 항변으로 대항할 수 있다(상 제724조 2항).

#### ② 보험자의 통지의무

보험자는 제3자로부터 청구를 받은 때에는 지체없이 피보험자에게 이를 통지하여야 한다(상 제724조 3항). 통지를 받은 피보험자는 보험자의 요구가 있을 때에는 협조하여야 한다(상 제724조 4항).

#### ③ 선지급금지

보험자는 피보험자가 책임질 사고로 인하여 발생한 손해에 대하여 제3자가 그 배상을 받기 전에는 보험금액의 전부 또는 일부를 피보험자에게 지급하지 못한다(상 제724조 1항).

### (8) 수개의 책임보험에 대한 특칙

책임보험은 손해보험의 일종이나 보험가액의 개념이 없어서 중복보험을 인정할 수 없지만 피보험자가 동일한 사고로 제3자에게 배상책임을 짐으로써 입은 손해를 보상하는 수개의 책임보험계약이 동시 또는 순차로 체결된 경우에 그 보험금액의 총액이 피보험자의 제3자에 대한 손해배상액을 초과하는 때에는 중복보험의 경우와 같다.

각 보험자의 피보험자에 대한 보상에 관한 연대책임과 보험자들 간의 분담에 관한 보험금액비례주의 등의 규정(상 제672조) 및 보험자의 1인에 대한 피보험자의 권리포기는 다른 보험자의 권리·의무에 영향을 미치지 않는다는 규정(상 제673조)을 준용한다(상 제725조의 2).

## 5. 자동차보험

### (1) 자동차보험의 의의

자동차보험계약은 피보험자가 자동차를 소유·사용·관리하는 동안 발생한 사고로 인하여 생긴 손해를 보험자가 보상할 것을 목적으로 하는 손해보험계약이다(상 제726조의 2). 자동차보험에는 자동차책임보험, 차량보험, 자손사고보험, 자동차종합보험 등이 있다.

### (2) 자동차보험의 증권기재사항

자동차보험증권에는 일반적인 기재사항 이외에 ① 자동차소유자와 그 밖의 보유자의 성명과 생년월일 또는 상호, ② 피보험자동차의 등록번호, 차대번호, 차형연식과 기계장치, ③ 차량가액을 정한 때에는 그 가액 등을 기재하여야 한다(상 제726조의 3).

### (3) 자동차보험의 보험사고

책임보험에서의 보험사고는 피보험자동차의 사고로 인한 법률상 손해배상책임(대인·대물배상책임)의 발생이며, 차량보험에서의 보험사고는 차량의 멸실·훼손·도난 등 차량 자체에 관하여 생길 수 있는 모든 사고이다.

또한 자손사고보험에 있어서의 보험사고는 피보험자동차의 사고로 입은 피보험자 등의 사망 또는 상해이다.

**자동차보험의 보험사고별 보상내용**

| 구 분 | 보험사고별 보상내용 |
|---|---|
| 대인배상 I | 자동차손해배상보장법상 의무적으로 가입하여야 하는 보험으로 책임보험이라고도 함. 자동차사고로 다른 사람이 사망하거나 다친 경우에 보상함. |
| 대인배상 II | 자동차사고로 다른 사람을 죽게 하거나 다치게 한 경우 대인배상 I 담보에서 보상하는 금액이 초과되는 손해를 보상함.<br>보상한도를 무한으로 가입하면 교통사고처리특례법에 의한 형사처벌 면제의 혜택이 있음. |

| | |
|---|---|
| 대물배상 | 자동차사고로 다른 사람의 차량이나 재물을 파손한 경우에 그 비용을 보상함.<br>보상한도를 2천만원 이상으로 가입하면 교통사고처리특례법에 의한 형사처벌 면제의 혜택이 있음. |
| 자기신체사고 | 자동차사고로 본인 및 가족이 다친 경우에 보상함. |
| 무보험차상해 | 도주(뺑소니) 및 무보험차량에 의해서 다친 경우 본인은 물론 부모, 배우자, 자녀까지 보상받음.<br>또한, 다른 자동차를 운전하던 중 생긴 사고도 대인배상 II, 대물배상, 자기신체사고의 규정에 따라 보상 받음. |
| 자기차량손해 | 자동차사고(충돌, 접촉, 추락, 전복, 차량침수, 화재, 폭발, 낙뢰, 날아오는 물체, 떨어지는 물체, 차량도난 등)로 본인의 자동차에 생긴 손해를 보상 받음. |

**무보험차상해보험**

| 보험사고 내용 | 구 분 | 무보험차상해로 보상받을 수 있는 범위 |
|---|---|---|
| 사고가해 차량이 무보험이거나 도주(뺑소니) 차량이어서 알 수 없는 경우 | 자기 차를 몰고 가다가 다른 차에 사고를 당한 경우 | 본인, 배우자, 자녀, 본인의 부모, 배우자의 부모 (시부모, 장인·장모) 등은 사고 당시 피보험자인 본인 차에 타고 있는 경우와 타고 있지 않은 경우 모두 대상이 됨<br>피보험자 차를 빌려타는 사람이나 운전사는 피보험자 차를 타고 있던 중 사고당한 경우 |
| | 자기가 걸어가다가 다른 차에 사고를 당한 경우 | |
| | 자기가 다른 사람의 차를 타고 가다가 다른 차의 잘못으로 사고를 당한 경우 (내가 탔던 피해차량도 종합보험에 가입되지 않았을 때) | |

### (4) 보상의 범위

보험자는 피보험자가 자동차를 소유, 사용 또는 관리하는 동안 발생한 사고로 인하여 발생한 손해를 보상할 책임이 있다(상 제726조의 2). 그러나 구체적인 손해보상의 범위 및 면책사유는 약관으로 정하고 있다.

### (5) 자동차의 양도

피보험자가 보험기간 중에 자동차를 양도한 때에는 양수인은 보험자의 승낙을 얻은 경우에 한하여 보험계약으로 인하여 발생한 권리와 의무를 승계한다(상 제726의 4 제1항). 그리고 보험자가 양수인으로부터 양수사실을 통지받은 때에는 지체없이 낙부통지의무를 부담하며, 통지를 받은 날로부터 10일 이내에 낙부의 통지가 없는 경우는 승낙한 것으로 된다(상 제726조의 4 제2항).

CHAPTER

# 04 인 보 험

## Ⅰ. 인보험계약의 의의

### 1. 의　의

인보험계약이란 보험자가 피보험자의 생명 또는 신체에 관하여 보험사고가 생길 경우에 계약의 정하는 바에 따라 보험금액 기타의 급여를 할 것을 약정하고, 보험계약자가 이에 대하여 보험료를 지급할 것을 약정함으로써 효력이 생기는 보험계약을 말한다(상 제638조, 제727조).

### 2. 인보험증권의 기재사항

인보험증권에는 손해보험증권의 일반기재사항(상 제666조) 외에 ① 보험계약의 종류, ② 피보험자의 주소·성명 및 생년월일을 기재하여야 한다(상 제728조). 보험수익자를 보험계약체결 당시에 정하지 않고 후에 정할 수도 있다(상 제733조).

### 3. 보험자대위의 제한

인보험에 있어서는 보험자는 보험사고로 인하여 생긴 보험계약자 또는 보험수익자의 제3자에 대한 권리를 대위하여 행사하지 못하나, 상해보험계약의 경우에 당사자간에 다른 약정이 있는 때에는 보험자는 피보험자의 권리를 해하지 아니하는 범위 안에서 그 권리를 대위하여 행사할 수 있다(상 제729조).

## Ⅱ. 생명보험

### 1. 생명보험계약의 의의

생명보험계약이란 보험자가 피보험자의 생명에 관한 보험사고가 생길 경우에 약정한 보험금액을 지급하기로 하는 인보험계약을 말한다(상 제730조).

## 2. 생명보험의 종류

① 보험사고에 따라 피보험자의 사망을 보험사고로 하여 보험금을 지급하는 사망보험, 피보험자가 일정한 보험기간까지 생존할 것을 보험사고로 하는 생존보험, 일정한 보험기간까지의 생존과 사망의 모두를 보험사고로 하는 생사혼합보험(양로보험)이 있다.

② 피보험자의 수에 따라 피보험자 1인의 생사를 보험사고로 하는 개인보험과 피보험자 2인 중 1인의 사망을 보험사고로 하는 연생보험, 특정단체의 구성원의 전부 또는 일부를 포괄적으로 피보험자로 하여 그의 생사를 보험사고로 하는 단체보험이 있다.

③ 보험금의 지급방법에 따라 보험사고가 발생한 때에 보험자가 보험금액의 전부를 지급하는 일시금보험, 보험사고가 발생한 때에 보험자가 보험금액을 연금으로 분할하여 지급하는 연금보험이 있다.

## 3. 타인의 생명보험

타인의 생명보험이란 보험계약자가 자기 이외의 제3자를 피보험자로 한 생명보험을 말한다. 이것은 도박으로 악용되거나 인위적인 사고의 위험이 있으므로 제한이 필요하다.

그리하여 상법은 타인의 사망을 보험사고로 하는 경우와 이 계약상의 권리를 피보험자가 아닌 제3자에게 양도하는 경우에는 보험계약체결시에 그 타인의 서면에 의한 동의를 필요로 한다고 규정하고 있다(상 제731조).

15세 미만자, 심신상실자 또는 심신박약자의 사망을 보험사고로 하는 보험계약은 언제나 무효로 하고 있다(상 제732조).

## 4. 타인을 위한 생명보험

타인을 위한 생명보험이란 보험계약자가 자기 이외의 제3자를 보험수익자로 한 생명보험을 말한다.

타인을 위한 생명보험계약에서 보험계약자는 보험수익자를 지정·변경할 권리를 갖는데(상 제733조 1항), 보험계약자는 이러한 지정·변경권을 보험기간 내에 또는 보험사고발생 전에 행사하여야 한다(상 제733조 4항).

보험수익자의 지정·변경권은 형성권이므로 보험계약자의 일방적인 의사표시만으로 그 효력이 발생하나, 이것을 보험자에게 대항하기 위하여는 보험자에게 통지를 하여야 한다(상 제734조 1항). 보험계약자가 보험수익자를 지정하거나 변경하는 경우 타인의 생명보험에서 그 타인을 보험수익자로 하지 않은 때에는 그 타인의 서면동의를 얻어야 한다(상 제734조 2항).

## Ⅲ. 상해보험

### 1. 상해보험계약의 의의

상해보험계약이란 보험자는 피보험자의 신체의 상해에 관한 보험사고가 생길 경우에 보험금액 기타의 급여를 하기로 하는 인보험계약을 말한다(상 제737조). 여기서 기타의 급여란 치료 또는 의약품의 급여와 같은 현금 이외의 급여를 말한다.

### 2. 상해보험계약의 보험사고

상해보험계약에서의 보험사고에 대하여 상법은 피보험자의 신체의 상해라고만 규정하고 있으나(상 제737조), 상해보험보통약관은 급박하고 우연한 외래의 사고로 인하여 피보험자가 신체에 입은 상해라고 규정하고 있다(동약관 제3조 1항).

따라서 급격하고 우연히 발생하며, 상해의 원인이 외부적인 사고이어야 한다. 즉 신체적 결함이나 질병은 상해보험의 사고가 되지 않는다. 이 때 상해를 원인으로 한 사망은 보험사고에 포함된다.

### 3. 상해보험계약에 관한 특칙

#### (1) 상해보험증권

상해보험증권은 인보험증권과 같으나 피보험자와 보험계약자가 동일인이 아닌 때에는 인보험증권의 기재사항 중 피보험자의 주소와 성명 대신에 피보험자의 직무 또는 직위만을 기재할 수 있다(상 제738조).

#### (2) 생명보험에 관한 규정의 준용

상해보험에 관하여는 상법 제732조의 규정을 제외하고, 생명보험에 관한 규정이 준용된다(상 제739조). 그리고 당사자간의 특약에 의하여 제3자에 대한 보험자대위가 인정된다.

### 생명보험과 상해보험의 비교

| 구 분 | 생명보험 | 상해보험 |
|---|---|---|
| 보험사고 | 일정한 시기에 있어서의 피보험자의 생존, 사망 | 급격하며 우연하고 외부로부터 생긴 신체의 손상 |
| 피보험자의 제한<br>(15세 미만자, 심신박약자, 심신상실자) | 사망보험, 생사혼합보험의 경우에 제한 있음 | 제한 없음 |
| 보상방식 | 정액보상 | 정액보상, 손해보상 |

# 4 편

# 어음법 · 수표법


제1장 어음법 · 수표법 일반

제2장 어음법 총론

제3장 환 어 음

제4장 약속어음

제5장 수 표

CHAPTER

# 01 어음법 · 수표법 일반

## Ⅰ. 유가증권의 기초

### 1. 유가증권의 개념

#### (1) 유가증권의 의의

유가증권이란 재산적 가치를 가진 사권을 표창하는 증권으로서 권리의 발생 · 행사 · 이전의 전부 또는 일부가 증권을 통하여 이루어지는 것이다.

#### (2) 유가증권과 구별되는 개념

① 증거증권

증거증권이란 사법상의 실질적인 권리관계의 유무 또는 그 내용을 단순히 증명하는 서면으로서 증명증서라고도 한다(예: 차용증서, 매매계약서, 영수증, 운송장, 보험증권, 등기권리증 등). 유가증권은 증거증권으로서의 성질도 가지고 있으나, 반대로 모든 증거증권이 유가증권인 것은 아니다.

② 면책증권

면책증권이란 증권의 소지인이 권리자의 자격을 갖는 것으로 인정되는 증권이다. 의무자가 증권의 소지인에게 이행을 하면 악의 · 중과실이 없는 한 면책되는 증권으로 자격증권이라고도 한다(예: 예금통장, 신발표, 휴대품보관증, 수하물상환증 등).

많은 유가증권은 면책증권으로서의 성질도 가지고 있다.

③ 금액권

금액권이란 금전에 갈음하는 효력을 가지는 증권으로서 증권자체가 특정한 금전적 가치를 가지는 것이지만 발행자에 대한 청구권을 표창하는 것이 아니므로 유가증권은 아니다(예: 은행권 지폐, 우표, 수입인지 등).

**유가증권과 구별되는 증권**

| 구 분 | | 종 류 | 유통기능 |
|---|---|---|---|
| 유가증권 아닌 증권 | 증거증권 (증거증서) | 차용금증서, 영수증, 운송장, 신용카드, 매매계약서, 각종 계약서 등 | 없음 |
| | 면책증권 | 예금통장, 신발표, 수하물 보관증 등 | 없음 |
| | 금액권 | 통화, 우표, 수입인지 등 | 있음 |
| 광의의 유가증권 | 기명증권 | 배서금지어음, 기명식 사채권, 선하증권, 창고증권, 화물상환증 등 | 없음 |
| | 지참인증표 | 차표류, 입장권, 극장표 등 | 없음 |
| 협의의 유가증권 | 지시증권 | 어음, 지시식수표, 창고증권, 화물상환증 등 | 있음 |
| | 무기명증권 | 소지인 출급식 수표, 국공사채권, 상품권 등 | 있음 |

### 2. 유가증권의 기능

유가증권은 공통적으로 권리양도절차의 간이화 기능과 권리양도효력의 강화 기능을 갖는다. 개별적으로 수표의 경우는 금전대용 기능이 제1차적 경제적 기능이며, 어음의 경우는 신용창조의 기능이 제1차적 기능이다. 그리고 화물상환증·선하증권·창고증권 등은 재화의 유통을 촉진시키는 기능을 가지며, 주권과 무기명채권 등은 자본조달과 투자의 수단으로서의 기능을 갖는다.

### 3. 유가증권의 종류

유가증권은 증권과 권리의 결합정도 또는 유통성의 강약에 따라 완전유가증권과 불완전유가증권으로 분류되며, 증권상의 권리자를 지정하는 방법에 따라 지시증권(배서에 의해 권리자를 지시하는 증권)·소지인출급식증권(단순교부에 의하여 권리를 이전하는 증권)·선택무기명식증권·기명증권(지명채권양도방법에 의해 권리를 이전하는 증권)으로 분류된다.

또한 증권에 표창된 권리의 종류에 따라 채권적 유가증권·물권적 유가증권·사원권적 유가증권으로 분류할 수 있다. 다만 우리나라에서는 물권적 유가증권은 그 예가 없다. 증권상의 권리와 원인과의 관련여부에 따라 요인증권·무인증권, 권리의 증권화의 정도에 따라 문언증권·비문언증권, 증권의 특수성과 증권상의 권리발생관계를 기준으로 설권증권·비설권증권으로 분류할 수 있다. 기타 인도증권·처분증권·상환증권 등이 있다.

### 4. 유가증권법

#### (1) 실질적 의의의 유가증권법

실질적 의의의 유가증권법은 유가증권에 관한 이론상 통일적인 법으로서, 유가증권의 실체적 법률관계를 규율하는 사법적 규정을 말한다.

#### (2) 형식적 의의의 유가증권법

형식적 의의의 유가증권법이란 실정 성문법인 유가증권법전을 말하는데, 우리나라에서는 이런 의미에서의 유가증권법은 존재하지 않으며, 어음법·수표법·민법 등에 유가증권에 관한 내용이 규정되어 있다.

## Ⅱ. 어음법·수표법의 개념

### 1. 어음법 · 수표법의 의의

실질적 의의의 어음법·수표법은 어음·수표에 관한 이론상 통일적인 법을 말한다. 따라서 이에는 어음법과 수표법 이외에 전자어음의 발행 및 유통에 관한 법률, 거절증서령, 수표법의 적용에 있어서 은행과 동일시 되는 사람 또는 시설의 지정에 관한 규정도 포함된다.

형식적 의의의 어음법·수표법은 실정 성문법으로서 1962년 1월 20일 공포되어 1963년 1월 1일부터 시행되고 있는 어음법·수표법을 말한다.

### 2. 어음법 · 수표법의 지위

#### (1) 어음법 · 수표법과 상법과의 관계

어음·수표는 기업이나 상인의 독점물이 아니고 일반인들도 널리 이용하고 있으며, 상법상 어음·수표행위가 상행위로 규정되어 있는 것도 아니어서 어음법과 수표법은 상법에 속하는 법이라고는 할 수 없다.

그러나 어음과 수표가 기업과 관련하여 많이 이용되고 있으며, 각종의 어음행위에 대하여 상법의 규정이 적용되고 있다. 따라서 어음법·수표법을 강학상 상법의 범위에 두고 있는 것이다.

(2) 어음법 · 수표법과 민법과 관계

어음법·수표법은 어음·수표채권에 관한 법률이어서 채권법적 규정을 많이 갖고 있으며, 물권법적 규정도 연관이 된다. 그러므로 어음법·수표법에서는 많은 민법의 규정을 준용하고 있다.

## Ⅲ. 어음법·수표법의 특성

### 1. 강행법적 성격

어음과 수표는 거래의 대상으로서, 유통성의 확보와 지급의 확실이라는 목적을 위하여 이용되기 때문에 증권 자체가 형식적으로 정형화되어 있고, 모든 법률관계가 강행법규에 의하여 엄격하게 규제되고 있다.

### 2. 기술적 성격

어음과 수표는 합리적인 금전지급의 수단으로서 역할을 담당하는 법기술적인 제도이므로, 그에 관한 법규제도 비윤리적·기술적인 성격을 갖는다. 특히 유통성의 확보와 지급의 확실이라는 이념을 실천하기 위한 합목적적인 배려는 그에 관한 법규제를 한층 더 기술화하게 된다.

### 3. 형식적 성격

어음과 수표는 실질적인 법률관계의 수단으로서 기능하고 있으므로, 그에 관한 법률관계는 그 증권을 중심으로 하여 형식적으로 해결될 것이 요구된다. 이에 어음법과 수표법은 형식적인 성격을 지니게 된다.

### 4. 통일적 성격

어음법과 수표법은 기술적·형식적인 성격을 가지므로 그 자체 세계통일법적인 경향을 지니고 있고, 또 국가간의 거래관계에서 어음과 수표가 이용되는 점에서 그 법적 규제의 통일성도 필요하다. 그러므로 어음법과 수표법은 어느 법분야 보다도 통일적 경향이 강하다.

CHAPTER

# 02 어음법 총론

## Ⅰ. 어음의 개념

### 1. 어음의 의의

(1) 환어음

환어음이란 어음의 작성자(발행인)가 제3자(지급인)에게 증권상에 기재된

환어음

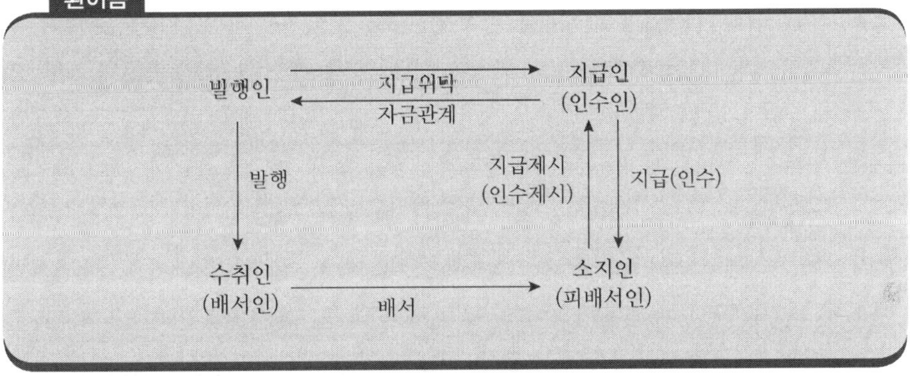


**환 어 음**

No.

귀하<지급인>

금액 W

위의 금액을 이 환어음과 상환하여 또는 그 지시인 <수취인>에게 지급하여 주십시오.

지급기일 <만기> 발행일 년 월 일

지급지 발행지

발행인 (인)

금액을 일정기일에 증권상의 권리자(수취인 또는 그 지시인)에게 지급할 것을 무조건 위탁하는 증권이다. 즉 금전지급위탁증권이다. 환어음은 증권과 권리와의 결합관계가 밀접하여 그 권리의 발생 · 행사 · 이전 모두가 증권을 필요로 하는 완전유가증권이다.

#### (2) 약속어음

약속어음이란 발행인 자신이 일정기일에 일정금액을 수취인 또는 그 지시인에게 지급할 것을 무조건 약속하는 증권이다. 즉 금전지급약속증권이다.

약속어음도 완전유가증권이며 환어음과 똑같은 특성을 지니고 있다. 신용기능을 주된 기능으로 한 경제적 기능도 이와 같다. 약속어음이 환어음과 근본적으로 다른 점은 지급인이 따로 없고 발행인 자신이 환어음의 지급인을 겸하고, 발행인은 언제나 주 채무자가 되는 점이다.

약속어음

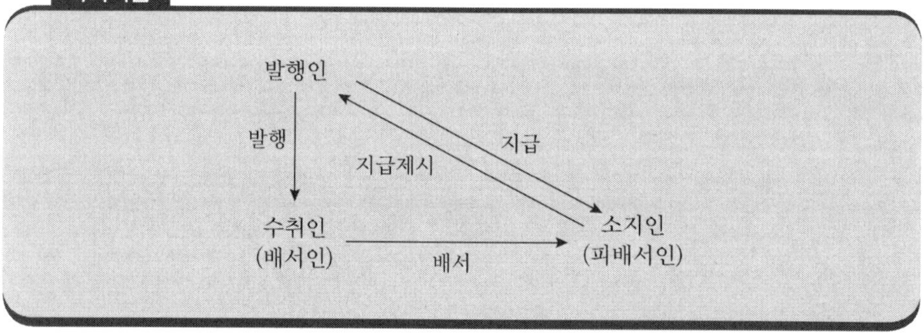


**약속어음**

No.

귀하<수취인>

금액 ₩

위의 금액을 이 약속어음과 상환하여 귀하 또는 그 지시인에게 지급하겠습니다.

| | |
|---|---|
| 지급기일 <만기> | 발행일 년 월 일 |
| 지급지 | 발행지 |
| | 발행인 (인) |

### (3) 수표와의 구별

수표란 발행인이 지급인(은행)에 대한 수취인 또는 그 밖의 정당한 소지인에게 일정한 금액을 지급할 것을 무조건으로 위탁한 증권이다. 즉 금전지급위탁증권이다. 수표는 본질적인 기능이 신용기능이 아니고 지급기능(지급수단)이란 점에서 지급인을 은행에 한정하고, 일람출급성으로 하는 등 수표법에 의한 특수한 규제를 받는다.

**수 표**

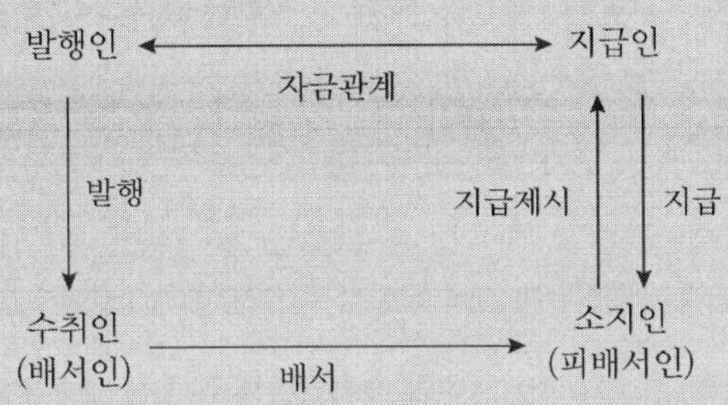


수 표

No.

귀하<지급인>

금액 ₩

위의 금액을 이 수표와 상환하여 소지인에게 지급하여 주십시오.

지급지 발행일 년 월 일

발행지

발행인 (인)

## 2. 환어음 · 약속어음 · 수표의 비교

### (1) 공통점

환어음 · 약속어음 · 수표는 모두 일정한 금액의 지급을 목적으로 하는 유가증권이고, 화폐제도로써 달성할 수 없는 경제적 기능을 수행하고 있는 기술적 제도라는 점에서 같다. 이들은 또한 제시증권성, 상환증권성, 면책증권성, 문언증권성, 법률상 당연한 지시증권성 등 유가증권이 일반적으로 가지는 속성을 갖고 있는 외에, 다른 유가증권과는 달리 설권증권성, 무인증권성, 절대적 요식증권성을 가지고 있는 점이 특이하다.

### 환어음 · 약속어음 · 수표의 비교

| 구 분 | 환어음 | 약속어음 | 수 표 |
|---|---|---|---|
| 당사자 | 발행인, 수취인, 지급인 | 발행인, 수취인 | 발행인, 수취인, 지급인(은행) |
| 주채무자 | 인수인 | 발행인 | 주채무자가 없음 |
| 소구의무자 | 발행인, 배서인 | 배서인 | 지급인이 지급보증을 한 경우 소구의무자에 해당 |
| 지급관계 | 발행인과 지급인 간의 자금관계가 필요 | 발행인이 지급인을 겸하므로 자금관계 불요 | 은행과 수표계약이 있어야 하며, 수표계약이 무효라도 수표는 유효 |
| 지급위탁의 취소 | 언제나 가능 | 지급약속증권 | 지급제시기간이 경과한 후에만 가능 |
| 인수제도 | 인정 | 불인정 | 지급보증제도 |
| 참가제도 | 참가인수, 참가지급 | | 불인정 |
| 시 효 | 주채무자: 3년<br>소구권: 1년<br>재소구권: 6월 | 주채무자: 3년<br>소구권: 1년<br>재소구권: 6월 | 지급보증인 : 1년<br>소구권: 6월<br>재소구권: 6월 |
| 복본 · 등본 | 모두 인정 | 등본인정, 복본 불인정 | 등본 불인정, 복본 인정 |
| 기 능 | 신용기능, 송금기능, 추심기능, 지급기능 | 신용기능, 추심기능, 지급기능 | 지급기능, 송금기능 |
| 만 기 | 일람출급, 일람후정기출급, 발행일자후정기출급, 확정일출급 | 일람출급, 일람후정기출급, 발행일자후정기출급, 확정일출급 | 일람출급(만기가 없음) |
| 소구방법 | 만기 전 소구, 역어음에 의한 소구 | 만기 전 소구, 역어음에 의한 소구 | 불인정 |
| 수취인 | 절대적 기재사항(소지인출급식 불인정) | 절대적 기재사항 | 유익적 기재사항(소지인출급식 인정) |
| 횡선제도 | 불인정 | 불인정 | 인정 |

(2) 차이점

① 경제적 기능상의 차이

환어음·약속어음·수표의 3자 모두 지급기능을 가지고 있다. 그 밖에 환어음은 신용·추심 및 송금의 기능을 가지고, 약속어음은 신용 및 추심의 기능을 가짐에 반하여, 수표는 주로 송금의 기능을 하고 있다.

② 법률적 구성상의 차이

환어음과 수표는 지급위탁증권이고, 약속어음은 지급약속증권이므로 다음과 같은 점에서 차이가 있다.

(i) **당사자:** 환어음과 수표에는 발행인·수취인·지급인의 3당사자가 예정되어 있음에 반하여, 약속어음에 있어서는 발행인과 수취인의 2당사자만 있으면 된다. 수표는 지급증권으로서의 신용을 확보하기 위하여 지급인을 은행에 한정하고 있는 점에서 환어음과 다르다.

(ii) **의무자:** 첫째, 주채무자와 관련하여 약속어음에 있어서는 발행당초부터 발행인이 주채무자로서 존재하고, 환어음에 있어서는 지급인이 인수한 경우에만 그 때부터 주채무자로 됨에 반하여 수표에 있어서는 주채무자가 발생하지 않는다.

둘째, 소구의무자와 관련하여 약속어음에 있어서는 배서인·보증인 만이 소구의무자임에 대하여, 환어음에 있어서는 그 밖에 발행인도 소구의무자가 되고, 수표에 있어서는 지급보증인까지 소구의무자이다.

(iii) **지급위탁:** 환어음과 수표에 있어서는 발행인이 아닌 지급인이 지급을 하므로 발행인과 지급인 사이에 자금관계가 필요하고 또 수취인이 지급인에게 지급을 청구할 수 있는 권리가 없으므로, 수취인의 지위를 안정시키기 위하여 환어음에는 인수, 수표에는 지급보증의 제도가 마련되어 있다.

그러나 약속어음에는 자금관계가 불필요하고 발행인이 스스로 지급을 약속하였으므로 인수·지급보증의 제도도 없다.

### 3. 어음·수표의 남용

어음소지인은 원인관계에 구애됨이 없이 권리행사를 할 수 있어, 불법적인 목적의 달성을 위한 어음 발행의 경우도 어음상의 권리를 보호받게 된다.

채권자가 고의로 요건불비의 어음을 발행하고, 후에 형식적 하자를 이유로 내세워 대항할 수도 있다.

발행인·지급인 또는 가설인으로 한 허무어음을 남발하여 악용될 여지도 있다. 또한 두 사람이 각각 상대방을 지급인으로 한 환어음을 발행하고 서로 인수하여, 이것을 가지고 거래은행을 통하여 할인을 받거나 제3자에게 양도할 수도 있다.

## Ⅱ. 어음행위

### 1. 어음행위의 의의

어음행위란 어음상의 채무의 발생원인이 되는 법률행위이다. 물론 배서나 환어음의 발행은 채무부담을 직접적인 목적으로 하는 것은 아니다. 그러나 제2차적인 효과로서 상환의무를 부담하게 되므로, 모든 어음행위가 채무의 발생원인이 된다.

### 2. 어음행위의 종류

어음행위의 종류로 약속어음은 발행·배서·보증의 3종이며, 환어음은 발행·배서·보증·인수·참가의 5종이다. 이 중에서 발행은 기본어음을 창조하는 행위로 기본적 어음행위라 하며, 다른 행위는 부속적 어음행위라 한다.

### 3. 어음행위의 특성

#### (1) 어음행위의 추상성(무인성)

어음행위를 함에는 보통 매매·소비대차 등의 원인이 있기 마련이지만, 어음행위는 이러한 원인관계의 유무·무효·취소 등에 의하여 영향을 받지 않고 어음행위 그 자체에 의하여 효력이 생긴다. 어음행위의 이러한 특성을 무인성·추상성이라고 하며, 이로 인하여 어음의 유통성이 강화된다. 다만 원인관

**어음·수표행위의 비교**

| 구 분 | 기본적 행위 | 부속적 행위 |
|---|---|---|
| 약속어음 | 발행 | 배서·보증 |
| 환 어 음 | 발행 | 배서·보증·인수·참가 |
| 수 표 | 발행 | 배서·보증·지급보증 |

계는 직접적인 당사자간, 그리고 악의의 취득자에 대한 관계에 있어서 인적 항변사유가 된다. 어음행위의 무인성의 실정법상의 근거는 각종 어음행위의 무조건성(어 제1조 2호, 제76조 2호, 수 제1조 2호 등)과 이득상환청구권(어 제79조, 수 제68조)에 관한 규정에서 나타난다.

### (2) 어음행위의 요식성과 설권성

어음행위는 요식성의 서면행위이다. 즉 모든 어음행위는 어음법이 각각의 어음행위에 대하여 규정한 법정의 형식을 반드시 갖추어야 하며, 이러한 형식을 갖추지 못하면 어음행위로서의 효력이 없다.

서면상에 행하여지는 어음행위에 의하여 비로소 어음상의 권리의무가 증권면에 발생하는 점에서 어음행위는 설권성을 갖는다. 어음행위의 설권성은 무인성으로부터 도출되는 하나의 속성이다.

### (3) 어음행위의 문언성

어음행위의 내용은 오로지 어음상의 기재에 의해서만 정하여지고, 어음외의 실질관계에 의하여 영향을 받지 않는다. 그리하여 어음면의 문언과 실제행위자의 진실과의 불일치는 직접적인 당사자 사이와 악의의 취득자에 대한 관계에서만 인적 항변사유가 될 뿐이다. 어음은 어음행위의 문언성과 무인성이 결합되어 강력한 유통성을 갖게 된다.

### (4) 어음행위의 독립성

#### ① 의 의

어음행위의 독립성이란 동일한 어음위에 한 각개의 행위는 각각 독립하여 그 효력을 발생하고, 그 전제가 되는 다른 행위의 실질적 효력의 유무에 따라서 영향을 받지 않는다는 것이다. 어음행위독립의 원칙이라고도 한다.

#### ② 근 거

(i) **법률상의 근거:** 대표적인 규정은 어음법 제7조 · 수표법 제10조이고, 보증에 대하여는 피담보채무와의 관계에서 어음법 제32조 제2항 · 수표법 제27조 제2항이 별도로 규정하고 있다. 변조의 효력을 규정한 어음법 제69조 · 수표법 제50조도 어음채무범위의 면에서 어음행위독립의 원칙을 표명하고 있다.

(ii) **이론적 근거:** 어음행위독립의 원칙의 이론적 근거에 관해서는 여러

학설이 있으나, 정책적으로 어음행위독립의 원칙을 규정하여 어음거래의 안전과 유통을 도모하고자 하는 것이라고 보아야 할 것이다.

③ 적용범위

(i) **적용되지 않는 경우:** 어음행위독립의 원칙은 형식상 완전한 어음을 전제로 한다는 것이므로, 선행의 어음행위가 없거나 형식적 하자로 인하여 무효인 경우에는 어음행위독립의 원칙이 적용될 여지가 없다. 또한 어음행위독립의 원칙은 어음행위의 효력발생에 관한 원칙이므로, 어음상의 의무가 유효하게 소멸한 경우에는 이 원칙은 적용되지 않는다.

(ii) **적용되는 경우:** 선행의 어음행위가 존재하는 참가인수·보증·배서에 대해서는 어음행위독립의 원칙이 당연히 적용된다. 수표의 지급보증의 경우에도 선행행위는 발행이라는 점에서 수표행위독립의 원칙이 적용된다고 본다.

④ 악의의 어음취득자와 어음행위독립의 원칙

어음의 취득자가 악의인 경우에 어음행위독립의 원칙이 적용되는가에 대해서는 부정하는 견해도 있으나, 어음행위독립의 원칙은 선의취득자 보호뿐만 아니라 어음행위의 확실성을 보장하여 어음의 신용을 높이기 위한 것이므로 선의·악의에 관계없이 적용된다는 것이 다수의 입장이다.

## 4. 어음행위의 요건

### (1) 어음행위의 형식적 요건

① 법정사항의 기재

어음행위가 유효하게 성립하려면, 어음상에 법정사항을 기재하고 기명날인 또는 서명을 하여 증권적 법률행위의 형식을 갖추어야 한다.

어음행위는 그 종류에 따라 고유의 방식, 즉 기재사항이 정하여져 있다(어 제1조·제13조·제31조, 수 제1조·제16조·제26조 등). 그리고 하나의 어음행위가 다른 어음행위를 전제로 하는 경우에는 전제가 되는 어음행위의 방식도 구비하고 있어야 한다. 따라서 어느 한쪽의 방식이 결여된 경우 당해 어음행위는 무효가 된다.

② 기명날인 또는 서명

(i) **자연인의 경우**

(a) **기명날인:** 기명날인에서 기명이란 어음행위자의 명칭을 자서나 타이프라이터·인쇄·고무인 등으로 기재하는 것으로 타인에 의한 기재도 가능하다. 행위자의 명칭은 반드시 그 성명과 일치하여야 하는 것은 아니며 상

호·아호·예명이라도 거래자 사이에 자기를 표시하는 명칭이면 상관없다. 날인은 어음행위자의 의사에 의하여 그의 인장을 찍는 것을 말한다. 인장은 기명자의 명칭과 일치할 필요는 없고 기명자의 동일성이 감별될 수 있는 것이면 무엇이든 상관없다.

(b) **서명:** 서명이란 원칙적으로 어음행위자가 자신의 의사로 직접 자신의 명칭을 기재하는 자서를 말한다. 서명이 기명날인을 대신할 수 있는가에 대해 찬반논의가 있었으나 1995년의 어음법·수표법의 개정으로 입법적으로 해결하였다.

(c) **무인의 효력:** 무인은 그 진부를 육안으로 식별할 수 없고, 특수한 기구와 특수한 기능에 의하지 않고는 이를 식별할 수 없으므로 유통증권으로서 신속히 전전함을 그 사명으로 하는 어음·수표에 있어서는 그 증권의 성질상 날인으로 볼 수 없다는 것이 판례·통설의 입장이다.

(ii) **법인의 경우:** 법인이 어음행위를 하는 경우에는 그 대표기관이 법인의 명칭을 기재한 다음 법인을 위하여 행위를 한다는 것을 표시하고 대표기관 자신이 기명날인 또는 서명을 하여야 한다. 따라서 법인의 명칭을 기재하고 법인인만 찍고 그 대표기관의 기명날인 또는 서명을 하지 아니한 어음행위는 무효가 된다.

그러나 법인명과 대표기관의 성명을 기재하고 등록된 법인대표직인을 사용한 경우에는 그 법인은 어음상의 책임을 진다. 회사가 어음을 발행한 후에 그 상호가 변경되더라도 동일한 법인체로 인정되는 한, 발행인으로서의 책임은 져야 한다.

(iii) **권리능력없는 사단·조합의 경우:** 권리능력없는 사단이나 조합의 경우에는 어음행위에 의하여 권리를 취득하고 의무를 부담하는 자는 사단이나 조합이 아니고 사원이나 조합원이다. 따라서 어음행위는 사원 전원 또는 조합원 전원이 기명날인 또는 서명하여야 할 것이지만, 실제로는 대표사원이나 대표조합원이 그 대표자격을 표시하고 사원 또는 조합원을 대리하여 기명날인 또는 서명하는 방법을 취하고 있으며, 유효한 어음행위의 방식으로 인정된다.

### (2) 어음행위의 실질적 요건

#### ① 어음권리능력

(i) **자연인·법인:** 어음권리능력은 어음상의 권리의무의 주체가 될 수

있는 능력을 말한다. 자연인은 생존하는 동안 권리능력이 있으므로(민 제3조) 어음권리능력도 갖는다. 그러나 법인은 정관으로 정한 목적의 범위 내에서 권리능력이 있으므로(민 제34조), 어음권리능력도 이와 동일한 것으로 보아야 하는가에 대하여 논란이 있을 수 있지만, 어음행위는 회사를 포함한 모든 법인의 목적범위 내의 행위에 속하는 것으로 보아야 할 것이다. 설사 어음행위가 법인의 목적범위 외의 행위에 관한 것인 경우에도 인적 항변이 성립할 뿐이며, 어음행위는 그 추상성으로 인하여 그 효력에 영향을 받지 않는다.

(ii) **권리능력 없는 사단 · 조합:** 권리능력 없는 사단은 어음권리능력이 있고, 조합은 어음권리능력이 없다는 것이 판례의 입장이다. 또한 책임의 귀속에 관해서 판례는 권리능력 없는 사단의 경우 사단의 재산으로만 책임을 지며 조합의 경우에는 전 조합원이 공동어음행위자로서 합동책임을 진다는 것이 판례의 입장이다.

② 어음행위능력

(i) **의사무능력자:** 의사능력이 없는 자는 행위능력이 없으므로 어음행위능력도 없다. 따라서 의사무능력자의 어음행위는 언제나 무효이나 의사무능력자를 위하여 어음행위를 하려면 법정대리인에 의하여 행하여질 수 밖에 없다.

(ii) **행위무능력자**

(a) **미성년자:** 미성년자가 법정대리인의 동의를 얻지 아니하고 한 어음행위는 이를 취소할 수 있다. 이 때 취소는 직접 상대방뿐만 아니라 어음소지인에 대해서도 가능하다. 행위무능력자의 어음행위의 취소는 물적 항변사유에 해당한다. 미성년자라도 법정대리인으로부터 영업의 허락을 받은 경우 그 영업에 관하여, 또 처분이 허락된 재산에 관하여는 허락된 범위 내에서 완전한 어음행위능력을 가진다. 또 미성년자가 법정대리인의 허락을 얻어 회사의 무한책임사원이 된 때에는 그 사원자격으로 한 어음행위는 유효하다.

(b) **한정치산자:** 한정치산자의 행위능력은 미성년자에 관한 규정을 준용하므로(민 제10조), 한정치산자의 어음행위능력은 미성년자의 그것과 같다.

(c) **금치산자:** 금치산자가 한 어음행위는 언제나 이를 취소할 수 있다(민 제13조). 따라서 금치산자를 위하여 어음행위를 하려면 법정대리인이 이를 대리하여야 한다.

③ 어음행위에 관한 의사표시의 하자

어음행위도 법률행위로서 의사표시를 요소로 하기 때문에 당연히 민법상의 의사표시의 요건을 갖추어야 하며, 민법 제107조(비진의표시)·제108조(허위표시)·제109조(착오로 인한 의사표시)·제110조(사기 또는 강박에 의한 의사표시)에 관한 규정이 적용된다.

따라서 어음행위가 비진의표시에 의한 경우 상대방이 어음행위자가 진의 아님을 알았거나 알 수 있었을 경우에는 무효가 되고, 상대방과 통정한 허위의 어음행위도 무효가 된다. 그리고 어음행위가 착오·사기·강박에 의한 경우에는 취소할 수 있다.

그러나 어음행위자체에는 의사표시의 흠결이나 하자가 없고 그 원인행위만 하자 또는 흠결이 있는 경우에는 어음행위의 무효 또는 취소를 주장할 수 없고, 인적 항변사유가 될 뿐이다. 어음행위 자체에 대한 의사표시의 착오나 하자가 있어 어음행위를 취소하는 경우에 취소의 상대방은 직접의 상대방뿐만 아니라 현재의 어음소지인을 비롯하여 중간취득자에 대하여도 할 수 있다고 본다.

#### (3) 어음증권의 교부

어음행위의 성립요건으로서 증권의 교부가 필요하다. 서면행위시에 어음상의 형식적 또는 실질적 요건이 충족되어 있지 않더라도 증권교부시까지 그것을 갖추면 어음행위는 유효하게 성립한다.

### 5. 어음행위의 대리

#### (1) 어음행위 대리의 의의

어음행위는 재산법적 법률행위로서 대리에 친한 법률행위이다. 어음행위는 어음상의 효과가 귀속되는 본인이 하는 것이 원칙이지만 타인으로 하여금 하게 하는 경우도 있다. 타인에 의한 어음행위는 대리방식과 대행방식의 두 가지가 있다. 대리방식은 대리관계를 표시하고 어음상의 대리인의 기명날인 또는 서명으로 하는 것이고, 대행방식은 타인이 본인명의의 기명날인 또는 서명을 하는 것이다.

그런데 어음법은 어음행위의 대리의 방식·효력에 관하여 아무런 일반적 규정을 두고 있지 않고, 다만 무권대리인의 책임에 관한 규정밖에 없다. 따라서 어음행위의 대리에 관하여는 어음행위의 본질 또는 어음법의 정신에 반하지 않는 한 민법의 대리에 관한 규정이 적용된다.

(2) 어음행위 대리의 요건

① 형식적 요건

**(i) 현명주의:** 어음행위를 대리할 때에는 반드시 본인을 표시하여야 한다. 자연인의 경우에는 성명·아호 등으로 표시하면 족하고, 법인이나 조합 등은 법인명이나 조합명만 표시하면 된다. 본인의 표시가 없는 어음행위를 한 경우에는 그 대리인 자신만이 어음행위자로서 책임을 질 뿐 본인에게는 그 행위의 효과가 미치지 않는다(민 제115조 본문).

**(ii) 대리관계의 표시:** 대리관계의 표시는 본인을 위한 어음행위로 인식될 수 있을 정도이면 되고, 반드시 대리인이라는 직접적인 표현이 필요한 것은 아니다. 따라서 지배인·지점장·후견인 등의 표시도 대리관계의 표시로 충분하다.

**(iii) 대리인의 기명날인 또는 서명:** 대리인이 자기의 기명날인 또는 서명을 하여야 한다. 이러한 점에서 타인이 직접 본인의 기명날인 또는 서명을 하는 대행과 구별된다. 법인은 성질상 법인 자체의 어음행위는 있을 수 없고 법인의 대표기관인 자연인이 어음행위를 하여야 한다. 따라서 법인의 명칭을 기재하고 법인인만을 날인한 어음행위는 무효이다.

② 실질적 요건

**(i) 대리권의 존재:** 어음행위가 대리행위로서 유효하게 성립하기 위하여는 대리인에게 실질적인 대리권이 있어야 한다. 즉, 대리인에게 본인을 위하여 어음행위를 할 수 있는 권한이 있어야 한다. 권한없는 경우에는 위조 내지 무권대리로 돌아간다.

어음행위의 대리권도 본인의 수권행위에 의하여 발생하는 임의대리권과 법률의 규정·법원의 선임 또는 지정권자의 지정행위에 의하여 발생하는 법정대리권이 있다. 어음행위의 수권행위에 관해서는 반드시 명시적일 필요는 없고, 서면이든 구두이든 묵시적이든 관계없이 가능하다.

**(ii) 대리권의 제한:** 대리인이 대리권을 갖고 있는 경우에도 일정한 경우에는 본인의 이익을 위하여 그 행위에 대하여 대리권이 제한되는 경우가 있다. 이 때 민법 제124조 또는 상법 제398조의 적용에 대해서는 학설의 대립이 있으나 적용가능하다는 것이 통설·판례의 입장이다. 동조에 위반한 어음행위는 원칙적으로 회사와 이사 간에는 무효지만 거래의 안전을 위하여 어음행위자는 선의의 제3자에 대하여는 무효로써 대항하지 못한다.

### (3) 어음행위의 무권대리

#### ① 표현대리

표현대리관계가 성립하면 본인은 당연히 어음상의 책임을 져야 한다. 본인이 표현책임을 지는 경우에는 표현대리인은 무권대리인임이 확실함으로 어음상의 책임을 진다. 따라서 어음소지인은 본인과 표현대리인에 대하여 동시에 중첩적으로 또는 선택적으로 어음상의 권리를 행사할 수 있다.

#### ② 협의의 무권대리

(i) **협의의 무권대리의 성립요건:** 어음행위의 협의의 무권대리가 성립하기 위해서는 어음행위의 대리의 형식적 요건을 구비하여야 하고, 본인은 협의의 무권대리인에게 대리권을 수여하지도 않고 또 표현대리가 성립하지도 않으며 추인을 하지 않았어야 한다. 또한 상대방 또는 어음소지인이 선의의 경우라야 한다. 상대방이 악의인 경우에는 어음법 제8조 및 수표법 제11조를 적용할 여지가 없으나, 상대방이 선의라면 과실이 있더라도 무권대리인은 책임을 져야 한다.

(ii) **무권대리의 효과:** 어음행위의 협의의 무권대리가 성립하면 협의의 무권대리인은 어음소지인에 대하여 언제나 어음상의 책임을 부담한다. 그 책임내용은 무권대리인이 그가 대리권을 가졌으면 본인이 부담하게 되었을 책임과 동일한 책임이다. 한편, 협의의 무권대리인이 어음금액을 지급한 때에는 본인과 동일한 권리를 갖는다(어 제8조, 수 제11조).

### (4) 어음행위의 대행

#### ① 기명날인의 대행

기명날인의 대행은 대행자가 단순히 본인의 지시에 따라 마치 본인의 수족과 같이 기명날인을 기계적으로 대행하는 고유한 의미의 대행과 대행자가 본인으로부터 일정한 권한을 수여받아 그 범위내에서 개개의 어음행위에서는 자기의 의사결정에 의하여 본인의 기명날인을 대행하는 대리적 대행이 있다.

유권대행의 경우에는 본인 자신의 어음행위가 되어 본인이 당연히 어음상의 책임을 부담하지만, 무권대행의 경우에는 원칙적으로 위조가 되어 본인은 어음상의 책임을 부담하지 않는다.

#### ② 명의대여에 의한 어음행위

타인에게 자기의 성명 또는 상호를 사용하여 영업을 할 것을 허락하고, 타인이 그 영업에 관하여 자기의 성명 또는 상호로 어음행위를 하는 경우에 명의대여자는 상법 제24조에 의하여 연대책임관계에 있다고 본다.

### 6. 어음의 위조 · 변조

(1) 어음의 위조

① 위조의 개념

(i) **어음위조의 의의:** 어음의 위조란 권한 없는 자가 직접 타인 명의의 기명날인 또는 서명을 위작하여 마치 그 타인이 어음행위를 한듯한 외관을 조작하는 행위를 말한다. 즉 권한없이 어음면에 부진정한 기명날인 또는 서명을 나타내는 것을 말한다. 타인, 즉 그 명의를 위용당한 자는 자연인뿐만 아니라 법인을 포함하여 실재인이든 가설인이든 관계없다. 그리고 위용은 타인의 인장을 도용하든 다른 목적으로 된 타인의 기명날인 또는 서명을 어음의 기명날인 또는 서명에 악용하든 그 방법에는 제한이 없다. 또한 어음의 위조는 사실행위이기 때문에 위조자에게 고의 또는 과실이 있음을 요하지 않는다. 위조의 대상에는 제한이 없으므로 발행·배서·보증·인수·참가 등의 모든 어음행위에 위조가 가능하다.

(ii) **구별되는 개념**

(a) **변 조:** 위조는 기명날인 또는 서명을 위작하는 것인데 반하여, 변조는 권한 없이 기명날인 또는 서명 이외의 어음의 기재사항을 변경하는 것이다. 따라서 위조는 어음행위의 주체를 속이는 것이고, 변조는 어음행위의 내용을 속이는 것이다. 즉 위조는 어음채무의 주체에 관한 허위이고, 변조는 어음채무의 내용에 관한 허위이다.

(b) **무권대리:** 위조와 무권대리는 권한 없이 한다는 점에서 공통되나, 그 방식에 있어서 구별된다. 즉 위조는 피위조자의 기명날인 또는 서명만 있고 위조행위자의 기명날인 또는 서명이 나타나지 않지만, 무권대리의 경우에는 대리권의 수여사실만 없고 대리의 방식을 구비한다는 점에서 차이가 있다.

② 위조의 효과

(i) **피위조자의 책임**

(a) **원 칙:** 피위조자는 스스로 어음행위를 한 것도 아니고 또 타인에게 대행권한을 부여한 것도 아니기 때문에 원칙적으로 누구에 대하여도 어음상의 책임을 지지 아니한다(어 제7조, 수 제10조). 따라서 위조의 항변은 이른바 물적 항변에

속한다.

(b) **예 외:** 첫째, 위조된 기명날인 또는 서명을 추인할 수 있는가에 대하여 아무런 규정이 없기 때문에 학설이 대립되고 있으나, 판례는 위조의 추인의 효력을 인정하고 있다. 그러므로 피위조자의 책임을 인정하여야 할 것이다.

둘째, 피위조자의 표현책임을 인정할 것인가에 대해 학설의 대립이 있으나 표현대리에 관한 규정을 유추적용하여 피위조자의 책임을 인정하여야 할 것이다. 판례도 같은 입장이다.

셋째, 위조자가 피위조자의 사용인이고 사무집행에 관하여 위조한 것인 때에는 민법 제756조에 의하여 피위조자는 사용자로서 불법행위로 인한 손해배상책임을 지는 것이 통설·판례의 입장이다. 그러나 어음행위와 전혀 무관한 직무에 종사하는 피용자의 위조에 대해서는 피위조자의 사용자책임이 인정되지 않는다. 그리고 어음취득자가 사용인의 어음행위가 그의 직무에 속하지 아니하는 것을 알았거나 알 수 있었을 경우에는 사용인의 위조행위에 대하여 사용자인 피위조자는 손해배상책임을 지지 않는다.

넷째, 피위조자의 위조의 항변이 신의성실의 원칙에 반하는 경우에는 피위조자는 어음상의 책임을 져야 한다.

다섯째, 피위조자가 어음이 위조된 것을 알면서 어음금을 지급한 경우에는 위조의 법정추인이 되어 그 지급이 유효하게 된다. 그러나 피위조자가 어음이 위조된 것을 모르고 지급한 경우에는 원칙적으로 지급한 금액의 반환을 청구할 수 있지만, 이 경우에 지급으로 인하여 어음상의 권리의 보전절차를 해태하여 어음상의 권리를 잃은 자에 대하여는 피위조자는 착오를 이유로 하여 어음금의 반환을 청구하지 못한다.

(ii) **위조자의 책임:** 위조자가 민법·형사상의 책임을 지는 것은 별론으로 하고 어음상의 책임을 지는지 여부에 대하여 어음의 문언증권성과 관련하여 학설의 대립이 있으나, 종래의 통설과 판례는 책임을 부정하였다. 그러나 최근에는 위조자가 어음상의 책임을 져야 한다는 견해가 유력하게 주장되고 있다.

(iii) **위조어음 위에 어음행위를 한 자의 책임:** 위조어음상에 진정하게 어음행위를 한 자는 어음행위독립의 원칙에 의하여 어음상의 책임을 진다. 위조사실의 지·부지에 상관없다.

(iv) **위조어음의 지급인의 책임:** 위조어음의 소지인에 대하여 지급인이

지급한 경우에 지급인의 면책유무에 관해서는 학설의 대립이 있으나, 특별법규·면책약관 또는 상관습 등에 근거하여 지급인의 면책유무를 결정하여야 하는데 이때 지급인의 면책이 인정되기 위해서는 지급인이 선의·무과실이어야 한다고 본다. 지급인이 면책된 때에 피위조자의 손실부담으로 어음금을 지급한 경우에는 피위조자는 부당이득법리에 의하여 어음소지인에게 지급한 어음금의 반환청구권을 행사할 수 있다.

③ 위조의 입증책임

위조의 입증책임에 대하여는 특별한 규정이 없어 어음소지인에게 있는가 피위조자에게 있는가에 대하여 학설의 대립이 있으나, 판례와 다수설은 소지인입증설을 취하고 있다.

(2) 어음의 변조

① 어음변조의 의의

어음의 변조란 권한 없는 자가 원칙적으로 완성된 어음에 대하여 그 내용을 변경하는 것을 말한다. 어음상의 효력을 가진 문언이면 어음요건이든 그 밖의 유익적 기재사항이든 상관없다. 권한 있는 자가 어음상의 기재내용을 변경하는 것은 변조가 되지 않으나, 이미 어음상에 다른 권리 또는 의무를 가진 자가 있는 경우에는 이러한 자의 동의를 얻지 않고 자기의 기재내용을 변경하는 것은 변조가 된다. 변조의 경우 변조자에게 고의 또는 과실이 있음을 요하지 않는다.

② 변조의 방법

변조의 방법에는 제한이 없으며 현존 문언의 변개나 그 제거, 신문언의 부가 등도 이에 포함된다. 그러나 변조 후에도 형식상 어음요건은 구비되어 있어야 하며, 변조로 인하여 어음요건이 흠결된 때에는 어음의 훼멸이지 변조가 아니다. 또 변조자의 고의·과실은 그 요건이 아니다.

③ 변조의 효과

(i) **변조 전에 기명날인 또는 서명한 자의 책임:** 변조 전에 기명날인 또는 서명한 자는 원문언, 기명날인 또는 서명 당시의 어음문언에 따라 책임을 진다(어 제69조, 수 제50조). 원문언이 변조후의 문언보다 무겁거나 또는 변조의 결과 어음이 훼멸된 경우에도 원문언에 따라 어음상의 책임을 부담한다.

(ii) **변조 후에 기명날인 또는 서명한 자의 책임:** 변조 후에 기명날인 또

는 서명한 자는 변조된 문언대로 책임을 진다(어 제69조, 수 제50조). 그 문언이 자기의 어음행위의 내용을 이루는 것이기 때문이다. 그러나 변조로 인하여 어음요건이 결여된 후의 어음에 기명날인 또는 서명을 한 자는 아무런 어음상의 책임이 없다.

(iii) **변조자의 책임:** 변조자가 변조와 동시에 기명날인 또는 서명한 경우에는 변조된 문언에 따라 어음상의 책임을 져야하지만, 변조만 하고 어음상에 기명날인 또는 서명을 하지 않은 경우에는 책임을 부정하는 견해와 책임을 긍정하는 견해가 있다. 변조자가 어음소지인인 경우에 변조 전의 문언에 따른 어음상의 권리를 상실하지 않으므로 변조 전의 기명날인 또는 서명한 자는 이러한 어음상의 권리를 당연히 취득한다.

(iv) **변조어음의 지급인의 책임:** 변조어음의 지급인의 책임은 위조어음의 지급인의 책임과 같다.

④ 변조의 입증책임

변조어음에 있어서는 기명날인 또는 서명이 행하여진 것이 변조전이냐 변조후이냐에 따라 책임이 달라지므로, 이에 관한 증명책임을 어떻게 분배할 것인가가 문제된다.

변조가 명백한 경우에는 어음소지인은 어음채무자의 기명날인 또는 서명이 변조 전인가 또는 변조 후인가를 증명하면 되지만, 변조가 명백하지 아니한 경우에 대해서는 그 주장하는 자가 입증하여야 한다는 것이 통설·판례의 입장이다.

## Ⅲ. 어음상의 권리

### 1. 어음상의 권리의 의의

#### (1) 어음상의 권리

어음상의 권리는 직접 어음의 목적을 달성하기 위하여 인정된 권리와 이에 갈음할 권리를 말한다. 전자는 어음금지급청구권이고, 후자는 소구권(상환청구권)·보증인이나 참가인수인에 대한 권리·어음금을 지급한 보증인이나 참가지급인이 갖는 권리이다.

(2) 어음법상의 권리

어음법상의 권리는 어음상의 권리와 구별되며, 이는 어음법상 인정된 권리로 보조적인 권리라고 할 수 있다. 이러한 권리로는 어음의 악의취득자에 대한 어음의 반환청구권 · 소구통지 해태로 인한 손배상청구권 · 복본교부청구권 · 이득상환청구권 등이 있다. 이러한 권리의 행사에는 반드시 증권을 필요로 하지 않는다.

## 2. 어음상의 권리의 취득

### (1) 취득방법

어음상의 권리의 취득에는 승계취득과 원시취득이 있다. 승계취득의 방법으로는 어음의 양도방법에 의한 취득(예: 배서 · 지명채권의 양도방법 · 교부 등)과 상속 · 합병 · 전부명령 등에 의한 취득이 있고, 원시취득의 방법으로는 어음의 발행 · 선의취득 등이 있다.

### (2) 어음의 선의취득

① 어음 선의취득의 의의

어음의 선의취득이란 어음의 취득자가 배서에 의하여 양도받은 경우에 그 배서가 무효일지라도 악의 또는 중과실이 없는 한 어음의 권리를 원시취득하는 제도를 말한다. 즉 연속된 배서의 피배서인으로부터 어음법 및 수표법이 규정하는 유통방법에 의하여 어음 또는 수표를 취득한 자는 악의 또는 중과실이 없는 이상, 무권리자로부터 취득한 경우에도 어음상의 권리를 취득하게 된다(어 제16조 2항, 수 제21조). 어음의 선의취득제도는 추정의 신뢰를 보호하고 어음유통의 원활을 기하고자 하는데 그 입법취지가 있다.

② 어음 선의취득의 요건

(i) **어음법적 방법에 의하여 취득하였을 것:** 어음취득자는 배서 또는 인도 등 어음에 특유한 유통방법에 의하여 취득하였어야 한다. 그러나 입질배서의 경우 선의취득이 인정되는 것은 질권이며 어음상의 권리가 아니다. 또한 기한후 배서 · 추심위임배서의 경우 선의취득이 인정되지 않으며, 배서금지어음의 경우에도 선의취득이 인정되지 않는다.

(ii) **취득자는 형식적 자격을 가질 것(배서의 연속):** 어음의 취득자가 배서의 연속있는 어음소지인으로부터 어음을 취득하였어야 한다. 배서의 연속있

는 어음소지인만이 권리자로서의 외관을 구비하고 있기 때문이다. 배서의 연속여부는 형식적·외형적으로만 판단한다.

(iii) **무권리자로부터 취득하였을 것:** 선의취득이 인정되기 위해서는 취득자의 상대방이 무권리자이어야 한다. 무권리자의 범위에 대해서는 학설의 대립이 있으나, 판례는 무권리자뿐만 아니라 대표권의 흠결·처분권이 없는 경우에도 선의취득이 인정된다고 한다.

(iv) **취득자에게 악의나 중과실이 없을 것:** 선의취득의 보호를 받기 위해서는 취득자에게 악의 또는 중대한 과실이 없어야 한다. 여기서 악의란 양도인이 무권리자임을 충분히 알고 있음을 말하며, 중대한 과실이란 그것을 모르고 있지만 모르는 것에 대한 부주의의 정도가 현저한 것을 말한다. 이러한 악의 또는 중대한 과실은 어음의 취득당시에 있으면 되고, 그 뒤에 사정을 알게 되었더라도 선의취득에 아무 영향이 없다. 취득자의 악의 또는 중대한 과실은 어음의 반환을 청구하는 자가 입증하여야 한다.

(v) **취득자가 취득에 관하여 독자의 경제적 이익을 가질 것:** 선의취득이 인정되기 위해서는 피배서인이 그 취득에 관하여 독립된 경제적 이익을 가지는 경우라야 한다. 그렇지 아니한 경우에는 이를 보호할 가치가 없기 때문이다. 추심위임배서는 어음상의 권리의 양도를 목적으로 하는 것이 아니고 단순히 어음금추심의 대리권만을 주는 것에 불과하므로 선의취득이 인정되지 않는다.

③ 효 과

어음의 선의취득의 요건을 갖춘 어음취득자는 양도인이 무권리자임에도 불구하고 어음상의 권리를 원시적으로 취득하여 누구에게도 어음을 반환할 의무가 없다(어 제16조 2항).

### 3. 어음상의 권리의 행사(어음항변)

어음은 원래 금전지급수단으로서의 기능이 있으므로 그에 표창된 채권의 실행의 확실성과 유통성이 강하게 요청된다. 그러므로 어음상의 의무는 특히 엄격한 것으로, 이것을 어음엄정이라고 한다. 어음엄정은 어음에 특유한 간이신속한 소송절차를 말하는 형식적 엄정과 어음채무의 추상성 또는 어음항변의 제한을 뜻하는 실질적 엄정이 있다.

(1) 어음항변의 의의

어음항변이란 어음채무자가 어음소지인의 권리행사에 대하여 일정한 사유를 들어 채무의 이행을 거절하는 것을 말한다. 어음항변은 어음채무자가 주장할 수 있는 것이므로 어음채무자가 아닌 환어음의 지급인·지급담당자, 수표의 지급은행이 소지인에게 형식적·실질적 자격이 없다는 이유로 또는 어음자금이 없다는 이유로 지급을 거절하는 것은 어음항변이 아니다.

어음항변은 크게 물적 항변과 인적 항변으로 구분된다.

(2) 물적 항변

① 물적 항변의 의의

물적 항변이란 어음채무자가 모든 어음소지인에 대하여 대항할 수 있는 어음상의 권리의 객관적 존재에 관한 항변을 말한다. 즉 어음채무의 불성립 또는 소멸을 주장하거나, 어음상의 권리의 제한사유를 주장하는 것이다.

② 물적 항변의 예

(i) **어음행위의 실질적 효력요건에 관한 항변:** 행위자의 무능력을 이유로 하는 무효·취소, 대리권의 흠결, 어음의 위조·변조, 공시최고에 의한 제권판결, 공탁에 의한 어음채무의 소멸 등이 이에 해당한다.

(ii) **어음의 기재상에 기한 항변:** 어음요건의 흠결, 무익적 또는 유해적 기재사항, 어음만기일의 미도래, 어음에 기재된 지급·상계, 어음금의 일부지급의 기재, 지급무담보의 기재, 무담보배서, 인수무담보의 기재, 약속어음발행인의 지급무담보문언의 기재, 배서금지의 기재, 시효의 완성 등이 이에 해당한다.

(3) 인적 항변

① 인적 항변의 의의

인적 항변이란 어음채무자와 일정한 어음소지인 사이에 직접적인 인적 관계로 성립한 항변을 말한다. 이 경우 인적관계란 어음교부의 원인관계 또는 어음채무자와 어음채권자 사이에 특별한 약정이나 사정이 존재하는 것을 말한다.

② 인적 항변의 예

(i) **실질관계에 기한 항변:** 원인계약의 부존재·무효·취소·해제의 항

변, 당사자간의 원인관계가 선량한 풍속 기타 사회질서에 반하는 항변, 어음과 상환하지 아니한 지급·지급유예·면제·상계 등의 항변, 동시이행의 항변 등이 이에 속한다.

(ii) **어음행위성립의 하자에 관한 항변:** 의사의 흠결 또는 의사표시의 하자에 관한 항변, 어음교부의 흠결에 관한 항변, 백지어음의 남용에 대한 항변, 대리인 내지 대표자의 권한남용 등의 항변 등이 이에 속한다.

(iii) **무권리의 항변:** 특정 어음소지인의 권리를 부정하는 항변으로, 어음을 도취 또는 습득하였다는 항변, 소지인이 어음에 기재된 자와 동일한 자가 아니라는 항변 등이 이에 속한다.

(iv) **융통어음의 항변:** 융통어음은 아무런 원인없이 타인의 자금융통을 목적으로 대가없이 발행해 주는 어음을 말한다. 이러한 융통어음을 제3자가 취득하여 융통자에게 어음지급청구를 하는 때에는 비록 제3자가 융통어음임을 알고 취득한 경우에도 융통자는 융통어음임을 이유로 이를 거절할 수 없다.

③ 인적 항변의 절단과 악의의 항변

(i) **인적 항변의 절단:** 인적 항변의 절단이란 인적 항변사유는 자신의 어음행위의 상대방에 대해서만 원용할 수 있고 그 이후의 선의의 어음소지인에 대해서는 원용할 수 없다는 것을 말한다(어 제17조 본문, 수 제22조 본문). 이러한 인적 항변의 절단을 인정하는 것은 어음의 유통성을 보장하기 위한 것이다.

인적 항변의 절단이 인정되기 위해서는 어음이 본래의 유통방법에 의하여 유통되어야 하고, 피배서인이 취득한 권리에 관하여 고유한 경제적 이익이 있어야 한다. 기한후배서·추심위임배서에 의한 경우에는 인적 항변이 절단되지 않으며, 상속·합병·전부명령 등의 사유로 취득한 경우에도 인적 항변의 절단의 효과가 없다.

(ii) **악의의 항변:** 악의의 항변이란 어음소지인이 그 채무자를 해할 것을 알고 어음을 취득한 소지인에 대하여 가지는 항변을 말한다(어 제17조 단서, 수 제22조 단서). 여기서 채무자를 해할 것을 알고라는 것은 자기가 그 어음을 취득함으로써 채무자의 항변이 절단되고 따라서 채무자가 손해를 입는다는 것을 알면서 어음을 취득하는 것을 뜻한다. 그러므로 악의의 항변은 악의 즉 채무자를 해할 것을 알고 있는 경우에만 인정된다. 한편 악의는 어음을 취득한 때에 있어야 하며, 이에 대한 입증책임은 채무자가 부담한다. 항변사유는 어음상의 권리행사시까

지 존재하여야 한다.

④ 이중무권의 항변

이중무권의 항변이란 연속된 어음거래자 3인 간에 원인관계가 부존재하는 등 항변사유가 연속하는 경우 최초의 어음채무자가 자기 후자의 항변을 원용하여 소지인의 청구를 거절하는 것을 말하며, 악의의 항변으로 허용함이 타당하다.

## 4. 어음상의 권리의 소멸

### (1) 권리소멸원인

① 일반적 소멸원인

어음상의 권리는 인수인 또는 지급인에 의하여 지급이 됨으로써 소멸한다. 그 밖에 어음상의 권리는 금전채권이므로 일반채권소멸원인인 대물변제·상계·경개·공탁 등에 의하여도 소멸한다. 그러나 환배서가 인정되므로 혼동에 의해서는 소멸하지 않는다.

② 어음상의 특유한 소멸원인

어음상의 권리에 특유한 소멸원인으로는 소구권보전절차의 흠결·일부지급의 거절·참가지급의 거절·거절할 수 있는 참가인수의 승낙·참가지급의 경합이 있는 경우 자기에게 우선하는 참가지급인이 있는 것을 알고 한 참가지급·단기소멸시효 등이 있다.

### (2) 어음상 권리의 소멸시효(어음시효)

① 시효기간

(i) **어음의 경우:** 첫째, 환어음의 인수인 또는 약속어음의 발행인에 대한 어음소지인의 어음상의 청구권은 만기의 날로부터 3년이 경과하면 소멸시효가 완성한다(어 제70조 1항, 어 제78조 1항). 주채무자의 보증인·참가인수인 및 무권대리인에 관하여도 같다.

둘째, 어음소지인의 상환의무자에 대한 상환청구권은 거절증서작성일자로부터 1년, 거절증서작성이 면제된 경우에는 만기의 날로부터 1년이 경과하면 소멸시효가 완성한다(어 제70조 2항).

셋째, 상환자의 그 전자에 대한 상환청구권은 그가 어음을 환수한 날 또는 제소된 날로부터 6월이 경과하면 소멸시효가 완성한다(어 제70조 3항). 여기서 제소된 날이란 소장이 송달된 날을 말한다.

(ii) **수표의 경우와 비교:** 첫째, 수표소지인의 지급보증인에 대한 청구권은 지급제시기간 경과일로부터 1년이 경과하면 소멸시효가 완성한다(수 제58조).

둘째, 수표소지인의 발행인·배서인 기타의 채무자와 같은 상환의무자에 대한 상환청구권은 지급제시기간 경과일로부터 6월이 경과하면 시효가 완성한다(수 제51조 1항).

셋째, 상환자의 그 전자에 대한 상환청구권은 그가 수표를 환수한 날 또는 제소된 날로부터 6월이 경과하면 소멸시효가 완성한다(수 제51조 3항).

(iii) **확정판결의 경우:** 어음상의 권리가 확정판결에 의하여 확정된 경우에는 어음법 또는 수표법상 만기시효가 적용되지 않고 그와 관계없이 일률적으로 다시 10년이 경과하여야만 소멸시효가 완성한다(민 제165조 1항).

#### ② 소멸시효의 계산

시효기간의 산정에 있어서 만기의 날, 즉 초일은 산입하지 아니한다(어 제73조). 시효기간의 말일이 법정휴일인 경우에는 이에 이은 제1거래일까지 기간이 연상된다(어 제72조 1항).

#### ③ 시효의 중단

시효중단사유로 어음의 경우에는 소송고지로 인한 시효중단에 관하여만 규정하고 있을 뿐(어 제80조, 수 제64조), 그 이외에는 민법의 규정에 의하게 된다. 따라서 어음상의 시효중단사유로는 민법상 청구, 승인 및 소송고지가 있다. 소송고지는 어음에 특유한 중단사유이다. 시효중단을 위한 청구에 있어서는 그 청구가 재판상의 청구이든 재판 외의 청구이든 어음의 제시를 요하지 않는다.

시효의 중단은 그 중단사유가 생긴 자에 대하여서만 효력이 생기며, 그 이외의 자에 대하여는 중단의 효력이 없다(어 제71조).

### (3) 어음의 말소·훼손·상실

#### ① 어음의 말소

어음의 말소란 어음의 기명날인 또는 서명 기타 기재사항을 도말·첩부·삭제 등의 방법에 의하여 제거하는 것을 말한다. 이러한 어음의 말소가 권한 없는 자에 의한 경우에는 변조가 되고, 말소에 의하여 어음이라고 인정할 만한 것이 존재하지 않게 된 경우에는 어음의 멸실이 된다. 일단 유효하게 성립한 어음상의 권리는 말소할 권한 없는 자에 의하여 말소가 되어도 그 어음상의 권리가 소멸하는 것은 아니다. 그러나 말소의 권한이 있는 자에 의하여 어음이 말소된 때에는 그 어음상의 권리는 변경 또는 소멸되고, 배서가 말소된 경우에는 그 배서의 연속에 관하여 배서를 기재하지 아니한 것으로 본다(어 제16조 1항, 수 제19조).

② 어음의 훼손

어음의 훼손은 절단이나 마멸 기타 방법으로 인한 어음의 일부의 물리적 손상을 말하며, 이에 대한 효과는 말소의 경우와 같다. 어음의 동일성을 해칠 정도의 훼손은 어음의 상실이 된다.

③ 어음의 상실

어음의 상실은 소실 등의 물리적 멸실뿐만 아니라 유실·도난 등에 의해 어음의 소재가 불분명하게 된 경우이거나 어음의 동일성을 잃은 정도의 말소·훼손 등을 말한다. 어음이 상실된 경우 어음의 소지인은 바로 그 권리를 상실하는 것은 아니지만, 어음증권을 상실함으로써 권리행사를 하지 못하게 되고, 상실된 어음을 선의취득한 자가 있을 때에는 어음상의 권리를 상실할 우려가 있다.

그리하여 법은 이를 구제하는 수단으로서 민사소송법 제475조 이하에서 공시최고에 의한 제권판결제도를 인정하고 있다. 제권판결이 있으면 상실된 어음은 무효로 되어 그 후에는 어음의 권리추정력이나 면책력은 없고 선의취득도 있을 수 없다. 또 어음을 상실한 어음상의 권리자는 어음증권 없이도 그 권리를 행사할 수 있다.

### (4) 이득상환청구권

① 이득상환청구권의 의의

이득상환청구권이란 어음상의 권리가 절차의 흠결 또는 소멸시효로 인하여 소멸한 때라도 소지인은 발행인·인수인·배서인에 대하여 그가 받은 이익의 한도내에서 상환을 청구할 수 있는 권리를 말한다(어 제79조, 수 제63조). 이러한 권리는 어음상의 권리가 절차의 흠결 또는 시효에 의하여 소멸한 경우에 발생하는 난점을 극복하기 위하여 법정된 것이라고 할 것이다.

② 청구권의 발생요건

첫째, 유효하게 존재하였던 어음상의 권리가 보전절차의 흠결 또는 시효로 인하여 소멸하였어야 한다. 따라서 기타의 사유로 인하여 어음상의 권리가 소멸하여도 이득상환청구권은 생기지 않는다. 어음소지인의 과실 여부는 묻지 아니한다.

둘째, 어음상의 권리가 유효하게 존재하고 있었어야 한다. 따라서 불완전 어음의 소지인이나 백지어음과 같은 미완성어음의 소지인은 이득상환청구권이 인정되지 않는다.

셋째, 소지인은 다른 구제수단이 없어야 한다. 이에 대해 어느 정도의 구제수단을 갖지 않아야 하는가에 대해서는 학설의 대립이 있으나, 판례는 민법상의 구제수단도 없는 경우라야 한다고 한다.

넷째, 어음채무자에게 이득이 있어야 한다. 여기서 이득이라 함은 현실로 재산상의 이익을 받은 것을 말하며, 대가로서 적극적으로 금전을 취득한 경우이든 또는 소극적으로 기존채무를 면한 경우이든 묻지 아니한다. 그러나 어음소지인의 손해는 요건이 아니다. 따라서 어음소지인은 어음의 취득에 있어서 대가를 제공하지 않았거나 또는 기타의 손해를 입지 않아도 무방하다.

③ 당사자

(i) **청구권:** 이득상환청구권을 가지는 자는 어음상의 권리가 절차의 흠결 또는 시효로 인하여 소멸한 당시의 정당한 어음소지인이다. 소지인인 이상, 최후의 배서에 의하여 어음을 취득한 자, 상환의무를 이행하고 어음을 환수한 소지인, 기한후 배서에 의하여 어음을 양수한 자 등 모두 청구권자에 해당된다. 배서의 연속이 없는 어음의 소지인도 실질적 권리를 증명하면 청구권자가 될 수 있다.

(ii) **의무자:** 이득상환의무자는 어음상의 권리소멸로 이익을 얻은 자이다. 즉 어음의 경우 발행인·인수인·배서인이, 수표의 경우는 발행인·배서인·지급보증을 한 지급인이다. 보증인·참가인수인·지급인·지급담당자는 상환의무자가 아니다.

④ 이득상환청구권의 행사

(i) **이행장소:** 이득상환청구권은 어음상의 권리가 아니므로 어음면에 기재된 지급지 또는 지급장소는 그 이행지 또는 이행장소가 아니며, 채무자의 영업소 또는 소재지가 이행장소이다.

(ii) **입증책임:** 어음소지인인 청구자가 권리발생요건의 전부와 채무자가 받은 이익의 한도를 증명하여야 한다. 다만 은행이 발행한 자기앞수표의 경우

에는 수표상의 권리의 소멸로 발행은행에 수표금 상당의 이득이 있는 것으로 추정되므로 이들의 존재에 관하여는 이를 주장만 하면 된다.

(iii) **채무자의 항변:** 채무자가 종전의 어음소지인에게 대항할 수 있었던 모든 항변사유로써 모두 이득상환청구권자에 대하여도 대항할 수 있다.

(iv) **어음의 소지여부:** 이득상환청구권의 행사에 증권의 소지를 요하는가에 대해서는 이득상환청구권의 성질과 관련하여 학설의 대립이 있으나, 지명채권설에 의하면 어음상의 정당한 권리자이면 족하고 현실로 어음의 소지가 필요한 것은 아니다.

## Ⅳ. 어음의 실질관계

### 1. 의 의

어음이 수수되는 경우에는 그 배후에 어떠한 실질적 이유 내지 목적이 있다. 이처럼 어음관계의 이면에 있는 관계를 어음의 실질관계 또는 기본관계라고 한다.

어음의 실질관계에는 어음예약, 원인관계 또는 대가관계, 자금관계 또는 보상관계 등이 있다.

### 2. 어음예약

어음예약은 어음행위를 하거나 어음을 수수할 것을 목적으로 어음관계가 발생하도록 준비하는 계약을 의미한다. 어음예약이 서면으로 될 때 이를 가어음이라 한다. 어음예약을 위반하여 발행된 어음도 그 효력이 유효하며, 이 위반은 당사자간의 인적항변사유가 된다.

### 3. 어음의 원인관계

#### (1) 의 의

어음수수의 원인이 되는 법률관계를 원인관계 또는 기본관계라 하며, 원인관계에서는 일반적으로 대가가 수수되므로 대가관계라고도 한다. 원인관계에는 매매 · 증여 · 채권의 추심 · 보증 · 채무의 담보 · 채무의 변제 · 자금의 융통 등이 있다.

### (2) 원인관계와 어음관계와의 관계

#### ① 원인관계와 어음관계의 분리

어음의 무인성 또는 추상성으로 어음관계는 원인관계와 종속성이 없고 분리·독립하여 존재하는 것이 원칙이다. 즉 어음을 양도하더라도 원인관계는 이전하지 아니하며 어음상의 권리의무는 원인관계의 존부나 유효·무효에 의하여 영향을 받지 않는다.

#### ② 원인관계가 어음관계에 미치는 영향

첫째, 원인관계에 의한 사유를 인적항변으로 주장할 수 있다.

둘째, 어음소지인이 가지는 소구권은 어음의 수수에 따르는 원인관계를 바탕으로 한 담보책임을 법정한 것이다.

셋째, 이득상환청구의 인정인데 이 이득상환청구권은 어음의 원인관계를 고려하여 이로부터 발생하는 실질상의 불공평을 제거하기 위하여 어음소지인에게 인정된 권리이다.

#### ③ 어음관계가 원인관계에 미치는 영향

어음이 수수된 경우로는「지급에 갈음하여」,「지급을 위하여」,「지급을 담보하기 위하여」교부하는 경우로 나눌 수 있다. 어떠한 변제의 수단으로 어음이 교부되는가에 따라서 기존채무는 그 영향을 받는다.

자기앞수표나 은행의 지급보증이 있는 당좌수표의 경우에는 지급이 확실하므로 지급에 갈음하여 교부된 것으로 보고, 일반당좌수표나 어음은 당사자간에 명시적 합의가 없는 한 지급을 위하여 또는 지급을 담보하기 위하여 교부한 것으로 추정한다.

### (3) 어음개서

어음의 개서란 어음의 지급에 갈음하여 만기를 후일로 정한 새 어음을 발행하는 것을 말하며, 주로 기존어음의 만기를 연기할 목적으로 하는 경우가 많다. 이 경우의 새 어음을 연기어음이라고도 한다.

### (4) 어음할인과 환매청구권

어음할인은 할인의뢰인이 만기미도래의 어음을 상대방에게 배서양도하고, 양수인이 어음금액에서 만기일까지의 이자 기타 비용, 즉 할인료를 공제한 금액을 할인의뢰인에게 지급하는 거래를 말한다.

할인어음의 환매청구권은, 할인어음이 지급거절되거나 할인의뢰인·어음상의 주채무자의 자력이 부실하여 기한의 이익을 상실하는 사유가 발생한 경우에 할인은행이 할인의뢰인에 대하여 그 어음의 환매청구를 할 수 있는 권리를 말한다. 환매청구권은 어음거래약정서 또는 상관행에 의하여 인정된다.

#### (5) 어음대부

어음대부란 은행에 대하여 어음을 담보로 교부하고 만기까지의 이자를 공제한 금액을 은행으로부터 대부받는 거래를 말한다. 일반인간의 대부에도 널리 이용되고 있다.

### 4. 자금관계

#### (1) 의 의

자금관계는 환어음의 지급인과 발행인 사이에서 지급인이 지급 또는 인수를 함에 있어서 근거가 되는 법률관계를 말한다. 따라서 발행인 자신이 지급인에 해당하는 약속어음이나 자기앞수표에는 이러한 자금관계가 없다.

#### (2) 환어음의 자금관계

어음관계는 자금관계에 영향을 받지 않는 것이 원칙이다. 그러나 어음관계의 직접 당사자간의 인적 항변의 허용, 발행인이 인수인에 대하여 갖는 지급청구권, 이득상환청구권 등은 자금관계가 어음관계에 반영된 것이라 할 수 있다.

### 5. 화환어음(하환어음)

화환어음 또는 하환어음이란 어음상의 권리가 화물상환증 또는 선하증권에 의하여 담보되어 있는 환어음이다. 특히 격지자간의 매매에서 물건의 매도인이 매수인을 지급인으로 하여 발행한 환어음이며, 운송중의 물건에 의하여 그 지급 또는 인수가 담보되어 있는 어음을 말한다.

화환어음은 어음발행의 자금관계가 물건의 매매이며, 어음이용의 범위가 당사자간 및 은행에 한정되어 있다. 그 법률상 성질은 환어음과 같으며, 특별한 종류의 어음이 아니다. 한편 어음상에 화환어음 또는 하환어음이라는 특별한 명칭이나 표시가 기재되지 않는다.

CHAPTER

# 03 환 어 음

## 제1절 환어음의 발행

### Ⅰ. 발행의 의의

환어음의 발행이란 환어음의 요건을 갖춘 증권을 작성하여 수취인에게 교부함으로써 성립하는 어음행위이다. 작성된 어음증권의 교부란 발행인이 그 증권을 수취인에게 도달할 수 있는 상태에 놓는 것을 뜻한다. 따라서 그 효력 발생시기는 수취인에게 도달한 때가 아니며 발송한 때가 될 것이다.

발행에 의한 창조된 어음을 기본어음이라고 하며, 발행행위는 모든 어음행위의 전제가 되므로 이를 기본적 어음행위라 한다.

환어음의 발행은 그 목적이 지급의 위탁에 있으며 발행인은 부수적으로 담보책임을 진다는 점에서 약속어음과 다르다.

### Ⅱ. 발행의 요건

#### 1. 어음요건의 의의

어음은 증권에 어음요건을 기재하고 발행인이 기명날인 또는 서명함으로써 작성된다. 어음증권의 재료·기재방법에는 아무런 제한이 없다. 여기서 법정요건을 갖춘 의사표시가 나타나기만 하면 족하다. 한편 어음요건이 그 하나라도 결하면 불완전어음이 되어 무효가 된다.

기본어음은 수입인지를 첩부하고 발행인이 소인을 하여야 하나, 이를 위반하여도 어음의 효력에는 영향이 없으며 단지 인지세법상의 처벌원인이 된다. 기본어음으로서 반드시 기재하여야 할 사항을(어 제1조 각호) 기본어음요건이라 하며, 보충규정사항(어 제2조 2항·3항·4항)이 없는 한 그 사항 중 하나라도 결하면 어음으로서의 효력이 발생하지 않는다(어 제2조 1항 본문).

## 2. 필요적 기재사항

### (1) 환어음문구

증권의 본문 중에 그 증권의 작성에 사용하는 국어로 환어음을 표시하는 문자를 기재하는 것을 뜻한다. 증권의 본문이란 지급위탁문구를 뜻하며, 환어음임을 표시하는 문자는 환·환증서·환어음 증서 등 무엇이든 상관이 없다. 그러나 단순히 어음·어음증권·어음증서 등의 기재는 환어음문구로 볼 수 없다.

### (2) 일정금액의 지급위탁

어음금액은 일정하여야 하므로 선택적 기재나 부동적 기재는 무효이다. 또한 물건의 인도를 목적으로 하는 물품어음은 인정되지 않는다. 금액인 한 표시되는 통화에는 제한이 없다(어 제41조). 중복기재한 어음금액이 일치하지 않는 경우, 문자와 숫자로 병기한 경우 문자로 기재한 금액을 표준으로 하여야 하며 문자와 문자, 숫자와 숫자로 중복기재한 경우 최소금액을 어음금액으로 한다(어 제6조). 지급위탁은 무조건이어야 하며 지급의 방법·시기·자금 등에 제한을 두면 무효가 된다.

### (3) 지급인의 명칭

지급인의 명칭은 동일성을 인식할 수 있는 한 기재방법에 제한은 없다. 어음관계의 당사자는 협동사무를 분장하고 있는 자이고, 또한 형식적·추상적 관념에 불과하므로 당사자 자격의 겸병이 인정된다. 따라서 지급인 자격과 발행인 자격의 겸병(어 제2조 2항, 자기앞 환어음)뿐만 아니라 지급인 자격과 수취인 자격의 겸병(어 제3조 1항 자기지시어음), 제3자 자격의 겸병(단명어음)도 가능하다.

### (4) 만기의 표시

만기란 어음금액이 지급되어야 할 날이며, 어음상에 기재된 일자를 만기의 날(어 제70조 1항), 또는 지급기일이라고도 한다. 만기는 지급을 할 날(어 제38조 1항, 제44조 3항) 또는 지급의 날(어 제41조 1항)과는 다르다. 만기가 법정휴일이면 이에 이은 제1의 거래일이 지급을 할 날(어 제72조 1항)이 된다.

만기는 확정일 또는 확정할 수 있는 날이어야 한다. 어음법은 확정일출급·발행일자후정기출급·일람출급·일람후정기출급의 4종의 만기만을 허용한다.

만기가 기재되지 않았거나, 만기의 기재가 없는 것과 동일시되는 경우 일람출급어음으로 본다는 보충규정(어 제2조 2항)이 있다.

### (5) 지급지의 표시

지급지는 어음금액이 지급될 일정한 지역을 말하며, 지급이 행하여질 구체적 지점인 지급장소(어 제4조, 제27조 2항)와는 구별된다. 지급지의 표시는 최소독립행정구역을 기재하는 것이 보통이겠으나, 사회적으로 통용되는 지역명이라도 상관없다. 지급지의 기재는 단일적·확정적이어야 한며, 선택적 또는 중첩적 기재는 무효이다. 지급지의 흠결에 관하여도 보충규정이 있어 지급인의 명칭에 부기한 지가 지급지이며, 지급인의 주소로 본다(어 제2조 3항).

### (6) 수취인의 명칭

수취인이란 지급을 받을 자 또는 지급을 받을 자를 지시할 자를 말한다. 수취인의 명칭도 동일성을 인식할 수 있는 한 기재방법에 제한이 없다. 환어음의 경우에는 발행인 자신을 수취인으로 하여 발행할 수 있다(어 제3조 1항). 이를 자기지시어음이라 한다.

### (7) 발행일

발행일은 실제로 발행한 날과 반드시 일치하여야 하는 것은 아니며, 선일자 또는 후일자의 기재라도 유효하다.

발행일은 발행일자후정기출급어음의 만기(어 제36조 1항·2항), 일람출급어음의 지급제시기간(어 제34조 1항), 일람후정기출급어음의 인수제시기간(어 제23조) 등을 산정하는 기초가 되므로 단일·확정적이어야 한다.

### (8) 발행지

발행지란 어음이 발행된 곳으로서 어음면에 기재된 지역을 말하며, 실제로 발행된 곳을 의미하는 것은 아니다. 발행지는 발행행위의 준거법을 정하는 기초가 된다. 준거법의 단일적 추정을 해치는 결과가 되지 않는 한 그 발행지의

표시방법에 제한이 없다. 발행지에 관하여도 보충규정이 있어서, 발행지의 기재가 없는 때에는 발행인의 명칭에 부기한 곳을 발행지로 본다(어 제2조 4항).

#### (9) 발행인의 기명날인 또는 서명

발행인의 기명날인 또는 서명은 보충지 또는 등본에는 할 수 없고, 반드시 어음자체에 하여야 한다.

수인의 발행인이 있는 공동발행의 경우 발행인 각자가 발행인임을 표시하고 어음면에 각각 기명날인 또는 서명하여야 한다. 한편 1인의 대리인에게 위임하여 어음을 발행하게 할 수도 있다.

### 3. 기타 기재사항

일람출급어음 또는 일람후정기출급어음에만 이자약정의 기재를 할 수 있다(어 제5조 1항). 이 경우 반드시 이율을 기재하여야 한다(어 제5조 2항). 이자계산의 기산일에 관하여 기재가 없는 경우 발행일로부터 기산하며, 만기의 도래와 더불어 약정이자는 그치고, 법정이자(어 제38조 1항 2호)가 이에 갈음하여 진행하게 된다.

**어음·수표의 필요적 기재사항**

| 구 분 | 환어음 | 약속어음 | 수 표 |
|---|---|---|---|
| 기초문구 | 환어음 문구<br>일정금액의 지급위탁 | 약속어음 문구<br>일정금액의 지급약속 | 수표 문구<br>일정금액의 지급위탁 |
| 당사자 | 지급인<br>수취인<br>발행인 | —<br>수취인<br>발행인 | 지급인<br>—<br>발행인 |
| 일 시 | 만 기<br>발행일 | 만 기<br>발행일 | —<br>발행일 |
| 장 소 | 지급지<br>발행지 | 지급지<br>발행지 | 지급지<br>발행지 |

## Ⅲ. 발행의 효력

환어음이 발행되면 수취인은 자기명의로 어음금액을 수령할 권한을 취득한다. 그러나 이 권리는 가정적 채무자의 지위에 있는 지급인이 인수를 할 때까지는 일종의 기대권에 불과하며, 확정적인 어음금액청구권은 아니다.

발행의 부수적 효력으로, ① 발행인의 담보책임(어 제9조, 제43조), ② 복본교부의무(어 제64조 3항), ③ 이득상환의무(어 제79조)를 드는 것이 보통이다.

## Ⅳ. 백지어음

### 1. 백지어음의 의의

백지어음이란 후일 그 소지인으로 하여금 어음요건의 전부 또는 일부를 보충시킬 의사로서, 이를 기재하지 않고 백지 그대로 기명날인 또는 서명하여 교부한 미완성어음을 말한다. 이와 같이 백지어음은 어음요건을 갖추지 않은 미완성어음이란 점에서 무효인 불완전어음과 구별된다.

### 2. 백지어음의 요건

(1) 백지어음에는 적어도 한 사람의 기명날인 또는 서명이 있어야 한다. 배서인 · 인수인 · 보증인 중 1인의 기명날인 또는 서명만 있어도 된다.

(2) 어음요건의 전부 또는 일부의 기재가 없어야 한다. 그 요건흠결의 정도는 아무런 제한이 없다. 또 어음요건 외의 유익적 기재사항이 백지인 경우에도 준백지어음이라 하여 어음법 제10조의 규정이 준용된다.

(3) 기명날인 또는 서명을 한 사람이 요건흠결을 뒤에 보충시킬 의사로써 발행한 것임을 요한다. 이 보충의사의 유무에 따라 무효어음인 불완전어음과 백지어음인 미완성어음이 구별된다. 따라서 백지어음임을 주장하는 자가 보충권의 존재를 입증하여야 한다.

### 3. 백지어음의 보충권

백지어음을 보충할 수 있는 권리인 보충권은 형성권으로서 백지어음 행위자와 그 상대방과의 사이에 일반사법상의 계약에 의하여 발생하는 것이다. 일단 부여된 보충권은 항상 백지어음에 수반하며, 이후 철회할 수 없고, 어음행위자의 사망 또는 능력상실로 인하여 영향을 받지 아니한다. 보충권은 형성권이므로 소멸시효기간은 20년이다. 보충권은 만기가 백지인 경우에는 보충권의 시효소멸 전에 행사하여야 하므로 백지어음을 교부한 때로부터 20년내이고 만기외의 요건이 백지인 경우에는 주채무자에 대하여는 그 채권의 소멸시효가 완성하기 전이므로 3년내, 상환의무자에 대하여는 상환청구권을 행사하기 위한 보전절차를 밟는 기간(어 제44조)내에 행사하여야 한다.

### 4. 백지어음 보충의 효과

보충권의 행사에 의하여 어음요건이 보충된 때에는 모든 어음행위의 효력이 보충된 문언에 따라 그 효력을 발생한다. 이러한 행위자체는 백지의 보충전에 완성하고 있으나 효력의 발생이 백지보충이 있을 때까지 정지하여 있는 것이다. 그러므로 어음행위자의 능력의 유무·대리권의 존부 등은 기명날인 또는 서명한 때를 표준으로 한다.

### 5. 백지어음의 보충권의 남용

보충권자가 보충권의 범위를 벗어나서 보충을 한 경우에 소지인이 선의이고 중과실 없이 부당보충된 어음을 양수하였다면 백지어음행위자는 그 소지인에게 보충권의 남용을 이유로 대항하지 못한다(어 제10조). 선의·악의 또는 중과실의 유무는 어음취득시를 기준으로 한다.

## 제2절 어음의 배서

### I. 배서의 의의

배서란 어음상의 권리의 양도를 목적으로 하는 어음행위이다. 이것은 어음의 유통성을 위하여 법이 특별히 인정한 양도방법이다. 어음상의 권리는 배서이외의 방법, 즉 지명채권의 양도방법·상속·회사의 합병·경매 또는 전부명령에 의하여 이전될 수 있다. 그리고 배서 이외의 방법에 의해 취득한 어음상의 권리를 다시 배서에 의하여 양도할 수 있다. 발행인이 지시금지 또는 이것과 동일한 뜻을 가진 문언을 기재한 어음을 발행하는 경우 이것을 지시금지어음(배서금지어음)이라고 한다(어 제11조 2항). 지시금지어음은 어음의 지시성을 배제한 것이므로 지명채권의 양도에 관한 방법에 따라야 하며 그 효력으로써 양도할 수 있다(어 제11조 2항).

## Ⅱ. 배서의 방식

배서를 하려면 민법상의 일반지시채권의 배서와 같이 어음의 본지나 이에 결합된 보전(보충지) 또는 등본에 일정한 사항을 기재하고, 배서인이 기명날인 또는 서명하여 교부하여야 한다(어 제13조 1항, 제67조 3항).

기명식배서는 배서인의 기명날인 또는 서명 외에 피배서인의 명칭을 기재하는 배서이며, 정식배서 또는 완전배서라고도 한다.

백지식배서는 피배서인을 지명하지 않는 배서이며, 무기명배서, 약식배서 또는 백지배서라고도 한다. 이것은 다시 배서문구의 기재는 있어도 피배서인의 기재가 없는 것과 배서문구조차도 기재하지 않고 배서인의 기명날인 또는 서명만 있는 경우로 나뉘며, 특히 후자의 경우 간략백지식배서는 인수 또는 보증과의 혼동을 피하기 위해 어음 또는 등본의 이면이나 보전만 할 수 있게 하였다(어 제13조 2항, 제67조 3항).

소지인출급식배서란 어음의 소지인에게 어음상의 권리를 양도한다는 뜻의 기재가 있는 배서를 말한다. 이 배서는 효용성에 있어서나 피배서인의 기재가 없는 점에서 백지식배서와 같다. 어음법은 이에 백지식배서와 동일한 효력을 인정하였다(어 제12조 3항). 갑 또는 소지인에게 지급하여 달라는 취지를 기재하는 지명소지인출급식(선택무기명식) 배서에 관하여는 어음법상 규정이 없으나 수표법 제5조 2항에 의하여 소지인출급식배서와 같이 해석한다.

또, 배서는 무조건이어야 한다. 배서에 붙인 조건은 기재하지 않은 것으로 본다(어 제12조 1항). 다만 다음 기재사항만이 유익적 기재사항으로서 그 효력이 인정된다. 즉 ① 소지인출급식배서문구(어 제12조 3항), ② 무담보문구(어 제15조 1항), ③ 배서금지문구(어 제15조 2항), ④ 추심위탁문구(어 제18조 1항), ⑤ 입질문구(어 제19조), ⑥ 배서일자(어 제20조 2항), ⑦ 인수제시명령문구(어 제22조 4항), ⑧ 인수제시기간단축문구(어 제23조 3항, 제53조 3항), ⑨ 지급제시기간단축문구(어 제34조 1항), ⑩ 배서인의 처소(어 제45조 3항), ⑪ 거절증서작성면제문구(어 제46조 1항), ⑫ 예비지급(어 제55조 1항), ⑬ 등본에만 배서하라는 문구(어 제68조 3항) 등을 들 수 있다.

**배서의 종류**

<table>
<tr><td rowspan="5">보통의 양도배서</td><td colspan="2">양도배서</td></tr>
<tr><td rowspan="4">특수한 양도배서</td><td>무담보배서</td></tr>
<tr><td>배서금지배서</td></tr>
<tr><td>기한 후 배서</td></tr>
<tr><td>환배서(역배서)</td></tr>
<tr><td rowspan="2">양도배서 형식의 특수배서</td><td colspan="2">숨은 추심위임배서</td></tr>
<tr><td colspan="2">숨은 입질배서</td></tr>
<tr><td rowspan="2">특수배서</td><td colspan="2">추심위임배서</td></tr>
<tr><td colspan="2">입질배서</td></tr>
</table>

## Ⅲ. 배서의 효력

### 1. 권리이전적 효력

권리이전적 효력이란 어음상의 모든 권리가 피배서인에게 이전하는 것을 뜻한다(어 제14조 1항). 따라서 피배서인은 배서인에 갈음하여 어음상의 권리자가 된다. 피배서인은 스스로 어음상의 권리를 행사할 수 있다. 그리고 다시 배서에 의하여 타인에게 어음을 양도할 수도 있다. 이 효력은 배서인의 의사표시로 인하여 생기며, 배서의 본질적 효력이 된다.

배서에 의하여 이전된 권리는 어음이 표창하는 모든 권리이다. 즉 지급인으로부터 지급을 받을 권리는 물론, 환어음의 발행이나 배서인에 대한 권리, 어음보증인에 대한 권리 등 모든 권리를 말한다. 배서에 의한 피배서인은 어음 외의 사유로부터 절단된 어음상의 권리 그 자체를 취득한다. 즉 피배서인은 전자에 대한 인적 관계에 기인한 항변으로써 대항받지 않는다. 다만 피배서인이 채무자를 해칠 것을 알고 취득하였을 때만 악의의 항변으로써 대항받게 된다(어 제17조).

### 2. 자격수여적 효력

배서가 연속된 어음의 소지인은 어음상의 권리자라고 추정되며(어 제16조 1항), 이것을 배서의 자격수여적 효력이라고 한다. 이것은 어음의 법률관계를 외관에 의하여 결정되게 하여 어음유통의 원활화와 권리행사의 간편화를 기하기 위하여 입법으로 인정하고 있다.

배서가 연속되면 어음소지인은 적법한 소지인, 정당한 권리자로 추정을 받는다(어 제16조 1항). 따라서 어음의 소지인은 자기가 유효하게 권리를 취득한 사실을 입증할 필요없이 당연히 권리를 행사할 수 있다. 그러나 소지인이 무권리자임이 입증되면 그 권리행사를 거부할 수 있다.

연속된 배서의 효과로서 소지의 적법성이 추정된 결과, 지급인도 사기 또는 중대한 과실 없이 만기에 어음소지인에게 지급하면 소지인이 진정한 권리자가 아니었다 하더라도 책임을 면한다(어 제40조 3항).

배서가 연속된 어음의 소지인은 적법한 소지인으로 추정되며, 그로부터 배서에 의한 어음을 취득한 피배서인은 그 배서인이 무권리자이었다 하더라도 악의 또는 중대한 과실이 없는 한 어음상의 권리를 선의취득하게 된다(어 제16조 2항).

### 3. 담보적 효력

배서인은 배서에 의하여 피배서인과 그 후자 전원에 대한 어음의 인수와 지급을 담보하는 의무를 진다(어 제15조 1항). 이것을 배서의 담보적 효력이라고 한다.

**배서의 효력 비교**

| 구 분 | | 권리이전적 효력 | 인적항변 절단 | 담보적 효력 | 자격수여적 효력 | 선의취득 |
|---|---|---|---|---|---|---|
| 보통의 양도배서 | | ○ | ○ | ○ | ○ | ○ |
| 무담보배서 | | ○ | ○ | × | ○ | ○ |
| 배서금지배서 | | ○ | ○ | 피배서인 | ○ | ○ |
| 환(역)배서 | | ○ | ○ | ○ | ○ | ○ |
| 기한 후 배서 | | ○ | × | × | ○ | × |
| 공연한 추심위임배서 | | × | × | × | ○ | × |
| 숨은 추심위임 배서 | 신탁양도설 | ○ | ○ | 피배서인 이후의 자 | ○ | 피배서인 이후의 자 |
| | 추심위임설 | × | × | × | ○ | × |
| 공연한 입질배서 | | × | ○ | ○ | ○ | ○ |
| 숨은 입질배서 | | ○ | ○ | ○ | ○ | ○ |

이 효력은 의사표시상의 효력이 아니며, 배서당사자간 보통 수수되는 대가관계를 고려하고 어음의 유통성을 촉진시키기 위하여 법이 정책적으로 인정한 특별한 효력이라 하겠다.

담보책임의 내용은 어음의 종류에 따라 다르다. 환어음의 배서인은 인수와 지급에 대하여 전적으로 담보책임을 진다(어 제15조 1항).

공동배서의 경우에 수인의 배서인은 각각 어음금 전액에 대한 책임을 지며, 이것은 연대책임이 아니라 합동책임이다.

## Ⅳ. 특수배서

### 1. 기한 후 배서

기한후배서란 지급거절증서 작성 후 또는 지급거절증서 작성기한 경과 후의 배서를 말하며, 단순한 만기 후의 배서를 말하는 것이 아니다(어 제20조 1항 본문).

기한후배서는 지명채권양도의 효력만이 있다(어 제20조 1항 단서). 즉 기한후배서에는 유통성을 강화하기 위하여 인정되는 특별한 효력을 인정할 필요가 없다. 권리이전적 효력·자격수여적 효력은 있어도 담보적 효력이 없으며, 선의취득·항변제한 등 선의자의 보호제도가 인정되지 않는다.

### 2. 추심위임배서

추심위임배서는 배서인이 피배서인에게 어음상의 권리를 행사하는 대리권을 부여할 목적으로 하는 배서이다. 이와 같이 어음에 추심위임문구를 기재하여 배서하는 것을 공연한 추심위임배서(어 제18조 1항)라 한다. 한편 추심위임의 목적으로 보통 양도배서의 형식을 취한 배서를 숨은 추심위임배서라고 한다. 추심위임배서에는 성질상 권리이전적 효력이나 담보적 효력은 없고, 대리권수여적 효력만이 있다. 따라서 그 피배서인은 양도배서는 할 수 없으며 단지 추심위임배서만을 다시 할 수 있을 뿐이다(어 제18조 1항 단서). 피배서인은 어음상의 권리자가 아니므로 면제·화해 등 권리의 처분을 하지 못한다.

추심위임배서는 자격수여적 효력이 있으므로 피배서인은 배서인을 대리하여 당연히 추심대리권의 범위 내에서 권리를 행사할 수 있다.

### 3. 입질배서

입질배서란 어음소지인이 자기 또는 제3자의 기존채무를 담보할 목적으로 어음상의 권리에 질권을 설정한다는 취지를 기재하여서 하는 배서이다(어 제19조). 따라서 피배서인은 어음상의 권리위에 질권을 취득하는 것이므로 어음상의 권리자체를 처분할 수는 없다. 그리고 피배서인은 추심위임배서는 할 수 있어도 양도배서나 입질배서는 할 수 없다(어 제19조 1항 단서). 피배서인은 독립된 경제적 이익을 가지고 있어 어음채무자로부터 배서인에 대한 인적 항변사유로써 대항받지 않는다(어 제19조 2항). 입질배서는 자격수여적 효력이 있다.

## 제3절 환어음의 인수

### Ⅰ. 인수의 의의

인수란 지급인이 어음금액의 지급채무를 부담할 것을 목적으로 하는 환어음 특유의 어음행위를 말한다. 환어음은 지급인이 인수함으로써 비로소 주채무자가 확정된다.

지급인은 인수의 기재와 기명날인 또는 서명하더라도 어음을 반환하기 전에 자유로이 말소할 수 있다. 이 경우 인수를 거절한 것으로 본다(어 제29조 1항 1문). 그리고 인수의 말소는 어음을 반환하기 전에 한 것으로 추정한다(어 제29조 1항 2문). 그러나 지급인이 소지인 또는 어음에 기명날인 또는 서명한 자에게 서면으로 인수의 통지를 한 때에는 인수의 문언에 따라 책임을 진다(어 제29조 2항).

### Ⅱ. 인수제시 및 인수방법

인수제시란 환어음을 지급인에게 제시하여 어음의 인수를 청구하는 행위를 말한다. 인수제시를 할 수 있는 자는 정당한 소지인뿐만 아니라 단순한 점유자도 상관이 없다(어 제21조). 피제시자는 항상 지급인이며, 제3자방지급어음의 경우도 지급인이 된다.

인수를 함에는 환어음에 인수 기타 이것과 동일한 의의를 가진 문자(인수문구)를 기재하고, 지급인이 기명날인 또는 서명하여야 한다(어 제25조 1항 2문, 정식인수). 그러나 인수문구는 인수의 절대적 요건은 아니므로 어음의 표면에 지급인의 단순한 기명날인 또는 서명만 있으면 이를 인수로 본다(어 제25조 1항 3문, 약식인수). 인수는 반드시 어음 본지에 하여야 하며, 등본 또는 보전에 할 수 없다(어 제25조 1항 1문).

### Ⅲ. 인수의 효력

지급인이 인수를 하면 인수인이 되어, 주채무자로서 만기에 어음금액을 지급할 의무를 부담한다(어 제28조 1항). 인수인이 지급할 금액은 만기에 지급하는 경우에는 어음금액과 이자액이지만, 만기에 지급하지 않아 상환청구권이 발생한 후에는 상환금액(어 제48조, 제49조)과 같은 금액이 된다.

## 제4절 환어음의 보증

### Ⅰ. 어음보증의 의의

어음보증이란 주된 어음행위에 의하여 발생한 채무를 담보할 목적으로 이와 동일한 내용의 어음채무를 부담하는 부속적 어음행위(채무부담의 단독행위)이다.

어음보증은 어음채무자에 대한 불신을 어음 위에 공표하는 결과가 되어 잘 이용되고 있지 않으며, 오히려 보증의 목적으로 배서·발행·인수를 하는데 이러한 경우를 숨은 어음보증이라 한다.

### Ⅱ. 어음보증의 성립요건

보증인의 자격은 제한이 없다. 제3자는 물론 어음상의 채무자도 상관이 없다(어 제30조 2항 2문, 제77조 3항). 피보증인은 어음채무자(인수인·발행인·배서인·참가인수인)이다.

어음보증은 어음·보전 또는 등본에 하되(어 제31조 1항) 보증 또는 이와 동일한 의의가 있는 문언을 기재한다. 보증인이 기명날인 또는 서명을 하여야 하고(어 제31

조 2항), 피보증인의 명칭을 표시하는 것이 원칙이다(어 제31조 4항 1문).

한편 약식보증은 피보증인을 지정하지 않고 보증문구만 기재하고 기명날인 또는 서명하거나, 보증문구마저도 기재하지 않고 기명날인 또는 서명만 함으로써 할 수 있다. 이 약식보증은 발행인을 위한 것으로 보며(어 제31조 4항 2문), 어음의 표면에만 할 수 있다(어 제31조 3항).

어음보증은 어음금액의 일부에 대해서도 할 수 있으며(어 제30조 1항), 또한 보증인은 거절증서작성면제(어 제46조 1항)와 예비지급인(어 제55조 1항)의 기재를 할 수 있다. 보증을 할 수 있는 시기는 아무런 규정이 없으며, 만기 후 또는 거절증서작성 후에도 시효완성 전에는 이를 할 수 있다.

## Ⅲ. 어음보증의 효과

### 1. 보증인의 책임

보증인은 피보증인과 동일한 책임을 진다(어 제32조 1항). 따라서 피보증채무가 지급·상계·면제·시효 등으로 인하여 소멸하면 보증채무도 소멸된다. 소구의무가 권리보전절차의 해태로 인하여 소멸하면 그 보증채무도 소멸된다. 피보증인이 거절증서작성의무를 면제했거나, 또는 일부인수 등 피보증채무에 제한을 가한 경우 각각 보증채무에 그 효과가 미친다. 다만 주채무와 보증채무는 별개의 채무로서 시효의 중단조치는 피보증인과 보증인에게 따로따로 취해져야 한다.

보증인은 피보증인과 합동하여 책임을 진다(어 제47조 1항). 따라서 어음소지인은 양자에 대하여(보증인이 수인인 때에도 전원에 대하여) 별개 또는 동시에 어음상의 권리를 행사할 수 있으며(어 제47조 2항), 보증인도 최고·검색의 항변권을 행사할 수 없다.

어음보증은 독립된 어음행위이다. 따라서 어음행위독립의 원칙이 적용되며, 피보증인의 채무가 실질적 사유로 무효가 되는 경우라도 형식상 하자가 없는 경우 보증채무는 유효하다. 여기서 보증인은 문언대로의 책임을 진다(어 제32조 2항).

## 어음보증독립의 원칙과 권리남용의 항변

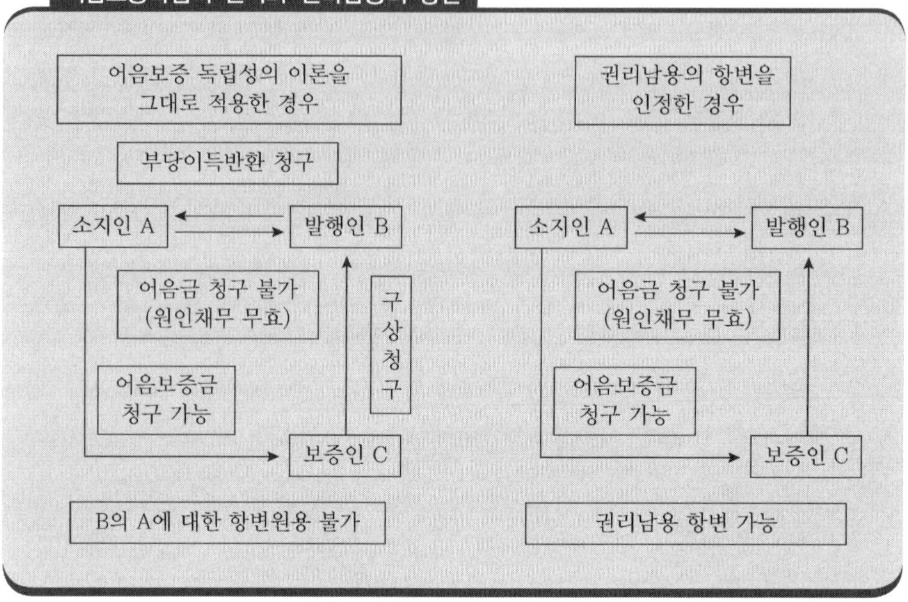


## 어음보증과 민사보증과의 관계

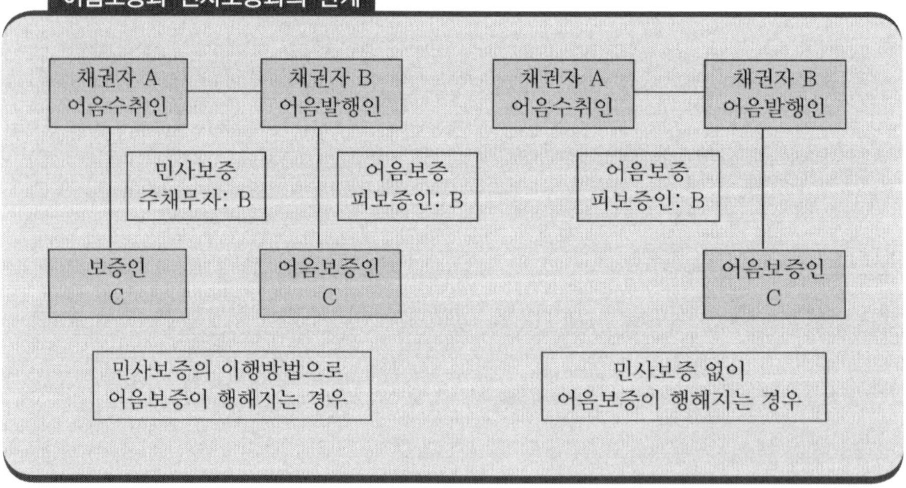

**어음보증과 민사보증의 비교**

| 구 분 | 민사보증 | 어음보증 |
|---|---|---|
| 성립 및 상대방 | 보증계약<br>특정의 상대방에 대하여 보증책임 | 어음상의 단독행위<br>불특정 어음소지인에 대하여 보증책임 |
| 행위방식 | 불요식 행위 | 요식행위 |
| 주채무 | 종속 | 독립 |
| 피보증인 | 분명 | 미기재시 : 발행인 |
| 채무 불이행시 통지 | 의무 없음 | 일정한 기간 내에 통지 |
| 최고·검색의 항변권 | 인정 | 불인정 |
| 인적항변 | 주채무자의 항변으로 보증인도 항변 가능 | 권리남용의 항변만 인정 |

### 2. 보증채무이행의 효과

보증인은 그 채무를 이행하면 보증채무는 물론 피보증인의 채무도 소멸된다. 보증인은 어음의 지급을 한 경우 피보증인과 그 피보증인의 채무자에 대한 어음으로부터 생기는 권리를 취득하게 된다(어 제32조 3항). 이를 보증인의 구상권이라 한다.

동일인을 위한 여러 사람의 보증인이 있는 경우 보증채무를 이행한 보증인과 다른 보증인간의 구상관계는 민법의 일반 원칙에 따른다(민 제448조 2항, 민 제425조).

## 제5절 환어음의 지급

### Ⅰ. 지급의 의의

지급이란 어음관계를 전부 소멸시키는 효과를 가지는 변제를 말한다. 따라서 인수인·지급인 또는 지급담당자가 하는 지급을 말한다. 발행인·배서인·보증인·참가인수인 등이 하는 넓은 의미의 지급은 구상관계가 존속하므로 여기서 제외된다.

## Ⅱ. 지급제시

### 1. 지급제시의 의의

지급제시란 어음의 소지인 또는 그 대리인이 지급을 청구하기 위하여 지급인·인수인 또는 그들의 지급담당자에게 어음을 제시하는 것을 말한다. 소지인은 지급제시기간내에 제시를 하여야만 전자에 대한 소구권을 보전할 수 있다(어 제53조). 인수인은 지급제시가 있을 때로부터 이행지체의 책임을 진다(어 제65조, 민 제517조).

### 2. 지급제시의 기간

인수인에 대하여는 지급을 할 날 이후 3년의 소멸시효기간 내에 지급제시를 하면 된다. 그러나 소구권보전을 위하여는 ① 확정일출급어음·발행일자후정기출급어음 및 일람후정기출급어음에 있어서는 원칙적으로 지급을 할 날 또는 이에 이은 2거래일 내에 지급제시를 하여야 한다(어 제38조 1항). 지급을 할 날은 보통은 만기의 날이나, 만기가 법정휴일(어 제81조)에 해당하는 경우에는 이에 이은 제1의 거래일을 가리키는 것이다(어 제72조 1항). ② 일람출급어음에 있어서는 원칙적으로 발행일자로부터 1년 내에 지급제시를 하여야 한다(어 제34조 ①).

### 3. 지급제시의 장소

지급제시는 지급지에 있어서의 지급인의 영업소 또는 주소에서 하는 것을 원칙으로 한다(민 제516조 참조). 지급장소의 기재가 있는 경우 그 장소에서 하여야 한다(어 제4조, 제27조). 또한 어음교환소에서 하는 제시는 어음상에 지급장소로서 기재되지 않은 경우에도 지급제시의 효력을 가진다(어 제38조 2항).

### 4. 지급제시의 방법

제시자는 완전한 어음 자체를 현실로 피제시자에게 제시하여야 한다. 그러므로 등본이나 보충 전의 백지어음을 제시하여서는 지급제시의 효력이 없다. 적법한 지급제시가 있었다는 증명방법에 관하여는 인수인에 대한 관계에 있어 특별한 제한이 없으며, 상환의무자에 대한 관계에 있어서는 지급거절증서의 작성이 유일한 증명수단이 된다(어 제44조).

## Ⅲ. 지급시기

### 1. 만기 전의 지급

만기 전에는 어음소지인은 지급을 청구할 수 없고, 또 지급을 받아야 할 의무도 없다. 어음소지인이 만기전의 지급을 동의한 경우 그 지급이 유효하기는 하나, 지급에 따른 위험은 지급인이 부담한다(어 제40조).

### 2. 만기의 지급

어음금을 지급할 시기인 만기는 만기일만을 의미하는 것이 아니라, 지급제시기간을 의미한다. 만기에 지급하는 지급인은 어음법에 의하여 선의지급에 대하여 특별한 보호를 받는다.

### 3. 만기 후(지급제시기간경과 후)의 지급

주채무자는 그 채무의 소멸시효가 완성되지 않는 한 만기 후의 지급으로도 면책되지만, 인수를 하지 아니한 단순한 지급인은 지급의 결과를 발행인의 계산으로 돌릴 수 없다.

### 4. 지급의 연기 또는 유예

어음관계자 전원의 동의가 있으면 만기를 변경할 수 있다. 그리고 만기연기를 위하여 구어음에 갈음하여 만기만을 변경한 신어음(연기어음)을 발행할 수도 있다(어음의 개서).

전쟁·지진·홍수·공황 기타 전국 또는 한 지방의 사변 등이 발생한 경우 국가권력의 발동에 의하여 어음채무의 지급이 유예되는 수도 있다(어 제54조).

## Ⅳ. 지급할 화폐

어음금액을 지급할 화폐의 종류를 특정할 수는 없으므로, 지급인의 선택에 따라 각종의 통화로 지급할 수 있다. 지급지의 통화가 아닌 외국화폐로 지급할 것을 어음에 기재한 경우에는 지급인의 선택에 따라 국내의 통화로 지급할 수도 있다(어 제41조 1항 1문).

발행인이 특정 외국통화로 지급할 뜻을 기재한 경우에는 그 외국화폐로 지급하여야 한다(어 제41조 3항).

### Ⅴ. 지급방법과 어음금액의 공탁

지급인은 지급을 할 때 어음과 상환하고(상환증권성), 어음에 영수를 증명하는 기재를 할 것을 청구할 수 있다(어 제39조 1항).

지급인은 어음금액의 일부지급을 할 수 있으며, 소지인은 이를 거절하지 못한다(어 제39조 2항). 일부지급의 경우 지급인은 소지인에 대한 어음에 일부지급의 뜻을 기재하고 영수증 교부를 청구할 수 있다(어 제39조 3항).

소지인이 지급제시기간 내에 지급제시를 하지 않은 경우 어음채무자는 소지인의 비용과 위험부담으로 어음금액을 관할관서에 공탁하고, 그 채무를 면할 수 있다(어 제42조).

## 제6절 어음의 소구(상환청구)

### Ⅰ. 소구의 의의

소구 또는 상환청구란 인수거절 또는 지급거절 등 제1차의 지급의무자로부터 지급을 받을 가망이 희박하게 된 경우에 발행인 또는 배서인 등의 담보의무자에 대하여 본래의 지급에 갈음하여 어음금액과 기타 비용을 청구하는 것을 말한다.

### Ⅱ. 소구의 요건

소구의 실질적 요건은 ① 만기에 적법한 지급제시를 하였으나 지급되지 아니한 때, ② 인수의 전부 또는 일부의 거절이 있은 때, ③ 인수인 또는 지급인의 파산, 지급정지, 그 재산에 대한 강제집행이 부주효한 때, ④ 인수제시를 금지한 어음의 발행인이 파산한 때 등이다(어 제43조).

소구의 형식적 요건은 각 경우에 따라 다르나 공통적으로 구비할 요건은 어음의 제시와 거절증서의 작성이다. 다만 인수거절증서를 작성한 때에는 지급제시와 지급거절증서의 작성을 요하지 않는다(어 제44조 4항). ③의 경우(인수인 또는 지급인의 파산 제외)에는 소지인은 인수인에 대하여 지급제시를 하고 또 거절증서를 작성하여야 하는 것이며, 인수인 또는 지급인의 파산과 ④의 경우에는 소지인은 파산결정서를 제시하면 된다(어 제44조 5항·6항). 또 법정기간의 연장 또는 보전절차의 면제의 편의가 인정되어 있다(어 제54조).

## Ⅲ. 소구의 당사자와 소구방법

소구권자는 첫째로 소지인이며, 둘째로 상환한 배서인 그 밖의 어음기명날인자로서 이것을 환수한 사람이다. 소구의무자는 전자인 배서인 또는 발행인과 이러한 자의 보증인 또는 참가인수인이다(어 제47조).

**소구의무자의 비교**

| 구 분 | 소구의무자 |
|---|---|
| 약속어음 | 배서인, 배서인의 보증인<br>배서인 및 보증인의 무권대리인 |
| 환어음 | 배서인, 배서인의 보증인<br>배서인 및 보증인의 무권대리인<br>발행인, 발행인의 보증인, 참가인수인,<br>발행인, 발행인의 보증인, 참가인수인의 무권대리인 |
| 수 표 | 발행인, 배서인, 발행인 및 배서인의 보증인<br>발행인, 배서인, 보증인의 무권대리인 |

소구의 방법으로 소지인은 소구의무자에 대하여 그 의무를 부담한 순서에 불구하고 임의의 전자에 청구할 수 있으므로 이를 도약적 청구권이라 한다(어 제47조 2항). 또 소구의무자의 한사람에 대하여 청구를 한 뒤라도 이것을 변경해서 다른 사람에게 청구할 수 있으므로 이를 변경권이라 한다(어 제47조 4항). 소구의무자가 소구권리자인 어음소지인 또는 자기의 후자에 대하여 상환의무를 이행하여 어음을 환수한 뒤에 자기의 전자에 대하여 소구하는 것을 재소구라 한다.

**만기 전 소구**

| 구 분 | 내 용 |
|---|---|
| 파산절차 등이 개시된 경우 | 법원의 파산결정서, 화의절차개시결정서, 회사정리절차개시결정서를 소구의무자에게 제시 |
| 지급정지나 강제집행 불주효인 경우 | 발행인에 대하여 만기전이라도 지급제시하고 지급거절사실 확보 |
| 지급인의 인수거절<br>(환어음에만 적용) | 인수인이 인수를 거절한 경우<br>어음의 다른 기재사항을 변경하여 인수한 때(어 제26조 2항)<br>인수한 지급인이 어음 교부 전에 그 기재를 말소한 때(어 제29조 1항)<br>지급인의 주소 또는 영업소가 불명인 때<br>지급인의 부재로 인수제시가 불가능한 때 |

**만기 후 소구**

| 구 분 | | 내 용 |
|---|---|---|
| 실질적 요건 | 통상의 경우 | ·소지인이 지급제시기간 내에 적법한 지급제시를 하였음에도 지급거절(어 제43조, 제77조 1항, 수 제39조).<br>·거절은 지급인의 부재, 소재불명 등 소극적 거절의 경우도 포함 |
| | 불가항력의 경우 | ·피할 수 없는 장애가 존속하는 만큼 제시기간의 연장 인정 또는 그 장애가 일정한 기간을 넘어 계속하는 때에는 지급제시 없이 소구권 행사 가능 |
| 형식적 요건 | | ·지급거절증서로서 증명(어 제44조 1항, 2항, 3항, 제77조 1항, 수 제39조)<br>단, 증서작성면제나 피할 수 없는 장애가 30일(수표의 경우 통지일로 부터 15일)을 넘어 계속 할 때는 증서작성 불요<br>·수표의 경우 지급인의 수표상 거절선언 또는 어음교환소의 선언으로 증서작성 갈음(수 제39조) |

## Ⅳ. 거절증서와 작성면제

거절증서란 어음상의 권리의 행사 또는 보전에 필요한 어음상의 행위가 정당한 사람에 대하여 정당한 권리자에 의하여 시·장소에서 행하여 졌다는 것과 그 행위의 결과를 모든 이해관계인에 대하여 간이·신속·확실하게 증명하여 어음거래의 안전을 확보하고자 하는 목적을 가진 요식의 공정증서를 말한다.

거절증서의 작성면제란 환어음의 지급인 또는 약속어음의 발행인이 어음의 인수 또는 지급을 거절한 경우에 배서인 그 밖의 소구의무자에 대한 소구권보전의 조건으로서 작성하여야 하는 거절증서의 작성을 면제시키는 것으로 소구의무자의 이익을 보호하고, 인수 또는 지급거절사실의 공표를 방지하는 실익이 있다.

### Ⅴ. 소구의 통지

소구의 통지란 소구권행사에 앞서 인수거절 또는 지급거절 등의 소구원인이 발생하였음을 소구의무자에게 알리는 것으로 우리 어음법은 통지의무주의를 취하고 있다(어 제45조 1항). 통지를 하지 아니하더라도 소구권을 잃는 것은 아니며, 다만 과실로 인하여 손해가 생긴 때에는 어음금액의 한도 내에서 통지를 받을 권리자(전자) 진원에 대하여 손해배상책임을 부담할 뿐이다(어 제45조 6항).

## 제7절 어음참가

### Ⅰ. 참가의 의의와 당사자

#### 1. 참가의 의의

참가란 어음의 인수거절 또는 지급거절로 그 신용을 상실하여 소구권을 행사하여야 할 상태에 있는 경우에 제3자가 어음관계에 개입하여 인수 또는 지급을 함으로써 소구권 행사를 저지하는 것을 말한다. 참가는 소구의무자의 상환금액의 증대를 방지하고, 그 신용을 유지하기 위한 제도이다. 참가에는 참가인수와 참가지급이 있다.

#### 2. 참가의 당사자

(1) 피참가인

피참가인이란 참가에 의하여 직접 이익을 받을 특정 소구의무자를 말하며,

피참가인이 될 수 있는 자는 모든 소구의무자와 그 보증인이 된다. 인수인·지급인·무담보배서인은 소구의무자가 아니므로 피참가인이 될 수 없다.

#### (2) 참가인

참가인이란 참가를 하는 사람을 말하며, 그 자격에 제한이 없다. 따라서 제3자·지급인 또는 이미 어음채무를 부담하고 있는 환어음의 발행인·배서인·보증인도 참가인이 될 수 있으나, 약속어음의 발행인, 환어음의 인수인과 그들의 보증인은 참가인이 될 수 없다(어 제55조 3항).

참가인에는 피참가인의 발행인·배서인 또는 보증인이 사전에 어음상에 기재한(어 제55조 1항) 지정참가인(예비지급인)과 사전에 지정되지 않은 임의참가인이 있다.

## Ⅱ. 참가인수

참가인수란 만기 전의 소구를 저지하기 위하여 지급인 이외의 자가 지급을 약속하는 어음행위를 말한다. 참가인수는 그 책임이 제2차적·한정적이며, 절대적인 것이 아니므로 인수와는 다르다. 참가인수를 함에는 만기 전에 소구의 원인이 발생하고, 그 사실이 인수거절증서에 의하여 확정되어 있어야 한다(어 제56조 1항). 그러나 인수제시금지 어음(어 제22조 2항)에 대한 참가인수를 하지 못한다(어 제56조 1항).

## Ⅲ. 참가지급

### 1. 의　　의

참가지급이란 만기 전 또는 만기 후의 소구권행사의 요건이 구비되었을 경우 그 소구를 저지하기 위하여 지급인 이외의 자가 하는 지급을 말한다. 참가지급은 제2차적 지급이며, 피참가인의 후자의 의무를 소멸시키는 데 불과하고 이점에서 본래의 지급과 다르다.

### 2. 참가지급의 요건

참가지급은 소지인이 만기 또는 만기 전에 소구권을 행사할 수 있는 모든 경우에 할 수 있다(어 제59조 1항). 그리고 참가지급을 하기 위한 소구의 실질적 요건과 형식적 요건을 갖추어야 한다.

### 3. 참가지급인

참가지급인이 될 수 있는 자는 참가인수인·예비지급인·기타의 협의의 제3자이며, 인수인은 참가지급인이 되지 못한다(어 제55조 3항). 지급지에 주소를 가진 참가인수인 또는 예비지급인의 기재가 있는 경우 소지인은 그 전원에 대한 어음을 제시하여야 한다(어 제60조). 소지인은 참가인수(어 제56조 3항 1문)의 경우와 달리 참가지급을 거절하지 못한다.

참가지급인이 경합하는 경우에는 가장 많은 수의 어음채무자로 하여금 의무를 면하게 하는 자가 우선하며(어 제63조 3항 1문), 이러한 사정을 알면서 이에 위반한 참가지급을 한 자는 의무를 면할 수 있었던 자에 대한 소구권을 잃게 된다(어 제63조 3항 2문).

### 4. 참가지급의 방법

참가인수인은 원칙적으로 지급거절증서작성기간의 익일까지 참가지급을 하여야 하며(어 제60조 1항) 예비지급인 기타 제3자의 참가지급은 만기의 전후를 불문하고 할 수 있으나, 지급거절증서작성기간의 익일까지 하여야 한다(어 제59조 3항, 제60조 1항).

참가지급의 금액은 피참가인이 지급할 금액이며(어 제59조 2항), 소지인은 일부 지급의 경우(어 제39조 2항)와는 달리 일부참가지급을 거부할 수 있다(어 제59조 2항).

참가지급을 하려면 어음에 피참가인을 표시하고 그 영수를 증명하는 문언을 기재하여야 한다(어 제62조 1항 1문). 피참가인의 표시가 없는 경우 발행인을 위하여 참가지급을 한 것으로 본다(어 제62조 1항 1문). 또 소지인은 어음을 참가지급인에게 교부하여야 하며, 거절증서를 작성시킨 경우 이것도 교부하여야 한다(어 제62조 2항).

### 5. 참가지급의 효력

참가지급으로 인하여 소지인의 어음상의 권리는 모든 어음채무자에 대한 관계에서 소멸되며, 피참가인의 후자는 소구의무를 면한다(어 제63조 2항). 참가지급인은 피참가인과 그 전자 및 인수인에 대한 어음상의 권리를 취득한다(어 제63조 1항 본문). 그러나 참가지급인은 다시 그 어음에 배서를 하지는 못한다(어 제63조 1항 단서).

# 제8절 어음의 복본과 등본

## Ⅰ. 어음의 복본

### 1. 복본의 의의

복본이란 동일한 어음상의 권리를 표창하기 위하여 발행된 수통의 어음증권을 말한다. 이는 환어음 및 수표에만 있는 특유한 제도이다. 복본은 어음증권의 상실에 대비하기 위하여(안전복본), 또는 인수를 위하여 어음을 송부한 경우 그 양도를 위하여(편리복본) 작성한다.

### 2. 복본의 발행

복본은 각통의 내용이 동일하여야 하며(어 제64조 1항), 증권의 본문 중에 번호를 붙여야 한다(어 제64조 2항 1문). 번호가 없으면 수통의 복본은 각각 별개의 환어음으로 본다(어 제64조 2항 2문).

발행인은 발행시에 수통의 복본을 발행할 수 있다(어 제64조 1항). 그리고 발행인이 어음에 1통만을 발행한다는 뜻을 기재한 경우를 제외하고는, 어음소지인은 자기의 비용으로 복본의 교부를 청구할 수 있다(어 제64조 3항 1문).

### 3. 복본의 효력

복본은 각통마다 어음의 효력을 가지나 동일한 어음채권을 표창하므로 소지인인 수통의 복본을 소지하더라도 취득하는 권리는 하나이다. 따라서 어음의 제시나 상환청구도 1통으로 족하며, 또한 이 1통에 대한 지급 또는 상환을 하면 그 효력은 다른 수통에도 미친다(어 제65조 1항 본문).

수통의 복본에 인수를 한 인수인이 지급시 그 수통을 환수하여 두지 않으면 환수하지 않은 복본에 대한 지급책임을 면하지 못한다(어 제65조 1항 단서).

그러나 1통의 복본만 인수한 경우에도 인수 없는 복본에 대한 지급을 하고 인수한 복본을 환수하여 두지 않으면 그 환수하지 않은 인수필복본의 소지인에 대하여 책임을 져야 한다.

소지인이 수통의 복본을 수인에게 각별로 배서양도한 경우 그 배서인과 그 후의 배서인은 반환받지 않은 각자의 기명날인 또는 서명이 있는 복본에 대하여 책임을 진다(어 제65조 2항).

### 4. 인수를 위한 복본의 송부

복본소지인이 인수를 위하여 복본의 1통(송부복본)을 송부한 경우 다른 각 통(유통복본)에 그 송부한 복본의 소지인의 명칭을 기재하여야 한다(어 제66조 1항 2문). 따라서 유통복본의 소지인은 송부복본의 소지인에 대하여 그 반환을 청구할 수 있다(어 제66조 1항 2문).

송부복본의 소지인이 그 복본의 반환을 거절하면, 다른 복본, 즉 유통복본의 소지인은 거절증서에 의하여 송부복본의 교부청구가 거절되었다는 사실과 자기가 소지하는 유통복본으로써 인수 또는 지급을 받을 수 없었다는 사실을 증명하지 않으면, 전자에 대한 소구권을 행사하지 못한다(어 제66조 2항).

## Ⅱ. 어음의 등본

### 1. 등본의 의의

등본이란 어음의 원본을 복사한 것을 말한다. 이는 환어음과 약속어음에 인정되는 제도이다. 등본은 어음의 유통성을 조장하기 위하여 작성된다.

### 2. 등본의 발행 및 효력

등본은 어음소지인이 임의로 작성하여 발행할 수 있다(어 제67조 1항). 등본에는 배서 기타 원본에 기재한 모든 사항을 정확히 기재하고, 그 말미에 그 경계를 표시하는 문구를 기재하여야 한다(어 제67조 2항).

등본에는 원본과 동일한 방법에 의하여 동일한 효력으로 배서 또는 보증을 할 수 있다(어 제67조 3항). 그러나 등본은 그 자체가 어음이 아니므로 등본으로 인수 또는 지급을 청구할 수 없으며, 어음상의 권리를 행사함에는 항상 원본이 있어야 한다.

등본의 소지인이 인수를 받기 위하여 원본을 송부한 경우 등본에 그 원본소지인을 기재하여야 하며(어 제68조 1항 1문), 등본의 소지인은 원본소지인에 대하여 그 원본의 반환을 청구할 수 있다(어 제68조 1항 2문). 만약 원본소지인이 그 반환을 거절할 때에는 등본의 소지인은 원본반환거절증서에 의하여 원본의 반환을 거절당한 사실을 증명하여 등본에 배서 또는 보증을 한 자에 대하여 소구권을 행사할 수 있다(어 제68조 2항). 이 경우 원본이 없으므로 인수(지급)제시 및 거절증서의 작성은 불필요하며, 등본의 배서인에 대한 소구만 가능하다.

CHAPTER

# 04 약속어음

## Ⅰ. 약속어음의 의의

약속어음은 발행인 자신이 일정금액의 지급을 약속하는 어음이다. 이것은 환어음과 달리 인수제도가 존재하지 않기 때문에 지급인이 없다. 따라서 인수를 위한 제시나 인수거절에 의한 소구가 존재하지 않는다. 약속어음에 대하여는 환어음과의 차이점에 관한 소수의 특별한 규정을 두고 있을 뿐이고(어 제75조, 제76조, 제78조), 기타의 모든 문제에 대하여는 그 성질이 허용하는 범위 내에서 환어음에 관한 규정을 준용한다(어 제77조).

## Ⅱ. 약속어음의 발행

### 1. 발행의 의의

약속어음의 발행이란 일정한 금전의 채무부담의 의사로 법정요건(어 제75조)을 구비한 기본어음을 작성하여 수취인에게 교부하는 행위를 말한다. 발행행위는 이후 다른 어음행위의 발전을 위한 기초가 된다는 점에서 기본적 어음행위라 한다.

### 2. 약속어음의 기재사항

#### (1) 절대적 기재사항

약속어음의 절대적 기재사항으로는 ① 약속어음문구, ② 어음금액 및 무조건의 지급약속, ③ 만기, ④ 지급지, ⑤ 수취인의 명칭, ⑥ 발행일과 발행지, ⑦ 발행인의 기명날인 또는 서명이 있다(어 제75조). 이 가운데 어떠한 사항이라도 흠결되면 약속어음으로서의 효력이 없다(어 제76조 1항).

(2) 유익적 기재사항

유익적 기재사항은 이를 기재하지 않아도 어음은 유효하나 그 기재를 하면 기재에 따르는 어음상의 효력이 생기는 사항이다. 어음법에 규정된 약속어음의 유익적 기재사항으로는 발행인의 명칭에 부기한 지(어 제76조 4항), 제3자방지급문구(어 제77조 2항), 이자의 약정·배서금지문언·거절증서작성면제 등이 있다.

(3) 유해적 기재사항

유해적 기재사항은 기재를 하면 어음 자체를 무효로 하는 사항이다. 지급약속문구는 무조건이어야 하므로 조건부지급의 기재, 분할지급의 기재 등은 어음을 무효로 한다.

### 3. 발행의 효력

(1) 발행인의 의무

약속어음의 발행인의 지급의무는 제1차적 의무이며 무조건적인 의무이다. 또한 발행인이 어음을 환수한 때에 어음상의 권리의무가 소멸하게 되므로 발행인의 의무는 최종적인 의무라 할 수 있다.

(2) 공동발행인의 책임

발행인이 수인인 경우의 공동발행인은 각자가 어음금액의 전부를 지급할 의무를 부담한다. 이 경우 배서인에 대하여 소구를 하려면 발행인 전원에 대하여 제시기간 내에 이행을 청구하여야 한다.

## Ⅲ. 참가인수

참가인수는 인수거절만을 원인으로 하는 것이 아니며, 발행인의 파산, 지급정지 등과 같이 만기 전에 소구할 수 있는 경우에 할 수 있으므로 약속어음에도 환어음의 참가인수규정을 준용할 수 있다.

CHAPTER

# 05 수　　표

## 제1절　수표의 개념

### Ⅰ. 수표의 의의

수표는 발행인이 지급인(은행)에 대하여 수취인 기타 정당한 소지인에게 수표상에 기재된 일정한 금액의 지급을 위탁하는 형식의 유가증권이다. 수표는 발행인 자신이 일정한 금액의 지급을 약속하는 약속어음과 다르고 금전의 지급위탁증권이라는 점에서 환어음과 동일하다.

### Ⅱ. 수표의 경제적 기능

어음이 신용증권인데 대하여 수표의 본질적 기능은 지급증권이라는 점에서 차이가 있다. 수표의 신용증권화를 방지하기 위하여 수표법은 수표에 대하여 일람출급만을 인정하고(수 제28조 1항), 이자의 약정은 인정하지 않으며(수 제7조), 참가제도가 없다. 제시기간은 10일로 단축되어 있으며(수 제29조), 시효기간도 어음에 비하여 단기간이다(수 제51조).

## 제2절　수표의 발행

### Ⅰ. 의　　의

수표의 발행이란 수표라는 법정요건을 갖춘 유가증권을 작성하여 수령인에게 교부함으로써 성립하는 수표행위이다. 수표행위의 법적 성질은 환어음의 경우와 같이 지급지시이다. 수표에는 인수제도가 없으며, 그 효력은 발행인과 지급인간의 수표계약에 의해 발생한다.

## Ⅱ. 수표의 기재사항

### 1. 절대적 기재사항

#### (1) 수표문구

수표임을 표시하는 문언을 기재하여야 한다. 증권의 작성에 사용하는 국어로 기재하여야 하며, 이 문구는 수표의 본문 중에 기재하여야 한다.

#### (2) 일정금액의 무조건의 지급위탁문구

일정금액지급의 무조건의 지급위탁문구를 기재하여야 한다. 지급위탁은 무조건이어야 하므로, 지급에 관하여 조건을 붙이는 경우에는 그 수표는 무효가 된다. 특히 이자문구는 기재할 수 없다.

#### (3) 지급인의 명칭

수표의 지급인은 은행에 한하며(수 제3조), 이 경우의 은행은 은행과 동일시 할 수 있는 사람 또는 시설(예: 우체국 등)을 포함한다(수 제59조).

#### (4) 지급지

지급지란 수표금액이 지급될 최소 독립행정구역을 의미한다. 지급지의 기재가 없는 경우에 지급인의 명칭에 부기한 지가 있으면 이를 지급지로 본다. 지급인의 명칭에 수개의 지를 부기한 때에는 초두에 기재한 지에서 지급할 것으로 본다(수 제2조 2항). 이러한 부기지도 없으면 발행지를 지급지로 본다(수 제2조 3항).

#### (5) 발행일과 발행지

발행일자는 실제 발행된 날과 일치하여야 되는 것은 아니다. 따라서 수표상의 발행일보다 실제 앞서 발행하는 선일자수표, 발행일보다 늦은 날짜에 실제 발행이 이루어지는 후일자수표가 모두 인정된다. 또 발행지의 기재가 없는 수표는 발행인의 명칭에 부기한 지에서 발행한 것으로 본다(수 제2조 4항). 발행일자는 지급제시기간과 시효의 기산점이 된다.

#### (6) 발행인의 기명날인 또는 서명

발행인은 지급인에 대하여 처분할 수 있는 자금을 가지고 있는 사람이어야 한다(수 제3조, 제67조). 발행인의 기명날인 또는 서명이 있어야 하며, 이에 대해서는 환어음의 경우와 같다.

### 2. 유익적 기재사항

#### (1) 수취인의 기재

수취인의 기재는 반드시 기재하여야 하는 사항이 아니므로 이 점이 어음과 구별된다. 임의적 기재사항이며, 그 기재로써 유효하게 효력이 발생한다. 수취인의 표시방식에는 지시금지의 뜻을 기재한 기명식, 지시식, 소지인출급식, 지명소지인출급식 등의 기재방식이 있다.

#### (2) 제3자방지급문구

발행인은 지급장소와 지급담당자의 기재를 할 수 있으며, 제3자는 은행이어야 한다.

#### (3) 기 타

기타 유익적 기재사항으로서 지급인의 명칭에 부기한 지, 발행인의 명칭에 부기한 지, 배서금지문구 등이 있다.

### 3. 무익적 기재사항 · 유해적 기재사항

만기의 기재는 아무런 의미가 없는 무익적 기재사항이다(수 제28조 1항). 유해적 기재사항에 대해 수표법상 규정된 것은 없으나 환어음의 경우와 같다.

## Ⅲ. 수표발행의 효력

수표의 발행인은 수표금지급에 대한 담보책임을 부담하고, 수표의 지급인은 지급보증을 함으로써 소지인에게 지급제시기간 내에는 수표금 지급의 의무를 부담한다. 그리고 수표의 발행후 발행인이 사망하거나 금치산선고를 받더라도 수표의 효력에는 아무런 영향이 없다(수 제33조).

지급인이 지급보증을 한 경우 소지인은 지급인에 대한 권리자가 되지만 지급보증을 하지 아니한 경우에는 그러하지 아니하다.

## Ⅳ. 위탁수표 · 백지수표

### 1. 위탁수표

위탁수표는 제3자의 계산으로 발행할 수 있는 수표를 말한다(수 제6조 2항). 위탁수표의 경우 자금관계는 위탁자와 지급인간에 존재하게 되며, 위탁자는 수표상의 권리 · 의무가 존재하지 않는다.

### 2. 백지수표

수표법에서도 백지수표가 인정된다(수 제13조). 백지수표라 함은 수표요건의 흠결의 경우에 그 흠결부분을 소지인으로 하여금 후에 보충시킬 의사를 가지고 유통상태에 둔 미완성 수표이다.

## Ⅴ. 수표자금과 수표계약

수표의 발행에는 수표자금과 수표계약이 있어야 한다.

수표는 제시된 때에 발행인이 처분할 수 있는 자금이 은행에 있어야 한다. 이러한 자금이 있는 은행을 지급인으로 하고, 발행인이 그 자금을 수표에 의하여 처분할 수 있는 명시 또는 묵시의 계약에 따라서만 발행할 수 있다(수 제3조). 수표계약은 지급인인 은행이 발행인이 발행하는 수표를 예치된 수표자금으로 지급할 의무를 지는 계약이다. 수표계약은 수표의 지급사무를 위탁하는 위임계약에 해당한다. 수표자금에 관한 수표계약에 위반하여 수표를 발행한 경우에도 무효는 아니나 발행인이 과태료에 의한 제재를 받는다(수 제3조, 제67조).

# 제3절 수표의 양도

## Ⅰ. 수표의 양도

### 1. 지시식수표 · 배서금지수표의 양도

#### (1) 지시식수표의 양도

수표는 법률상 당연한 지시증권이기 때문에 지시식, 기명식을 불문하고 배서에 의하여 양도할 수 있다(手 제14조 1항).

#### (2) 배서금지수표의 양도

배서금지수표의 양도는 지명채권양도에 관한 방식에 의해서 양도할 수 있다(手 제14조 2항).

### 2. 소지인출급식수표의 양도

#### (1) 인도에 의한 양도

소지인출급식수표는 당사자간의 양도의 합의와 증권의 교부에 의하여 양도된다. 증권의 교부는 권리이전의 성립요건이다. 즉 수표소지인을 권리자로 하는 것이므로, 수표의 교부에 의하여 권리이전적 효력이 발생하고, 수표의 소지인은 형식적 자격이 인정된다. 항변의 절단과 선의취득도 배서에 의한 양도의 경우와 같이 인정된다.

#### (2) 배서에 의한 양도

소지인출급식 수표의 경우 배서는 수표상의 권리를 양도하기 위하여 필요한 행위가 아니므로 본래 배서할 수 없으나, 배서를 하더라도 그 배서는 무효로 되지 않으며 배서인은 소구에 관한 규정에 따라 상환의무를 부담하게 되어, 배서의 담보적 효력이 인정된다(手 제20조). 배서 후에도 단순한 교부에 의하여 양도가 가능하며, 소지인도 배서에 관계없이 증권의 소지만으로 정당한 권리자로 추정된다.

### Ⅱ. 수표의 배서

수표배서의 방식은 대체로 어음의 경우와 같다. 그러나 수표에는 등본제도가 없으므로 등본상의 배서는 인정되지 않으며, 배서에 있어서 예비지급인을 기재하는 것도 인정되지 않는다. 또한 수표의 인수제도도 인정되지 않으므로, 인수제시에 관한 사항의 기재도 허용되지 않는다. 수표의 인수가 금지되므로 수표지급인이 한 배서는 무효이며(手 제15조 3항), 수표지급인에 대한 배서는 원칙적으로 영수증의 효력만 있다(手 제15조 5항 본문). 다만 지급인인 은행이 수개의 영업소를 가진 경우에는 그 수표가 지급될 곳으로 된 영업소 이외의 영업소에 대하여 한 배서는 보통의 배서로서의 효력을 가진다(手 제15조 5항 단서). 수표에 있어서도 추심위임배서가 인정되나, 입질배서는 인정되지 않는다.

## 제4절 지급보증

### Ⅰ. 지급보증의 의의

지급보증이란 지급제시기간 내에 지급제시가 있을 때에 지급인이 그 수표금액의 지급채무를 부담하기로 하는 지급인의 수표행위이다. 수표에는 인수제도가 없고, 지급인의 배서와 보증이 인정되지 않으므로 수표지급의 확실성 및 유통성 확보를 위하여 지급보증제도를 인정하고 있다.

### Ⅱ. 지급보증의 방식

지급보증은 수표의 표면에 지급보증 기타 지급을 할 뜻을 기재하고 일자를 부기하여 지급인이 기명날인 또는 서명하여야 한다(手 제53조 2항). 지급보증은 무조건이어야 하며, 지급보증에 의하여 수표의 기재사항에 가한 변경은 이를 하지 않은 것으로 본다(手 제54조). 지급보증에는 수표금액의 일부의 지급보증은 허용되지 아니한다.

지급보증의 청구인 자격은 제한이 없으므로 발행인·배서인·소지인 등이 지급보증을 청구할 수 있지만, 실제상은 발행인이 청구하는 것이 보통이다. 지급보증의 피청구인은 지급인에 한한다(수 제53조 1항).

## Ⅲ. 지급보증의 효력

### 1. 지급보증인의 의무

지급보증을 한 지급인은 제시기간 경과 전에 수표를 제시한 경우에 한하여 지급할 의무를 부담한다(수 제55조 1항). 지급제시기간 경과 후에 수표소지인이 지급보증인에게 지급책임의 이행을 청구하는 때에는 제시기간 내에 적법한 제시를 하였음을 지급인의 선언 또는 어음교환소의 선언에 의하여 증명하여야 한다(수 제55조 2항).

### 2. 발행인 등의 책임

지급보증은 지급과 동일한 효력이 있는 것이므로 발행인 기타 수표상의 채무자는 지급보증으로 인하여 그 책임을 면하지 못한다(수 제56조). 따라서 수표상의 각 채무자는 합동하여 소지인에 대하여 이행할 책임을 진다(수 제43조 1항).

### 3. 지급청구권의 소멸시효

지급보증인에 대한 수표상의 지급청구권의 소멸시효기간은 제시기간 경과 후 1년이다(수 제58조).

# 제5절 수표의 보증

## Ⅰ. 수표보증의 의의

수표보증은 발행인, 배서인 등 수표상의 채무자의 채무의 전부 또는 일부의 이행을 담보하는 종된 수표행위이다(수 제25조 1항). 지급인이 제시기간 내에 수표의 제시를 하였을 때에 그 지급을 약속하는 지급보증과는 차이가 있다.

### Ⅱ. 수표보증의 특색

수표보증에 관한 규정은 그 방식 및 효력 등에 있어서 대체로 어음보증의 경우와 같다. 다만 수표의 신용증권화를 방지하기 위하여 인수를 금지하고 있는 취지와 같은 취지에서 지급인이 보증을 하는 것을 금하고 있다.

## 제6절 수표의 제시와 지급

### Ⅰ. 수표의 지급제시

#### 1. 수표의 일람출급성

수표는 지급수단으로 현금지급을 대신하는 기능을 갖고 있는 지급증권이므로 당연히 일람출급식으로 되어 있어(수 제28조 1항 1문), 발행 후 언제든지 지급제시를 할 수 있다. 어음과 달리 만기라는 것이 없고, 일람출급성에 위반되는 모든 기재는 기재하지 않은 것으로 본다(수 제28조 1항 2문).

#### 2. 선일자수표

(1) 의 의

선일자수표란 현실의 발행일보다 장래의 일자를 발행일자로 기재한 수표를 말한다(수 제28조 2항). 수표에 기재된 발행일자가 사실상의 발행일자와 다르더라도 발행의 효력에는 영향이 없으며, 실제의 발행일에는 은행에 자금이 없고 수표에 기재한 후일의 발행일에 가서 비로소 지급인인 은행에 자금이 생길 것으로 예상되는 경우에 발행된다. 수표는 그 실질적인 내용과는 관계없이 수표상의 기재에 의하여 형식적으로 그 효력이 결정되는 것이므로, 이러한 선일자수표도 유효하다.

(2) 법률관계

선일자수표를 발행하는 경우에는 대체적으로 발행인과 수취인간에 발행일자 이전에는 지급제시를 하지 않는다는 특약하는 것이 보통이지만 발행일자

전에 한 지급제시도 유효하다. 수표의 신용증권화를 방지하기 위해 선일자수표의 소지인이 그 발행일자의 도래 이전에 지급제시를 한 경우에도 그 제시일에 지급하여야 한다(수 제28조 2항). 그러나 특약위반으로 인해 발행인이 손해를 입은 경우에 수취인은 채무불이행에 따른 책임을 부담한다. 한편 수표소지인은 지급이 거절된 때에는 보전절차를 밟아 소구권을 행사할 수 있다.

### 3. 지급제시기간과 지급제시기간 경과 후의 효과

수표의 지급제시기간은 국내수표의 경우에는 발행 후 10일내이고, 외국수표는 발행지와 지급지간 동일 주에 있는 경우에는 20일내이며 다른 주에 있는 경우에는 70일내이다(수 제29조). 제시기간의 기산은 수표에 기재된 발행일자를 기준으로 하며, 초일은 산입하지 않는다(수 제29조 4항, 제61조). 지급제시기간 내에 지급제시를 하지 않으면 전자에 대한 소구권을 상실하며(수 제39조), 그밖에 지급보증인에 대한 지급청구권도 상실한다. 그러나 제시기간 경과 후에도 지급위탁의 취소가 없는 한 지급인은 발행인의 계산에서 지급할 수 있다(수 제32조 2항).

### 4. 지급제시의 장소

수표의 지급제시는 원칙적으로 지급지 내에 있는 지급인의 영업소이며, 또 제3지방지급의 경우에는 그 제3자의 영업소에 제시하여야 한다. 여기서 제3자는 은행이어야 한다(수 제8조). 또한 어음교환소에서의 수표의 제시도 지급을 위한 제시의 효력이 있다(수 제31조).

## Ⅱ. 수표의 지급

### 1. 지급인의 조사의무

배서로 양도할 수 있는 수표지급인은 배서의 연속의 정부를 조사할 의무는 있으나, 배서인의 기명날인 또는 서명을 조사할 의무는 부담하지 않는다(수 제35조 1항). 제시은행이 정보처리시스템에 의한 지급제시를 한 때에는 배서연속의 정부에 대한 조사를 지급인은 제시은행에게 위임할 수 있다(수 제35조 2항).

수표지급인이 제시기간 내에 또는 지급위탁의 취소가 없는 때에는 지급제시기간의 경과 후에도 형식적 자격자에게 수표금을 지급한 때에는 사기 또는 중대한 과실이 없으면 그 책임을 면한다.

### 2. 지급방법

수표의 지급방법은 대체로 환어음의 경우와 비슷하다. 즉 지급인은 수표소지인에 대하여 지급을 함에 있어 수표에 영수를 증명하는 기재를 하여 교부할 것을 청구할 수 있으며(수 제34조 1항), 소지인은 일부지급을 거절하지 못한다(수 제34조 2항) 수표의 일부 지급이 있는 경우에는 지급인은 소지인에 대하여 그 지급한 뜻을 수표에 기재하고 영수증을 교부할 것을 청구할 수 있다(수 제34조 3항).

## Ⅲ. 지급위탁의 취소

지급위탁의 취소란 수표의 발행에 의하여 지급인에게 부여한 지급권한을 철회하는 것으로 수표의 효력에 영향을 미치지 아니한다. 발행인의 계산으로 그 수표의 지급을 할 수 있는 권한을 발행인이 철회하는 것을 말하며, 발행인과 지급인간에만 그 효력이 미친다. 지급위탁취소의 방법에는 서면, 구두 모두 가능하며, 그 통지가 지급인에게 도달한 때에 발생한다. 그리고 제시기간 경과 후에 가능하므로 제시기간 경과 전에는 지급위탁을 취소할 수 없다(수 제32조 1항). 제시기간 경과 후에는 임의로 취소할 수 있고, 취소가 없는 동안에는 지급인은 발행인의 계산으로 지급할 수 있다(수 제32조 2항).

# 제7절 수표의 소구

## Ⅰ. 수표소구의 의의

수표의 소지인이 적법한 기간 내에 제시한 수표금액의 지급을 받지 못한 경우 소지인은 배서인, 발행인, 기타의 채무자에 대하여 소구권을 행사할 수 있다. 수표의 소구는 소구의 요건·방법·효과 등에 있어서 대체로 환어음의 경우와 비슷하다. 다만 수표가 일람출급성의 지급증권이기 때문에 몇가지 다른 점이 있다.

## Ⅱ. 환어음의 소구와의 차이

### 1. 소구의 원인

소구원인으로 환어음의 경우에는 인수거절로 인한 소구 등의 만기 전의 소구와 만기 후의 소구가 모두 인정되고 있지만, 수표에는 만기 전의 소구는 인정되지 않는다. 따라서 수표에는 지급거절, 즉 부도로 인한 소구밖에 인정되지 않는다.

### 2. 지급거절의 증명

지급거절의 방법으로 수표의 경우에는 지급거절증서 이외에 이에 갈음할 지급인(정보처리시스템에 의한 제시의 경우 지급인의 위임을 받은 제시은행)의 선언 또는 어음교환소의 선언 등의 방법이 인정되고 있다. 그리고 지급거절증서의 작성기간에 있어서도 수표는 지급제시기간 내 또는 그 기간의 말일에 이은 제1의 거래일 내에 작성하여야 한다(수 제40조). 환어음은 지급거절증서에 의한 지급거절만이 인정되고 있다.

### 3. 불가항력의 경우 소구권 행사

환어음에 있어서는 불가항력이 만기로부터 30일 이상 계속되는 때에는 어음의 제시 또는 거절증서의 작성 없이 소구권을 행사할 수 있다. 그러나 수표에 있어서는 소지인이 불가항력 통지를 한 날로부터 15일 이상 계속되는 경우에는 지급제시기간 경과 전에 그 통지를 한 때에도 권리보전절차 없이 소구권을 행사할 수 있다(수 제47조 4항).

### 4. 역어음 제도

환어음의 소구방법으로는 역어음제도가 인정되나, 수표의 경우에는 지급인의 자격이 한정되어 있어서 역어음제도를 인정하지 않는다.

### 5. 소구권의 소멸시효기간

어음의 경우에 있어서 어음소지인의 소구권의 소멸시효기간은 거절증서의 일자 또는 만기의 날로부터 1년이고, 재소구권은 어음을 환수한 날 또는 제소된 날로부터 6개월로 되어 있다. 그러나 수표소지인의 전자에 대한 소구권의 소멸시효기간은 지급제시기간 경과 후 6개월이고(수 제51조 1항), 재소구권은 수표를 환수한 날 또는 제소된 날로부터 6개월이다(수 제51조 2항).

## 제8절 수표의 복본

### Ⅰ. 복본의 발행제한

수표의 복본은 지급보증을 위하여 원격지에 송부하거나 원격지 사이에 유통하는 도중의 분실에 대비하기 위하여 이용된다. 수표의 복본은 ① 일국에서 발행하여 타국이나 발행국의 해외영토에서 지급할 수표, ② 일국의 해외 영토에서 발행하여 그 본국에서 지급할 수표, ③ 일국의 해외 영토에서 발행하고 지급할 수표, ④ 일국의 해외 영토에서 발행하여 그 국의 다른 해외영토에서 지급할 수표로서 소지인출급식이 아닌 경우에만 발행할 수 있다(수 제48조 1문).

### Ⅱ. 복본의 발행방법

복본은 발행인이 작성·발행한다. 각 복본에는 그 본문 중에 번호를 붙여야 하며, 이것이 없는 때에는 그 수통의 복본은 이를 각 별개의 수표로 본다(수 제48조 2문·3문). 수표의 소지인은 환어음에서와는 달리 복본의 교부를 청구하지 못한다.

### Ⅲ. 복본의 효력

복본의 1통에 대하여 지급이 있으면 그 지급이 다른 복본을 무효로 한다는 뜻의 기재가 없는 경우에도 의무를 면한다(수 제49조 1항). 수인에게 각별로 복본을 양도한 배서인과 그 후의 배서인은 그 기명날인 또는 서명한 각통으로서 반환을 받지 아니한 것에 대하여 책임을 진다(수 제49조 2항).

# 제9절 자기앞수표 · 횡선수표

## Ⅰ. 자기앞수표

자기앞수표란 발행인이 지급인을 겸하는 수표를 말한다. 즉 발행인이 자기 자신을 지급인으로 하여 발행하는 수표를 말한다(수 제6조 3항). 따라서 발행인이 수취인을 겸하는 자기지시수표와는 구별된다. 일반수표와의 차이는 발행인과 지급인이 동일은행이므로 수표계약이 필요없고 발행인의 지급위탁의 취소도 존재하지 않는다. 자기앞수표는 발행인과 지급인이 반드시 동일한 은행점포임을 요하지는 않는다. 우리나라에서는 은행의 자기앞수표를 속칭 보증수표 또는 보수라고 부른다. 이것은 자기앞수표가 은행이 지급보증한 보증수표와 다름이 없는 수표라는 뜻이다.

## Ⅱ. 횡선수표

### 1. 횡선수표의 의의

횡선수표는 수표의 표면에 두 줄의 평행선을 그은 수표를 말한다(수 제37조 2항). 횡선수표제도는 발행인이나 소지인이 수표의 도난 또는 분실의 경우에 수표금 수령자격자를 제한하는 것인데, 분실이나 도난 등에 대비할 수 있는 제도이다.

### 2. 횡선수표의 종류

횡선수표에는 두 줄의 평행선 안에 아무런 지정을 하지 아니하거나 은행 또는 이와 동일한 뜻의 문자를 기재한 일반횡선수표와 두 줄의 평행선 안에 특정은행의 명칭을 기재한 특정횡선수표가 있다(수 제37조 3항).

### 3. 횡선수표의 효력

#### (1) 지급의 제한

① 일반횡선수표의 지급제한

일반횡선수표의 지급인은 은행 또는 지급인의 거래처에 대해서만 지급할 수 있다(수 제38조 1항).

② 특정횡선수표의 지급제한

지급인은 원칙적으로 지정된 은행에 대해서만 지급할 수 있으며, 지급인이 지정된 은행일 때에는 자기의 거래처에 대해서만 지급할 수 있다. 그리고 지정된 은행은 자기가 현실로 지급을 받을 수도 있으나 추심위임배서를 하여 다른 은행으로 하여금 수표금액을 추심하게 할 수 있다(수 제38조 2항).

#### (2) 취득의 제한

은행은 자기의 거래처 또는 다른 은행으로부터만 횡선수표를 취득할 수 있고, 또한 이러한 자 이외의 자를 위하여 횡선수표의 추심을 하지도 못한다(수 제38조 3항).특정횡선이 수개가 기재된 수표는 지급인이 지급하지 못한다(수 제38조 4항).

#### (3) 지급제한의 위반효과

횡선수표의 지급제한에 관한 규정에 위반한 지급인 또는 은행은 그로 인

**일반 횡선수표와 특정 횡선수표**

| 구 분 | 일반 횡선수표 | 특정 횡선수표 |
|---|---|---|
| 지급 제한 | 다른 은행 또는 자기의 거래처에만 지급가능 | 지정된 은행에만<br>(지정된 은행이 지급인이면 자기의 거래처에 지급가능) |
| 취득 제한 | 자기의 거래처 또는 다른 은행에서만 취득 가능 | |
| 추심대행 제한 | 자기의 거래처 또는 다른 은행 외의 자를 위하여 추심하지 못함 | |
| 횡선의 말소 | 하지 않은 것으로 봄 | |
| 횡선의 변경 | 일반횡선수표 → 특정횡선수표만 가능 | |
| 기 타 | · 수개의 특정횡선이 있는 경우 지급하지 못함(단, 어음교환소에서는 추심을 위하여 횡선을 할 수 있음)<br>· 횡선의 위반시 수표금 한도 내 손해배상책임 | |

하여 생긴 손해에 대하여 수표금액을 한도로 무과실의 손해배상책임을 진다(수 제38조 5항). 다만 발행인과 지급인간의 횡선배제의 특약은 가능하다 할 것이다.

### 4. 횡선의 말소와 변경

일반횡선수표를 특정횡선수표로 변경하거나 횡선 없는 수표를 일반 또는 특정횡선수표로 변경할 수는 있으나, 반대로 특정횡선수표를 일반횡선수표 또는 횡선 없는 수표로 변경할 수는 없다. 횡선의 말소 또는 특정횡선에 있어서 지정된 은행명칭의 말소는 이를 하지 아니한 것으로 본다(수 제37조 5항).

# 사항색인


ㄱ

가계보험 178
감사 60, 107, 170
감사위원회 109
감정인 60
강제보험 179
개인주의적 회사 35
개입권 11
거절증서 272
검사인 109, 170
겸직금지의무 11, 103
경업피지의무 11, 25, 103, 151, 156
경영의 위임 24
고지의무 185
공동대표이사 102
공동지배인 10
공모발행 121
공보험 177
공익권 67
교환사채 128
권리주 73
금액권 221
기명사채 123
기명주권 68
기업보험 178
기업회계기준 17
기체보험 178
기한 후 배서 262

ㄴ

낙부통지의무 185
내국회사 35
내자회사 36

ㄷ

다국적회사 36
단독주주권 67
단주 64
단체주의적 회사 35
담보부사채 128
당연상인 5
대물배상 212
대인배상 I 211
대인배상 II 211
대차대조표 18
대표소송 106
대표이사 101
도급모집 121
등록질 78

ㅁ

만기 254
매출발행 122
면책증권 221
명의개서 76
명의개서대리인 77
모집설립 53
무기명사채 124
무기명주권 68
무보험차상해 212
물건보험 178
물건판매점포의 사용인 11
물적 항변 244
물적회사 35
미등기상호 14
민법의 상화 4

ㅂ

발기설립 51
발기인 47
발기인조합 47
배서금지수표 285
백지수표 284
백지어음 257
법인성 32
법정준비금 137
변태설립사항 50
보통주 65
보험 177
____가액 199
____계약자 181
보험금 183
____액 183
보험기간 184
보험대리상 182
보험료 183
____기간 184
보험사고 182
보험설계사 182
보험수익자 182
보험약관 180
보험의 182
보험자 181
____대위 195
보험중개인 182
보험증권 187
부분적 포괄대리권을 가진 사용인 10
비상장법인 36

ㅅ

사단성 32
사보험 177
사용인의 우선변제권 146
사원총회 163
사채 119
____관리회사 125
____권자집회 125, 133
사채원부 123
사채의 상환 124
사후증자 172
상업등기 21
상업사용인 9
상업장부 17
상인 5
____성 33
____자격 7
상장법인 36
상해보험 216
상호 13
____보험 177
____의 가등기 15
____의 양도 15
상환주식 65
생명보험 178
선박보험 178
선의취득 70
선일자수표 288
설립 중의 회사 47
소상인 7
소수주주권 67
소지인출급식수표 285
손해보험 178
수표 227
____보증 287
____의 소구 290
신주발행 110
신주발행유지청구권 116
신주인수권 111
신주인수권부사채 127
실권절차 54

ㅇ

약속어음 226, 279
약식질 78

어음개서 251
어음대부 252
어음보증 264
어음예약 250
어음의 등본 277
어음의 배서 258
어음의 변조 240
어음의 복본 276
어음의 소구 270
어음의 위조 238
어음참가 273
어음할인 251
어음항변 243
어음행위 230
여객배상책임보험 178
영리보험 177
영리성 32
영업능력 8
영업소 19
영업양도 24
영업의 임대차 24
외국회사 35
외자회사 36
우선주 65
운송보험 178
원보험 178
원시정관의 변경 57
위탁모집 121
위탁수표 284
유가증권 221
유사발기인 60
유한책임회사 33, 159
유한회사 34, 163
육상보험 178
의결권 없는 주식 65
의제상인 6
이권 124
이득상환청구권 248
이사 94, 169
이사회 97
이익공여금지 145
이익배당 138
이익참가부사채 130
이중무권의 항변 246
인보험 178
인적 항변의 절단 245
인적회사 35
일반횡선수표 293
임의보험 179
임의준비금 137
입질배서 263


ㅈ


자금관계 252
자기거래 104
자기신체사고 212
자기앞수표 293
자기차량손해 212
자동차보험 178
자본금불변의 원칙 45
자본금유지의 원칙 45
자본금의 감소 132
자본금확정의 원칙 44
자익권 67
재무제표 135
재보험 178
적하보험 178
전자주주명부 71
전환사채 127
전환주식 66
정관 48, 147
____의 변경 130, 152, 171
제권판결 70
종류주식 65
종류주주총회 90
종속회사 35
종합주가지수 64
주가 64

주권 68
주권불소지제도 69
주식 63
주식매도청구권 82
주식매수선택권 112
주식매수청구권 41, 82, 91
주식배당 140
주식양도 73
주식의 병합 132
주식의 분할 80
주식의 소각 79, 132
주식의 입질 78
주식의 포괄적 교환 81
주식의 포괄적 이전 81
주식회사 34
주식회사설립 47
주식회사의 본질 44
주식회사의 설립등기 57
주주명부 70
주주명부의 폐쇄 72
주주의 경리검사권 144
주주의 유한책임 46
주주의 의결권 87
주주제안권 86
주주총회 82
주주평등의 원칙 66
준비금 136
준칙성 33
중간배당 142
증거증권 221
증권대체결제제도 77
지급보증 286
지배인 9
지배회사 35
지시식수표 285
직접모집 121
집중투표제 95
집행임원 106

ㅊ

참가인수 274, 280
참가지급 274
창립총회 55
총액인수 121
추심위임배서 262

ㅋ

코스닥 64

ㅌ

특정횡선수표 293

ㅍ

표현대표이사 102
표현지배인 10
피보험이익 199
피보험자 181

ㅎ

합명회사 33, 147
합병무효의 소 42
합자회사 33, 155
합작회사 36
항공보험 178
해상보험 178
현물배당 143
혼합주 65
화환어음 252
환매청구권 251
환어음 225
회계장부 18
회사 32
____조직변경 37
____의 합병 39
횡선수표 293
후배주 65

[저자약력]

**신 종 석** 단국대학교 법과대학, 동 대학원 졸업 / 법학박사
경성대학교, 단국대학교, 연세대학교, 이화여자대학교,
창원대학교, 평택대학교 등 강사 역임
한국법이론실무학회 회장
한국법학회 회장
한국기업법학회 이사
현, 배화여자대학교 총장

〈주요저서 및 논문〉
현대인에게 필요한 법과 생활(삼조사)
비즈니스 법률실무(공저, fides)
객관식 민법(공저, 한빛지적소유권센터)
민법총칙(한빛지적소유권센터)
채권총론(삼조사)
주식회사 기관구조에 관한 연구
기업의 지배구조에 관한 연구
증권관련집단소송에 관한 연구
기업지배구조의 공정성 제고에 관한 연구
신용카드 산업의 현황과 부정사용에 관한 민사책임 외 다수

**한 동 주** 단국대학교 법학대학 · 동 대학원 졸업
장안대학교 교수

〈주요저서 및 논문〉
조문중심 민법해설(법문사) 외 다수

제3판
알기 쉬운 **기업법**

2009년 8월 15일 초판 발행
2013년 8월 20일 제2판 2쇄 발행
2021년 3월 2일 제3판 2쇄 발행

저 자 신 종 석 · 한 동 주
발행인 배 효 선
發行處 圖書出版 法 文 社

주 소 10881 경기도 파주시 회동길 37-29
등 록 1957년 12월 12일 제2-76호(윤)
TEL (031)955-6500~6 FAX (031)955-6525
e-mail (영업) bms@bobmunsa.co.kr
(편집) edit66@bobmunsa.co.kr
홈페이지 http://www.bobmunsa.co.kr
조 판(주) 성 지 이 디 피

정가 28,000원 978-89-18-09093-1